U0526275

王碧珺 著

中国对外直接投资
新环境、新阶段与防风险问题研究

Chinese Overseas Direct Investment:
New Environment, New Stage
and Risk Prevention

中国社会科学出版社

图书在版编目(CIP)数据

中国对外直接投资：新环境、新阶段与防风险问题研究/王碧珺著.
—北京：中国社会科学出版社，2020.7（2021.1 重印）
ISBN 978-7-5203-6667-0

Ⅰ.①中… Ⅱ.①王… Ⅲ.①对外投资—直接投资—研究—中国 Ⅳ.①F832.6

中国版本图书馆 CIP 数据核字（2020）第 097541 号

出 版 人	赵剑英
责任编辑	孙砚文　白天舒
责任校对	郝阳洋
责任印制	王　超
出　　版	中国社会科学出版社
社　　址	北京鼓楼西大街甲 158 号
邮　　编	100720
网　　址	http://www.csspw.cn
发 行 部	010-84083685
门 市 部	010-84029450
经　　销	新华书店及其他书店
印　　刷	北京明恒达印务有限公司
装　　订	廊坊市广阳区广增装订厂
版　　次	2020 年 7 月第 1 版
印　　次	2021 年 1 月第 2 次印刷
开　　本	710×1000　1/16
印　　张	16.75
字　　数	232 千字
定　　价	96.00 元

凡购买中国社会科学出版社图书，如有质量问题请与本社营销中心联系调换
电话：010-84083683
版权所有　侵权必究

目　　录

第一章　国际直接投资形势回顾与展望 ……………………… (1)
　　一　全球大部分地区国际直接投资表现低迷 ……………… (1)
　　二　国有跨国企业扮演重要角色 …………………………… (6)
　　三　前景展望 ………………………………………………… (9)

第二章　国际投资政策环境的新变化 ………………………… (14)
　　一　国别投资政策 …………………………………………… (14)
　　二　国际投资协定 …………………………………………… (17)

第三章　美国税改对国际投资的影响 ………………………… (21)
　　一　美国税改的背景 ………………………………………… (22)
　　二　美国税改的主要相关内容 ……………………………… (24)
　　三　税收影响国际投资的理论研究综述 …………………… (26)
　　四　美国的国际直接投资现状 ……………………………… (28)
　　五　税改对美国国际投资的影响 …………………………… (31)

第四章　中国对外直接投资的政策演变 ……………………… (35)
　　一　政策限制阶段：1978—1999 年 ………………………… (35)
　　二　全面放松阶段：2000—2016 年 ………………………… (36)

三 "鼓励发展＋负面清单"监管模式：2017年以来 ………… （43）

第五章 中国对外直接投资的发展状况 ………………………… （49）
    一 中国对外直接投资总体特征 …………………………… （49）
    二 中国对外直接投资分布特征 …………………………… （50）
    三 中国对外直接投资的发展前景 ………………………… （61）

第六章 中国对外直接投资在微观企业层面的风险 ………… （64）
    一 个体风险及其产生原因 ………………………………… （64）
    二 系统性风险及其产生原因 ……………………………… （71）
    三 中国对"一带一路"沿线地区投资风险分析 ………… （80）

第七章 融资约束抑制了中国民营企业对外直接投资 ……… （90）
    一 融资约束对企业进入海外市场的影响 ………………… （93）
    二 民营企业对外直接投资的影响因素 …………………… （95）
    三 样本数据描述 …………………………………………… （98）
    四 企业融资约束指标的构建 …………………………… （101）
    五 估计模型及变量选择 ………………………………… （108）
    六 模型估计结果 ………………………………………… （113）
    七 结论 …………………………………………………… （125）

第八章 中国对外直接投资在宏观国内层面的风险 ……… （128）
    一 加剧国内区域发展不平衡和就业压力的风险 ……… （128）
    二 局部产业空心化风险 ………………………………… （136）
    三 加剧国际收支不平衡和资本外逃 …………………… （141）

四　贸易摩擦下，企业不宜草率外迁 …………………………（147）

第九章　中国对外直接投资在宏观国际层面的风险 ……………（151）
　　一　日益严苛的国家安全审查 ………………………………（152）
　　二　美国的出口管制制度对中国企业的限制 ………………（163）
　　三　《301调查报告》对中国国际投资的指责与反驳 ………（171）
　　四　部分海外中国企业社会责任缺失造成的不利影响 ……（181）

第十章　哪些中国对外直接投资更容易遭受政治阻力 …………（184）
　　一　东道国政治风险与对外直接投资的研究现状 …………（185）
　　二　对外直接投资对东道国的政治影响及其反作用 ………（189）
　　三　中国海外直接投资受阻的案例分析 ……………………（196）
　　四　投资受阻影响因素的实证分析 …………………………（204）

第十一章　风险应对策略 …………………………………………（212）
　　一　应对微观企业层面的风险 ………………………………（212）
　　二　应对宏观国内层面的风险 ………………………………（227）
　　三　应对宏观国际层面的风险 ………………………………（231）

参考文献 ……………………………………………………………（245）

第 一 章

国际直接投资形势回顾与展望

国际金融危机以来，国际直接投资复苏之路十分坎坷。2018年，全球外国直接投资（FDI）继续下滑至1.3万亿美元，同比降幅达13%。这是外国直接投资连续第三年下滑，与联合国贸易和发展会议上年预计的全球FDI流入将在2018年复苏增长5%有较大差距。[①] FDI下滑的主要是受美国税改的影响，发达国家FDI流入达到最近十五年以来的新低。税改解除了美国跨国公司将利润囤积海外的桎梏，使得以流动资产为主、集中在高技术行业的海外利润最容易回流美国，相当于减少了美国的对外直接投资，从而给其主要交易对手方带来较大的FDI流出压力。这一压力在数据上的体现是，2018年流入欧洲的FDI减少了一半以上，美国对外直接投资流量大幅下降至 -640亿美元，即净撤资640亿美元（见图1.1）。

◇◇ 一 全球大部分地区国际直接投资表现低迷

尽管全球跨境并购从2017年的6940亿美元增加至2018年的8160亿美元，增长了18%，但全球外国直接投资（FDI）整体在2018年仍然继

---

① UNCTAD, World Investment Report 2018: Investment and New Industrial Policies, New York and Geneva: United Nations Conference on Trade and Development, 2018.

（万亿美元）

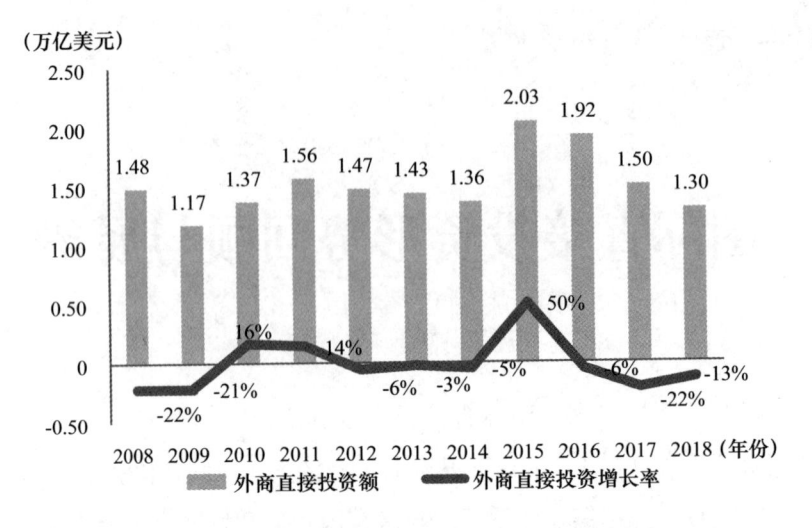

图 1.1　全球外商直接投资增长情况 2008—2018 年

资料来源：笔者根据联合国贸发会议数据库整理，http://unctadstat.unctad.org/fdistatistics。

续下滑（见图 1.1）。分地区来看，发达国家和转型期经济体①的外国直接投资流入大幅下降，而发展中国家的外国直接投资流入则同比增长了 2%。因此，发展中经济体在全球外国直接投资中的份额有显著增长，从 2017 年的 46% 增长至 2018 年的 54%。

1. FDI 流入：发达国家降至十五年来的新低，发展中国家有所增长

2018 年，流入发达国家的 FDI 为 5570 亿美元，同比大幅下降了 27%，降至 2004 年以来的最低点。其中，流入欧洲的 FDI 减少了一半以上，流向北美地区的 FDI 下降了 4%。爱尔兰和瑞士分别出现了 660 亿美元和 870 亿美元的负流入（净流出）。随着新增股权投资减半，流入英国

---

① 转轨经济体主要是指东南欧、独联体国家和格鲁吉亚。

的FDI下降了36%。受跨境并购减少的影响，流入美国的FDI下降了9%，降至2520亿美元。

发展中国家FDI流入在2018年达到760亿美元，同比增长了2%，但是发展中国家内部在各区域之间存在显著差异。位于亚洲和非洲的发展中国家2018年的外国直接投资流入量有所增加，而拉丁美洲和加勒比地区的外国直接投资流入则有所缩减。中国是发展中经济体中最大的外国直接投资接受国，吸引了1390亿美元的FDI流入，同比增长了3.7%（见表1.1）。东南亚地区的发展中国家FDI流入量连续三年上升了3%，创下1490亿美元的新高。流入非洲地区的FDI在2018年增长了11%，达到460亿美元。拉丁美洲和加勒比地区的外国直接投资在2018年下降了6%，降至1470亿美元。其中，南美洲FDI流入的下降主要是流入巴西和哥伦比亚外资的减少所致。

表1.1　　　　2018年全球前20大FDI参与国（地区）　　单位：亿美元，%

	FDI流入					FDI流出			
2018年位次	国家和地区	2017年	2018年	增速	2018年位次	国家和地区	2017年	2018年	增速
1	美国（1）	2770	2520	-9.0	1	日本（2）	1600	1430	-10.6
2	中国（2）	1340	1390	3.7	2	中国（3）	1580	1300	-17.7
3	中国香港（3）	1110	1160	4.5	3	法国（9）	410	1020	148.8
4	新加坡（5）	760	780	2.6	4	中国香港（6）	870	850	-2.3
5	荷兰（7）	580	700	20.7	5	德国（5）	920	770	-16.3
6	英国（4）	101	640	533.7	6	荷兰（14）	280	590	110.7
7	巴西（6）	680	610	-10.3	7	加拿大（7）	800	500	-37.5
8	澳大利亚（8）	420	600	42.9	8	英国（4）	1180	500	-57.6
9	西班牙（17）	210	440	109.5	9	韩国（13）	340	390	14.7
10	印度（9）	400	420	5.0	10	新加坡（8）	440	370	-15.9
11	加拿大（15）	250	400	60.0	11	俄罗斯（12）	340	360	5.9
12	法国（13）	300	370	23.3	12	西班牙（10）	400	320	-20.0

续表

2018年位次	FDI 流入 国家和地区	2017年	2018年	增速	2018年位次	FDI 流出 国家和地区	2017年	2018年	增速
13	墨西哥（12）	320	320	0.0	13	瑞士（156）	-350	270	-177.1
14	德国（11）	370	260	-29.7	14	沙特阿拉伯（28）	70	210	200.0
15	意大利（16）	220	240	9.1	15	意大利（15）	260	210	-19.2
16	印度尼西亚（18）	210	220	4.8	16	瑞典（17）	230	200	-13.0
17	以色列（19）	180	220	22.2	17	中国台湾（21）	120	180	50.0
18	越南（21）	140	160	14.3	18	泰国（18）	170	180	5.9
19	韩国（20）	180	140	-22.2	19	阿拉伯联合酋长国（20）	140	150	7.1
20	俄罗斯（14）	260	130	-50.0	20	爱尔兰（157）	-390	130	133.3

注：括号中为2017年的排名位次。

资料来源：笔者根据 UNCTAD, World Investment Report 2019 的数据整理。

2. FDI 流出：美国创有统计数据以来的最差位次，中国再次下降

全球对外直接投资（FDI 流出，OFDI）普遍下降。其中，发达国家下跌了40%，降至5580亿美元；发展中国家下跌了10%，降至4180亿美元。发达国家在全球 FDI 流出中份额下降至55%，为有史以来的最低点。

在发达国家，美国跨国公司受税改影响将大量海外利润汇回美国，这导致2018年美国对外直接投资流量大幅下降了-640亿美元（净撤资640亿美元），而2017年美国对外直接投资为3000亿美元。由此，美国在2018年未能进入全球前20大对外直接投资经济体名单，而美国一直以来是全球第一大对外直接投资来源国。从 UNCTAD 开始公布数据的1970—2017年48年的时间里，美国除了其中的7年外都是全球第一大对外直

投资国。① 即使在那 7 年里，美国有 2 年是第 2 位、3 年是第 3 位、1 年是第 16 位。可见，2018 年美国对外直接投资流量在全球的排名创下了有统计数据公布以来的最差位次。

与美国相反，欧洲对外直接投资流量增长了 11%，达到 4180 亿美元。其中，法国对外直接投资流量在 2018 年超过 1000 亿美元，成为全球第三大对外直接投资国，比上年前进了 6 名。爱尔兰和瑞士的 FDI 流出恢复正增长，分别达到 130 亿美元和 270 亿美元。相比之下，德国 FDI 流出下降了 16.3%，降至 770 亿美元（见表 1.1）。英国 FDI 流出从 2017 年的 1180 亿美元下降至 2018 年的 500 亿美元。如此大的降幅主要是上年的基数较高所致。2017 年英国企业进行了一系列跨境并购，使得英国 FDI 流出大幅增长，代表性并购交易包括英美烟草公司以 494 亿美元收购雷诺兹的余下股份，以及利洁时集团以 179 亿美元收购美赞臣等。

再看发展中国家，位于亚洲的发展中国家对外直接投资在 2018 年下降了 3%，达到 4040 亿美元。尽管 2018 年中国是仅次于日本的全球第二大对外直接投资国，但受中国政府加强对外投资合规性审查，以及美国和欧洲对中国投资审查趋严的影响，中国企业对外直接投资下降了 17.7%，降至 1300 亿美元。西亚地区对外直接投资创历史最高水平，达到 490 亿美元。这主要是由于沙特阿拉伯、阿拉伯联合酋长国和土耳其的对外直接投资大幅增长。拉丁美洲对外直接投资在 2018 年暴跌至 70 亿美元的历史最低水平。这主要是受到巴西 FDI 流出为负（净撤资）和智利对外直接投资减少的影响。

3. 服务业掺杂水分

服务业是国际直接投资第一大行业。截至 2015 年年底，服务业 FDI

---

① 在这七年里，全球第一大对外直接投资国分别为：日本，1982 年、1989 年、1990 年；英国，1987 年、1988 年、2000 年；荷兰，2005 年。

存量占比达到68%，而制造业和第一产业（农林牧渔业和采矿业）占比分别为26%和6%。在服务业内部，占比最大的是金融服务业，占全球服务业FDI存量的62%。

尽管服务业占比增加是全球经济发展的普遍现象，但由于服务业FDI数据中有诸多水分，使得服务业FDI占比虚高。在FDI数据统计中，国外子公司的行业分类是依据子公司从事的经济活动，而不是母公司所属的行业。在被归类于服务业的FDI中，有相当一部分从事的服务是商务服务业，执行的主要职能是控股公司、区域总部；还有一部分从事的服务是主业配套的服务，例如行政、财务、采购、分销、物流、售后、研发等，而其母公司实际属于第一产业或制造业。

联合国贸易和发展会议组织（简称"联合国贸发组织"，UNCTAD）考察了属于第一产业和制造业的跨国公司在海外超过15000个子公司，发现其中52%被归类于服务业。其中，43%属于批发和零售贸易、19%属于金融和保险服务、13%属于研发和技术服务、7%属于行政和支持服务，以及5%属于信息和通信服务。

◇ 二　国有跨国企业扮演重要角色

国有跨国企业指的是那些政府是最大股东、持股比例高于10%，或者即使不是最大股东但对于企业重大战略性决策拥有否决能力（黄金股）的跨国企业。这些企业在数量上较少，例如只有1.5%（1500家）的跨国企业是国有跨国企业。但是他们一般规模较大，例如全球前100大非金融跨国企业的15家、前100大发展中和转型经济体跨国企业的41家都是国有跨国企业。

从国有跨国企业的母国分布来看，超过半数总部位于发展中国家，还有将近27名（400家）位于欧盟。而在全球前25大非金融类国有跨国企业中，一半以上（17家，占68%）来自发达国家，主要也是欧盟国家。其中，拥有数目最多的国家是法国，有法国电力、苏伊士环能、空客、法国电信、法国雷诺和标致雪铁龙6家企业。拥有数目次多的是中国，有中海油、中国远洋、五矿和中国建筑4家企业（见表1.2）。而在全球前25大金融国有跨国企业中，拥有数目最多的是中国，有9家企业入围。尽管超过半数国有跨国企业来自发展中国家，但它们的海外子公司有相当一部分位于发达国家。以亚洲国有跨国企业为例，其海外子公司第一大目的地是欧盟（23%），第二大目的地是美国（10%）。

表1.2　　　　　　　　前25大国有跨国企业

	非金融类跨国企业				金融类跨国企业			
	公司名	母国	行业	国有股比重%	公司名	母国	行业	国有股比重%
1	大众集团	德国	汽车	20	中国工商银行	中国	商业银行	34.6
2	国家电力公司	意大利	电力	23.6	中国建设银行	中国	商业银行	57
3	埃尼公司	意大利	石油	25.8	中国农业银行	中国	商业银行	40
4	德国电信	德国	电信	17.4	日本邮政	日本	保险	80.5
5	法国电力公司	法国	电力	84.6	中国银行	中国	商业银行	64
6	苏伊士环能	法国	电力	32	交通银行	中国	商业银行	26.5
7	挪威国家石油	挪威	石油	67	苏格兰皇家银行	英国	银行	71.9
8	中海油	中国	石油	100	中国招商银行	中国	商业银行	26.8
9	空客	法国	航空	11.1	上海浦东发展银行	中国	商业银行	20
10	法国电信	法国	电信	13.5	平安保险	中国	保险	32.2
11	日本电报电话公司	日本	电信	32.4	德国商业银行	德国	商业银行	15
12	法国雷诺公司	法国	汽车	15	巴西银行	巴西	商业银行	65.6
13	马来西亚石油	马来西亚	石油	60.6	中国人寿	中国	保险	100
14	中国远洋运输集团	中国	运输	100	印度国家银行	印度	商业银行	61.2
15	淡水河谷	巴西	采矿	黄金股	法国国家人寿保险	法国	保险	40.9

续表

	非金融类跨国企业				金融类跨国企业			
	公司名	母国	行业	国有股比重%	公司名	母国	行业	国有股比重%
16	五矿集团	中国	采矿	100	联邦储蓄银行	俄罗斯	储蓄机构	52.3
17	国际石油开发株式会社	日本	石油	19	荷兰银行	荷兰	商业银行	70.1
18	德国邮政	德国	运输	24.9	印度人寿保险	印度	保险	100
19	日本烟草	日本	烟草	33.4	挪威银行	挪威	银行	34
20	奥地利石油天然气集团	奥地利	石油	31.5	巴登伍腾堡邦银行	德国	信贷机构	25
21	沙特基础工业公司	沙特	化工	70	友利银行	韩国	商业银行	51.1
22	中国建筑工程总公司	中国	建筑	100	比利时德克夏银行	比利时	银行	50
23	瑞典瀑布能源公司	瑞典	电力	100	俄罗斯外贸银行	俄罗斯	商业银行	47.2
24	标致雪铁龙	法国	汽车	13.7	韩国企业银行	韩国	商业银行	51.8
25	石油和天然气公司	印度	采矿	68.9	卡塔尔国家银行	卡塔尔	商业银行	50

资料来源：笔者根据 UNCTAD，World Investment Report 2017 的数据整理。

从行业分布上来看，超过一半国有跨国企业主要分布在五大行业：金融、保险和房地产（18%），电力、燃气和水的供应业（10%），交通运输业（10%），控股公司（7%）以及采矿业（6%）。这反映出一国政府希望加大对资源能源和关键性基础设施的控制。此外，还有一部分国有跨国企业的形成是源于2008—2009年国际金融危机中政府的救市行为。对于这类国有跨国企业而言，政府持股并不是为了长期的战略性目的，而是出于拯救企业免于在金融危机中破产。一旦企业经营情况好转，政府就会撤资。例如，在2013年年底，美国财政部已售出所持全部通用汽车普通股，通用汽车为期四年半的政府持股模式正式结束。

由于国有股份的存在，国有跨国企业的行为容易引起东道国的疑虑。尽管有的母国出于担心对本国就业率的不利影响而对该国国有跨国企业的海外投资行为并不十分支持（例如意大利）或持中立的态度，但仍然有不少东道国担心国有跨国企业国际化背后涉及的威胁国家安全、带来不公平竞争、交易不透明和公司治理不完善等多方面的问题。

◇ 三 前景展望

联合国贸发会议预计，随着美国税改影响的减弱，发达国家 FDI 流入将有所复苏，全球直接投资在 2019 年将实现 10% 的适度复苏。但从中长期来看，受发达国家政策不确定性增强、国际直接投资收益率趋势性下降以及国际生产的结构性变化等因素影响，国际直接投资可能长期放缓。

首先，在过去几年中，基于国家安全或保护战略性技术的考虑而对外国投资加以限制，再次成为发达国家决策者的重要考量因素。基于此，发达国家政策的不确定性正日益成为国际直接投资不确定性的重要来源。一方面，美国在全球挑起的贸易争端可能使得跨国企业取消或者推迟投资行为，直到贸易和投资环境更为稳定。如果贸易争端持续发酵导致全球价值链被破坏，这将给亚洲地区的国际投资带来尤为明显的影响。[1] 另一方面，2018 年 10 月 10 日，美国财政部颁布了一项为执行《外国投资风险评估现代化法案》试点计划的暂行规定，该法案扩展了美国外国投资委员会的审查权限，让美国外国投资委员会有权审查特定的外国人并购美国"关键技术"企业的相关交易，并要求特定交易要进行强制申报。由此，美国对外商投资的国家安全审查更加严格。继美国之后，欧盟理事会在 2019 年 3 月 5 日通过了外资审查框架法案。该法案为影响安全和公共秩序的外国直接投资审查机制建立了法律框架，以便成员国以"安全和公共

---

[1] 王碧珺：《国际直接投资形势回顾与展望》，载张宇燕主编《2018 年世界经济形式分析与预测》，社会科学文献出版社 2019 年版。

秩序"为由审查到欧盟投资的外国直接投资者,该法案旨在维护欧盟经济的安全和公共秩序,应对包括中国在内的部分国家对欧洲的潜在安全威胁。[①] 该法案实施后,企业到欧盟进行投资将面临更为严格的监管。

在当前中美贸易争端的形势下,美国对华关税清单中大量涉及在华外资企业。虽然从中长期来看,中美贸易争端不会成为影响外资在中国经营的决定性因素,吸引和留住外资的关键仍然是中国内需的不断提振以及营商环境的根本性改善。但从短期来看,中国仍需警惕不确定的贸易环境和双边关系可能会使经济活动受到抑制,以及外资企业为规避风险和降低关税而转移和撤到其他国家的风险。

但是,中国不会将打击美资企业作为报复手段。惩罚美国在华企业将产生持续性损害,显著打击包括美资企业在内的所有外资企业对在华经营的信心,使得中国变成一个缺乏法治、投资风险巨大的经济体。中国应想尽办法善待、吸引外资企业。继续改善营商环境,保护外资企业在华的合法权益,严厉打击侵权假冒、侵犯商业秘密等行为,大幅提高知识产权侵权法定赔偿上限,使中国成为外国企业投资的首选之地。同时,进一步开放市场,以增加对国际投资的吸引力。

其次,国际直接投资收益率趋势下降是外国直接投资长期放缓的重要原因。2010—2018年,全球外国直接投资的回报率从8%降至6.8%,下降了1.2个百分点(见表1.3)。尽管发展中国家和转型经济体的回报率仍然较高,但大多数地区并未摆脱下降的趋势。例如,在非洲,投资回报率从2010年的11.9%下降至2018年的6.5%。目前学术界对于FDI收益率下降的原因并没有系统性的研究。联合国贸发组织企业贸易投资司司长、世界投资报告主编詹晓宁认为,投资保护主义盛行、主要国家的贸易关系紧张、地缘政治风险加大以及全球经济增长缓慢都是投资收益率下降

---

① 贾英姿、于晓、郭昊、刘猛、胡振虎:《〈欧盟外商直接投资审查框架〉条例对中国的影响及应对策略》,《财政科学》2019年第5期。

的重要原因。① 如果看FDI回报率与所在区域经济增速的相关系数,可以发现,在西亚、拉美和加勒比海地区以及转型经济体中,两者有显著的正相关关系(见表1.3)。但在其他地区,两者的相关系数并不高。FDI收益率下降的原因值得学术界进行深入探讨。

表1.3　　FDI(流入)的回报率及其与当年经济增速的相关系数2012—2018年　　单位:%

区域	2010	2011	2012	2013	2014	2015	2016	2017	2018	与所在区域经济增速的相关系数
世界	8	8.5	7.7	7.5	7.6	6.9	6.8	6.8	6.8	0.352
发达经济体	6.4	6.7	6.1	5.9	6.4	6.0	5.9	5.9	6.0	-0.056
发展中经济体	11.0	11.5	10.1	9.9	9.5	8.4	8.2	8.1	7.8	0.828***
非洲	11.9	12.0	11.7	11.4	9.6	6.6	5.0	6.0	6.5	0.407
亚洲	11.4	12.2	10.6	10.8	10.7	10.0	9.6	9.0	8.5	0.525
东亚和东南亚	12.5	13.4	11.6	11.9	11.8	11.1	10.4	9.9	9.4	0.457
中国	8.9	7.3	7.5	7.6	8.5	7.1	7.3	9.7	7.8	0.137
南亚	8.9	7.6	7.2	6.7	6.1	5.5	6.4	5.6	5.3	-0.139
西亚	6.0	6.8	5.6	5.5	5.0	4.7	4.8	3.5	3.4	0.861***
拉美和加勒比海地区	9.7	9.8	8.5	7.0	6.3	4.5	5.4	6.2	6.2	0.936***
转型经济体	12.1	14.8	14.6	13.2	13.2	9.0	10.2	11.6	12.4	0.782**

注:回报率的计算公式为当年FDI收益除以当年FDI存量与上年FDI存量的平均值。

资料来源:中国的数据由笔者根据国家外汇管理局公布的国际投资头寸表和国际收支平衡表进行计算,其他地区是笔者根据UNCTAD,World Investment Report 2018 的数据整理。

最后,国际生产性质的结构变化也对国际投资发展产生了深远影响。数字技术在许多行业全球供应链中的应用,正在导致国际生产向无形资产

---

① "2018年世界投资报告",2018年10月7日,https://www.sohu.com/a/257987228_99907693。

和日益增加的轻资产形式转变。因此，进入全球市场、开展跨境业务对重资产的需求大幅降低。许多以前需要通过直接投资形式完成的跨境业务，现在可能部分被服务贸易和无形资产国际支付等轻资产形式所替代，具体表现为特许权使用费和许可证费用的增长。

从企业微观角度来看，2017—2019 年企业 FDI 支出倾向有所增加，对于全球外商直接投资活动较为乐观（见图 1.2）。不像 2016 年，大部分跨国企业高管，尤其是那些来自发达经济体的，在接下来的三年里预计增加 FDI 支出。同时，与 2016 年相比另一个显著变化来自第一产业的 FDI 支出意向。在经历了过去两年艰难的投资削减后，自然资源行业的跨国企业，尤其是那些来自石油行业的，倾向于在接下来两年里增加 FDI 支出。企业 FDI 支出倾向的增加主要原因在于对亚洲发展中经济体和美国宏观经济状况看好，以及受到技术进步和数字经济的推动；而地缘政治的不确定性、恐怖主义、汇率波动以及贸易协定的变化，使得部分跨国企业仍然倾

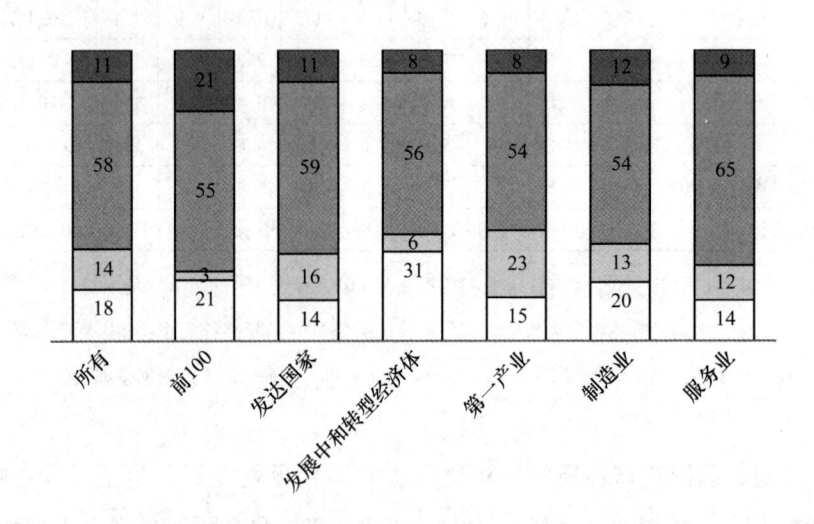

	所有	前100	发达国家	发展中和转型经济体	第一产业	制造业	服务业
不知道	11	21	11	8	8	12	9
增加	58	55	59	56	54	54	65
不变	14	3	16	6	23	13	12
减少	18	21	14	31	15	20	14

□减少 □不变 □增加 ■不知道

图 1.2 跨国企业高管 2017—2019 年 FDI 支出意向（%）

资料来源：笔者根据 UNCTAD, World Investment Report 2017 的数据整理。

向减少 FDI 支出（见图 1.3）。

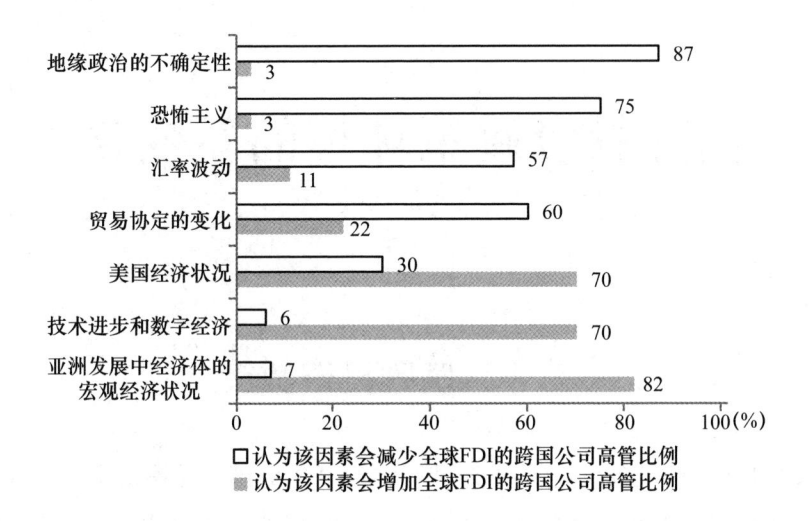

因素	认为该因素会减少全球FDI的跨国公司高管比例	认为该因素会增加全球FDI的跨国公司高管比例
地缘政治的不确定性	3	87
恐怖主义	3	75
汇率波动	11	57
贸易协定的变化	22	60
美国经济状况	30	70
技术进步和数字经济	6	70
亚洲发展中经济体的宏观经济状况	7	82

图 1.3　跨国企业高管 2017—2019 年 FDI 支出意向

资料来源：笔者根据 UNCTAD，World Investment Report 2017 的数据整理。

总之，一系列风险因素将为国际直接投资带来不确定性，使得国际投资复苏之路道阻且长。

第二章

国际投资政策环境的新变化

◇ 一 国别投资政策

2018年,涉及外商直接投资国别政策变化的国家个数和政策数量都有所下降。有55个国家和经济体进行了112项涉及外商直接投资的政策变化,比2017年的65个国家、126项政策变化分别减少了15.4%和11.1%。从这112项政策变化的组成来看,65项涉及投资自由化和促进措施,31项施加了新的投资限制性和监管政策,余下16项是中性的政策。不包括中性的政策,涉及限制性或监管措施的政策比例从2017年的16%飙升至2018年的32%,这是自2000年以来的最高比例(见图2.1)。

分区域来看,在涉及外商直接投资的国别政策变化中,亚洲发展中国家最为活跃,其次是非洲、欧洲以及发达国家(见图2.2)。然而,涉及外商直接投资国别政策变化的性质在不同地区之间存在显著差异。亚洲发展中国家有32项政策变化涉及投资自由化和促进措施,而只有2项政策变化涉及投资限制或监管政策。相比之下,发达国家有21项政策变化旨在加强投资限制或监管,而只有7项政策变化涉及投资自由化和促进措施。

针对外国投资者的新增限制性措施主要表现出东道国监管当局在国家安全方面的考虑,涉及关键基础设施、核心技术、国防部门、敏感性商业

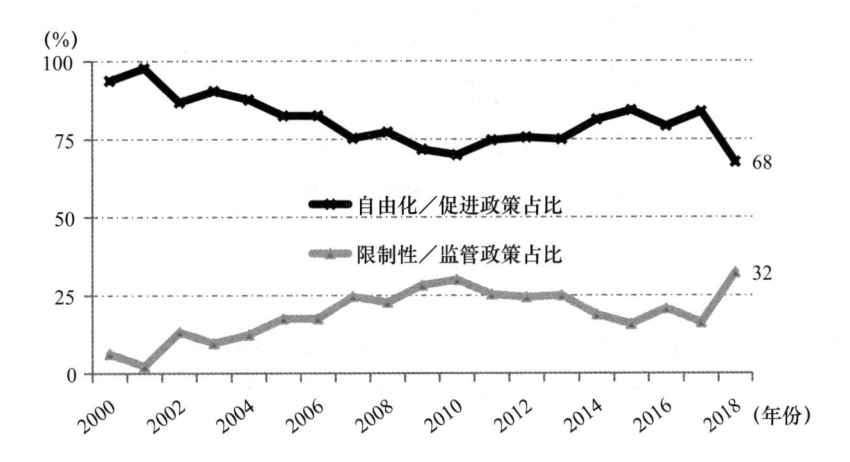

图 2.1　国别投资政策变化 2000—2018 年

资料来源：联合国贸发会议数据库，http：//unctadstat.unctad.org/fdistatistics。

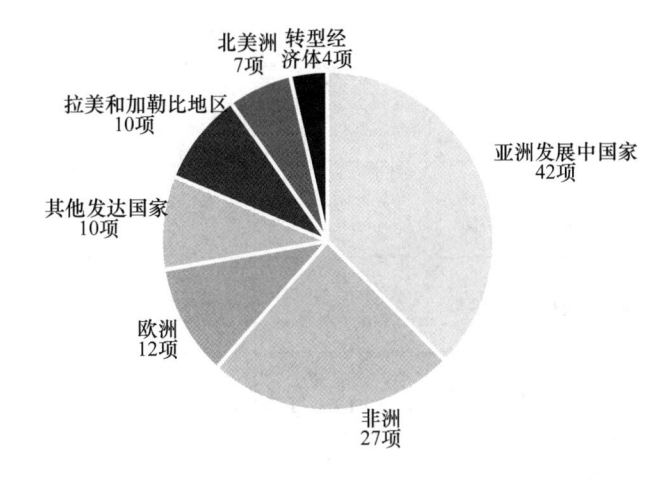

图 2.2　2018 年国别投资政策变化的区域分布

资料来源：联合国贸发会议数据库，http：//unctadstat.unctad.org/fdistatistics。

支持等方面。2018 年，至少有 15 笔外资并购交易在东道国政府的反对声中被迫终止。其中，9 笔因国家安全缘由终止，3 笔因竞争原因终止，3 笔因其他监管原因终止。在因为国家安全因素终止的代表性并购交易中，从行业上来看，主要涉及高科技、金融业、基础设施等。从涉及的国家来看,施加反对的国家都是发达国家,主要是美国,此外还有新西兰、澳大利亚、西班牙、加拿大、日本等国(见表2.1)。中国是受国家安全因素冲击最大的国家。如表2.1所述,9笔交易中有4笔来自中国境内,3笔来自中国香港。而在这3笔来自中国香港的并购中,有2家主并方的母公司来自中国境内。

表2.1   2018年因为国家安全因素终止的代表性并购交易

序列	投资企业	母国	标的企业	东道国	行业	终止原因
1	蚂蚁金服(Ant Small & Micro Financial Services Group Ltd)	中国	美国金融交易服务提供商速汇金(MoneyGram)	美国	金融业	美国外国投资委员会(CFIUS)担心威胁国家安全
2	海航集团(HNA Group Co Ltd)	中国	UDC金融(澳新银行子公司)	新西兰	金融业	新西兰海外投资办公室认为海航集团提供的所有权结构等信息不充分
3	香港蓝标(BlueFocus International Ltd)	中国香港	科金特公司(Cogint, Inc)	美国	数字处理	美国外国投资委员会(CFIUS)担心威胁国家安全
4	联合资本(Unic Capital Management Co Ltd)	中国香港	Xcerra集团(Xcerra Corporation)	美国	半导体	美国外国投资委员会(CFIUS)担心威胁国家安全
5	博通(Broadcom Ltd)	新加坡	高通公司(Qualcomm Inc)	美国	芯片制造	美国外国投资委员会(CFIUS)担心威胁国家安全
6	亚特兰蒂斯(Atlantia SpA)	意大利	阿伯蒂斯基建公司(Abertis Infraestructuras SA)	西班牙	交通运输	西班牙政府担心该交易会导致该国最重要道路被外国控制
7	中交国际(China Communications Construction Company International Holding Ltd)	中国	爱肯集团(Aecon Group Inc)	加拿大	建筑	加拿大政府担心该笔交易威胁国家安全
8	长江资产控股有限公司(CK Asset Holdings Ltd)	中国香港	APA集团(APA Grouph)	澳大利亚	天然气基础设施	澳大利亚政府担心该笔交易威胁国家安全
9	广田控股(Grandland Holdings Group Co Ltd)	中国	日本骊住集团株式会社(Lixil Group)	日本	建筑	以国家安全为由被否决

资料来源:笔者根据UNCTAD, World Investment Report 2019的数据整理。

除了国家安全方面的考虑外,还有针对外国投资者在土地、自然资源领域投资的监管。例如,澳大利亚增加了外国投资者进行房产投资的税费,并进行了额度控制。新西兰加强了外国并购敏感性土地的审查。此外,还有的国家增加了当地成分要求。例如,印度尼西亚对于本土生产和销售4G手机的当地成分要求比例由20%提高至30%。肯尼亚和坦桑尼亚强调了采矿业的本土采购、使用本地产品和服务等。

虽然目前并没有一个全球性的国际投资协定,但一些区域组织正积极倡导非约束性的投资指导原则,旨在指导国家制定国际投资政策。该原则与《联合国贸发会可持续发展投资政策框架》所倡导的可持续发展原则是相一致的。2018年,伊斯兰合作组织(OIC)成员国的高级别专家会议根据伊斯兰会议组织行动计划和贸发会议政策框架商定了10项原则。这10项原则涉及政策一致性、权利和义务平衡、监管权、投资开放、投资保护和伊斯兰会议组织内部合作等领域。

◇ 二　国际投资协定

2018年全球共缔结了40个国际投资协定(International Agreements,IIAs),其中双边投资协定(Bilateral Investment Treaties,BITs)30个,其他国际投资协定(Treaties with Investment Provisions,TIPs)10个。[①] 截至2018年,国际投资协定的规模达到3317个(至少有2658个国际投资协定生效)。其中,2932个为双边投资协定,385个为其他国际投资协定。同时,2018年有24个国际投资协定终止生效。其中,土耳其终止了8个双边投资协定,阿拉伯联合酋长国终止了6个双边投资协定,

---

[①] 其他国际投资协定是指除了双边投资协定之外的其他涉及投资相关条款的经济协定。

新加坡终止了2个双边投资协定和3个其他国际投资协定。国际投资治理的重要发展方向是更加强调投资的可持续性。具体来说，就是不能为了吸引外资而降低健康标准、安全标准和环境标准。①

分区域来看，地区间的国际投资协定在进一步发展和完善。在非洲、加勒比海和太平洋地区，2000年6月23日签署的涵盖100多个国家的《非加太地区国家与欧共体及其成员国伙伴关系协定》将于2020年到期。目前，正在谈判一个新的框架，预计谈判将侧重于促进投资、发展私营部门和投融资便利化等议题。在东南亚地区，2019年4月在东南亚国家联盟（东盟）经济部长会议期间签署了第4项议定书，修订了《东盟服务贸易协议》（ATISA）以及《东盟全面投资协议》（ACIA）。修订协议中引入了更明确和额外的承诺，强调禁止对投资者施加履约要求，这将为投资者进一步扫除投资障碍，从而加强东盟作为投资目的地的吸引力。同时，加深区域服务业整合，为服务供应商创造更为开放、稳定和可预测的营商环境。

从时间趋势上来比较近几年签订的BITs（2011年以来）和早期签订的BITs（2010年之前），可以发现协定内容发生了极大的变化（见表2.2）。第一个变化是更强调负责任的投资。在2010年之前，只有8%的IIAs在序言部分会强调要保护健康、安全、劳工权利、环境和可持续发展，而2011年以来，这一比例达到了56%。除了在序言部分关于负责任投资的抽象表述外，2016年全球新签订的部分IIAs里对于负责任的投资有了更为具体的要求。例如，摩洛哥—尼日利亚BIT要求投资者在投资前要通过环境评估审查，并对潜在投资可能造成的社会影响进行评估。而巴西—秘鲁经济和贸易扩张协议（Economic and Trade Expansion Ggreement, ETEA）鼓励投资者为当地的经济、社会和环境发展、自生能力建设、人力资本形成等做贡献。

---

① 任琳、冯维江、王碧珺、吴国鼎:《"一带一路":为改革全球治理体系提供平台和动力》,《世界知识》2019年第9期。

表 2.2　　　　　　　　国际投资协定的内容变迁

条约规定	早期 BITs（1959—2010 年）（2432）	近来 BITs（2011—2016 年）（110）
序文部分 保护健康、安全、劳工权利、环境和可持续发展	8%	56%
所涉投资的定义 专门说明不包含财务投资、主权债务或者其他基于商业合同的财务诉求	4%	39%
所涉投资者的定义 包括"利益拒绝"条款	5%	58%
最惠国待遇 明确说明该待遇不适用于其他 IIAs 的投资者—国家争端解决（Investor-State Dispute Settlement, ISDS）条款	2%	45%
公平和公正条款 指的是在国际习惯法（customary international law）中的最低标准	1%	29%
间接征收 明确说明哪些构成/不构成间接征收	5%	42%
资金自由调拨 包含了例外情况：国际收支困难或国内执法期间	18%	74%
公共政策例外 包含一般的例外情况：例如，为了保护人类、动物或植物的生命和健康，为了保护可耗尽的自然资源等	7%	43%

资料来源：笔者根据 UNCTAD, World Investment Report 2017 的数据整理。

第二个变化是尽量避免投资仲裁，从而保留监管空间。引入更为详尽的公平公正待遇条款和间接征收[①]条款，保留在审慎监管措施下对资金自

---

① 间接征收没有明确的定义，一般被表述为"具有相当于直接征收的效果的措施"。而直接征收是东道国直接剥夺投资者的财产权，参见颜海燕《国际直接投资中的间接征收问题研究》，《法制与社会》2011 年第 9 期。

由转移义务的例外情况,尽量避免保护伞条款。[①] 例如,2011年以来的BITs中74%都包含了资金自由调拨的例外情况,即如果东道国面临国际收支困难或者投资项目正在经历东道国国内法律程序,则投资者不享有资金自由调拨的自由,此外还有43%的BITs包含了公共政策的一般例外情况。而这两个比例在2010年之前的BITs里只分别为18%和7%。

第三个变化是不断细化和明确协定内容。例如,明确所涉投资和间接征收的定义和内容等。

从存量上看,国际投资协定的规模仍然较大,但其中大部分是需要改革的"旧一代"IIAs。改革的主要动机一方面是为了降低东道国面临国际投资仲裁的风险,另一方面是为了增加可持续发展的内容。但改革同样存在诸多困难,例如有来自缔约对手方的反对,有来自国家内部的协调困难和政治意愿的不足,还有的国家政策制定者认为改革意味着降低对国际投资者的吸引力。

---

① 通过"保护伞条款",外国投资者能够将本属东道国国内管辖的合同争端,上升为东道国需担负国际责任的条约争端。

第三章

美国税改对国际投资的影响[*]

近年来,美国经济复苏企稳,失业率持续下降,美联储货币政策正常化进程稳步推进。然而,光鲜数据背后也有隐忧。产业空心化、高新技术产业优势减弱以及复杂的税制都对美国继续维持世界霸主地位构成了潜在威胁。在这样的背景下,2017年年底,美国总统特朗普正式签署了《2017年减税与就业法》(Tax Cut and Jobs Act of 2017),并于2018年1月开始实施(以下简称"税改")。这项立法是1986年以来美国税收制度最大的一次变化,尤其是在企业所得税、跨境税制等方面进行了较大调整。这些调整将对美国跨境投资造成显著影响。考虑到美国是全球第一大外商直接投资目的地,也是第一大对外直接投资来源国,税改对美国跨境投资的影响,将会进一步传导至世界投资格局。

本章从国际直接投资的角度,分析美国税改的背景和相关内容,回顾影响国际直接投资的主要因素和美国国际直接投资的现状,探讨税改对美国国际投资可能造成的影响,并结合中国目前的投资环境,提出相应的政策建议。

---

[*] 本章的合作者是美国雪城大学马克斯维尔公民与公共事务学院经济学系博士研究生杜静玄。

◇ 一 美国税改的背景

1. 产业空心化的担忧

从数据来看，美国制造业增加值在 GDP 中的占比不断下降，从 1947 年的 25.4% 降至 2017 年的 11.6%；同期美国制造业就业人数在非农就业人数中的占比下降更为剧烈，由 32.51% 减少至 8.49%。① 截至 2018 年 4 月，美国制造业就业总人数达到 1265.5 万人，仍处在 20 世纪 40 年代的水平。② 从国际比较来看，美国在全球制造业增加值中的占比自 2002 年以来一直呈下降趋势，由 2001 年的 25.7% 下滑至 2016 年的 17.55%。与之形成对比的是，亚太地区制造业增加值占全球比重由 2004 年的 31.57% 上升至 2016 年的 44.27%，而欧盟占比在大部分年份也在美国之上③。

在经济繁荣时期，服务业吸纳就业的能力较强，国内就业保持在稳定水平。而 2008 年美国次贷危机的爆发使得产业脱实向虚的问题暴露出来：失业人数大幅增长，经济遭遇巨大冲击。虽然美国政府颁布了一系列政策措施，希望吸引制造业回流，但效果有限。美国 2017 年制造业增加值占 GDP 比重仅为 11.6%，比 2008 年的 12.3% 更低；而制造业就业人数占比也从 2008 年的 9.77% 下降到 2017 年的 8.49%。

2. 高科技领域的优势有所减弱

科技发展与创新是国家竞争力的重要源泉。然而，从科技产业的发展

---

① 数据来源：美国经济部分析局，美国劳工统计局。
② 数据来源：美国劳工统计局，http://stats.bls.gov。
③ 数据来源：世界银行世界发展指数，World Development Indicator。

情况来看，美国感受到了明显压力，这一压力的重要来源是中国。在产出方面，中国高技术产业的发明专利申请数从2011年的54224件增长至2016年的101835件，翻了近一倍；高技术产业新产品销售收入也由2011年的2.25亿元翻了一番，达到2016年的4.79亿元。[①]

横向比较，2015年美国研究与开发（R&D）支出仍以4970亿美元占据全球26%的份额，稳居世界第一。但第二名的中国也已经达到了4090亿美元，占世界总额21%，而第三名的日本仅占全球9%。中国R&D支出占本国GDP比重已达2%，与欧盟比重相当，与美国差距大幅缩小。

3. 原税收制度削弱了美国经济的竞争力

美国上一次大规模税制改革还是1986年颁布实施的《税制改革法案》，距今已有30余年。时至今日，美国社会各界普遍认为现行税制已不能助力美国经济的进一步发展。除了税法非常复杂、征税成本较高外，美国现行税制的具体弊病体现在以下两点。

一是美国原公司税税率较高，不利于投资和企业家活动。就企业所得税来看，美国联邦政府、州和地方政府均要对企业所得进行征税。如果企业存在跨州活动，在不同的州都要进行缴税。美国原企业所得税的边际税率达到35%，连续十年在经济合作与发展组织（OECD）中最高，远高于OECD的平均水平24.7%。

二是税基侵蚀与利润转移（Base Erosion and Profit Shifting，BEPS）的情况较为严重。随着经济全球化的发展，生产要素跨境流动日益便捷，国际税收竞争也日趋激烈。国际税收竞争一般是指基于企业所得税制度的管辖区之间的竞争。尽管关于税收竞争的理论至今未在其概念定义和危害程

[①] 数据来源：中国国家统计局。

度上达成共识,但可以肯定的是,国际投资会受到税收政策的强烈影响,而一些国家对境外资本实施过低的税率以吸引 FDI 的行为极大地削弱了来源国的税基。

在复杂的税收制度下,美国的情况尤为严重。以海外存留现金规模最大的苹果公司为例,在其最新财报披露的 2689 亿美元的现金和等价物中,2523 亿美元均留存在海外,占比高达 94%。① BEPS 对美国的经济发展和财政收入带来了严重的不利影响。大量留存海外的利润削减了美国政府的税基,减少了国家的财政收入,削弱了政府的税收调节功能。

◇ 二 美国税改的主要相关内容

2017 年 12 月 22 日,特朗普签署了《减税与就业法案》,该法案于 2018 年 1 月 1 日生效。由于美国税改法案内容宏大繁复,本章只讨论可能对国际投资造成影响的主要相关条款。

(1) 大幅降低企业所得税。美国企业所得税率从 35% 大幅降至 21%。并且为了鼓励企业进行固定资产投资,允许特定资产的全部成本费用一次性税前扣除,而之前的做法是按照折旧年限或一定限制分期税前扣除。

(2) 由全球征税制改为属地征税制。税改之前,美国政府对美国公司一律征收 35% 的企业所得税,而不问公司所得税(利润)是源于美国国内还是海外。税改之后,美国实行属地征税制,自 2018 年起,美国企业取得的源于境外的股息红利可享受 100% 免税。② 海外利润的最终税收

---

① "苹果公司财报",http://www.myzaker.com/article/5a2d419f1bc8e0872 7000023/。

② 余永定:《特朗普税改:两减一改、三大新税种和对美国经济的影响》,《国际经济评论》2018 年第 3 期。

负担完全取决于外国管辖区的税率。

（3）过渡法令：取消"递延制"后对海外利润采用不同处理方式。税改之前，美国跨国公司的海外利润，只要未汇回、未作为红利分配就可延期缴纳所得税。此次税改取消"递延制"后，尽管没有强制要求利润汇回，但美国企业过去30年（1987—2017年）在海外囤积的所有利润都必须纳税。新的属地征税制仅对公司股东有效，而过渡法令对个人也有效。

（4）设置税基侵蚀和反滥用税（the base erosion and anti-abuse tax，BEAT，下称"税基侵蚀税"）。税改规定，自2018年起，近3年年均总收入达5亿美元以上，且向境外关联方支付的可税前扣除款项占企业可税前扣除费用达3%以上的美国企业，应缴纳税基侵蚀与反滥用税。

以BEAT税率为10%为例，计算方法是10% × 修正应税收入 - 税收优惠（减免）扣税后的常规税负。其中"修正应税收入"（modified taxable income）是指不包括任何会导致税基减少的税收优惠（减免）的应税收入。如果税收优惠（减免）扣税后的常规税负小于10% × 修正应税收入，美国政府就会对企业征收税基侵蚀税。

税基侵蚀税的一个重要目的在于打击部分企业通过不合理数额的跨境支付进行避税。举例来说，如果一家公司总收入为2200美元，并向海外关联公司支付了200美元利息，这些利息能进行税前抵扣，也被称为"税基侵蚀支出"。则该公司的应税收入为2200 - 200 = 2000美元，其常规税负为21% × 2000 = 420美元。由于"修正应税收入"是不包括任何会导致税基减少的税收优惠（减免）的应税收入，因而其修正应税收入就为2200美元。由于2200 × 10% = 220 < 420，所以在此情况下政府不会对该公司征收税基侵蚀税。然而，如果该公司向海外公司支付1200美元利息，由于常规税负（2200 - 1200）× 21% = 210 < 220，则政府将对该公司征收220 - 210 = 10美元的税基侵蚀税。

◇ 三 税收影响国际投资的理论研究综述

自20世纪中叶开始，学者们就加强了对企业国际投资决策影响因素的研究，并发展出了一系列解释性框架。早期的垄断优势理论认为，为了克服在海外经营的天然劣势，海外投资企业需要拥有技术、品牌、资金等垄断优势。[1]然而，只具备垄断优势并不够。企业还需要通过内部化达到减少交易成本、形成规模经济的效果，并在具有区位优势的东道国进行国际生产。这些区位优势一般包括生产投入和市场的地理分布状况、生产要素成本、运输成本、通信成本、基础设施状况，政府干预经济的程度和范围、金融市场发展和金融制度，文化环境的差异程度和贸易壁垒等。以上构成了国际直接投资的经典理论国际生产折中理论，由英国经济学家邓宁提出，核心观点是企业的所有权优势、内部化优势以及东道国的区位优势是决定国际直接投资的重要因素。[2]

更多的学者在理论的基础上对各种因素进行了实证分析。Barrell 和 Pain 利用1971—1988年美国季度 OFDI 存量数据，发现东道国的市场规模、劳动和资金成本都是影响公司海外投资的重要因素，且短期汇率的预期升值会使得企业推迟投资。[3] Blonigen 运用1975—1992年日本企业在美国并购的微观数据，发现美元相对于日元的贬值会提高日本企业收购美国公司的可能性，且汇率的作用在高技术公司中特别显著。在宏观层面，除

---

[1] Hymer, S. H., *The International Operations of National Firms: A Study of Direct Foreign Investment*, PhD Dissertation, Published posthumously, Cambridge: The MIT Press, 1976.

[2] Dunning, J. H. and McQueen, M., "The Eclectic Theory of International Production: A Case Study of The International Hotel Industry", *Managerial and Decision Economics*, Vol. 2, No. 4, 1981, pp. 197 – 210.

[3] Barrell, R. and Pain, N., "An Econometric Analysis of U. S. Foreign Direct Investment", *Review of Economics & Statistics*, Vol. 78, No. 2, 1996, pp. 200 – 207.

汇率外，更高的贸易保护刺激企业采用 FDI 的方式规避"关税壁垒"（又被称作"tariff-jumping FDI"），而产权保护的缺乏会增加私人财产被强行征用的风险，从而降低投资动机。① 在考虑了集聚经济的作用后，Boubacar 基于对 1999—2009 年美国对 OECD 国家的直接投资数据的研究，发现邻近国家的经济集聚效果对 FDI 流入产生了显著影响。

税收是本章的核心关注因素。基于美国数十年的加总数据，研究发现美国公司税率对于其 FDI 总流入有显著负向影响。② 在 Devereux 和 Griffiths 计算平均有效税率的研究之后，大多数实证研究文献开始使用更精确的以边际有效税率和平均有效税率为主的税率衡量方法来研究税收对国际投资的影响。Gorter 和 Parikh 的研究表明，若某一欧盟成员国将企业有效税率较欧洲平均水平下降 1%，则其 FDI 流入将提高 4%，而这导致了欧盟成员国之间愈发激烈的税收竞争。③ 除了东道国税率对 FDI 流入有显著负面影响外，母国税率也会显著影响企业的对外投资决策。对于 OECD 国家来说，母国税率越高，企业对外直接投资的意愿越强。④

税收的影响会随着 FDI 的不同特征而发生变化。Jun 基于美国 FDI 流入数据进行研究，发现属地征税制国家的本国税率提高对该国流入美国的 FDI 无显著影响，但全球征税制国家的税率提高却会显著降低其对美直接投资。与制造业和初级部门相比，服务业部门的税率敏感性更高。⑤

---

① Blonigen, B. A., "Firm-specific Assets and the Link between Exchange Rates and Foreign Direct Investment", *The American Economic Review*, 1997, pp. 447 – 465.

② Cassou, S. P., "The Link between Tax Rates and Foreign Direct Investment", *Applied Economics*, Vol. 29, No. 10, 1997, pp. 1295 – 1301.

③ Gorter, J. and Parikh, A., "How Sensitive is FDI to Differences in Corporate Income Taxation within the EU?", *De Economist*, Vol. 151, No. 2, 2003, pp. 193 – 204.

④ Razin, A., Rubinstein, Y. and Sadka, E., "Corporate Taxation and Bilateral FDI with Threshold Barriers", *National Bureau of Economic Research*, 2005.

⑤ Stöwhase, S., "Tax-rate Differentials and Sector-specific Foreign Direct Investment: Empirical Evidence from the EU", *FinanzArchiv: Public Finance Analysis*, Vol. 61, No. 4, 2005, pp. 535 – 558.

Buettner 等分析了德国在欧盟其他国家直接投资受东道国税收影响的异质性，发现平均有效税率对制造业 FDI 的弹性为 -0.607，而对服务业 FDI 的弹性为 -0.712，且后者显著性也远大于前者；而在制造业 FDI 内部，垂直型 FDI 比水平型 FDI 对税收更为敏感。Mooij 和 Ederveen 综合分析了 31 份该领域的研究文献，发现总体上税率每增加 1 个百分点，FDI 流入会减少 2.1%。但由于样本、计量方法差异，不同研究之间算得的弹性相差较大。

税收对国际投资的影响可能是非线性的。一方面，税收提高会增加企业投资的直接成本，从而对 FDI 流入造成负面影响；另一方面，税收提高所带来的政府财力增加可能会改善当地的营商环境，又可能吸引更多 FDI 流入。Gorg 等利用 1984—1998 年 18 个高收入 OECD 国家的面板数据进行研究，发现税率的提高会促使政府增加社会支出，从而有利于跨国公司在当地的投资活动。Bellak 等基于对中东欧国家的数据进行分析，发现增加税收可以改善基础建设，从而弥补了一部分税收增加对 FDI 流入的负面影响。

从以上研究不难发现，国际直接投资受到企业本身特征、东道国区位特征等多种因素的影响。在其他因素给定的情况下，税率的确会显著影响企业国际直接投资决策。但影响的程度具有非线性特征，且与投资类型和行业密切相关。

◇◇ 四 美国的国际直接投资现状

1. 外国在美直接投资（FDI）

美国是全球第一大 FDI 流入国。2017 年全球 FDI 流量为 1.43 万亿美元，其中美国以2750亿美元居首，占全球比重的19%。欧盟一直是美国FDI流入的主要来源地，二十多年来占比都稳定在70%左右。从国别来看，美国FDI前十大来源国分别为英国（14.9%）、日本（11.3%）、卢森堡（11.2%）、加拿大（9.97%）、荷兰（9.54%）、瑞士（8.34%）、德国（7.83%）、法国（6.79%）、爱尔兰（2.29%）和比利时（2.14%），绝大多数都是欧洲国家。中国并非美国FDI的主要来源地，但对美直接投资占比也在不断增加，已由2002年的0.03%上升至2016年的0.14%。中国对美国部分行业的投资增长尤为显著。例如，中国对美国计算机与电子设备的投资占比由2008年的0.17%大幅上升至2016年的10.3%。

从行业来看，制造业、金融业和批发贸易业是美国FDI流入的主要行业。其中，制造业占比一直最高，虽经历了从1997年的41%到2007年30%的下降，但近年来回升迹象显著，2016年又回到41%，且绝对数额达到1.53万亿美元，绝大部分（78%）仍然来自欧洲国家。在制造业中，占比最高的几乎一直都是化学产业，1997年其占制造业比重为32.3%，而2016年已上升至46.65%。

在制造业之后，美国FDI流入的主要行业为金融业（截至2016年，美国第二大FDI流入行业为"其他"，金融业则是第三大行业），2016年占比达13.6%，尽管较1997年的15.2%略有下降。美国金融业FDI流入主要来自欧洲国家（66%），此外还有日本（14.5%）和加拿大（12.4%）。批发贸易业占美国FDI流入比重在经历了由1997年的12.3%上升至2000年的18%后，现已回落至9.87%，但仍是美国FDI流入的重要行业。从来源地看，欧洲国家自1997年以来占比一直稳定在50%左右。亚太地区则在2016年占比达到40%。其中，日本占比由1997年的40.2%下降至2016年的29.15%，这一降幅在一定程度上被韩国的份额提升所弥补（0.16%到7.4%）。

2. 美国对外直接投资（OFDI）

美国不仅是全球第一大 FDI 流入国，也是全球第一大对外直接投资来源地。2017 年全球 OFDI 流量为 1.43 万亿美元，其中美国以 3420 亿美元居首，占全球比重的 24%。美国对外直接投资的首要目的地也是欧洲国家，占比从 1999 年的 51.63% 攀升至 2016 年的 59.5%。亚太和拉美的比重都约为 16%。具体到各国，2016 年美国对外直接投资存量前十大目的地为荷兰（15.89%）、英国（12.80%）、卢森堡（11.40%）、爱尔兰（7.26%）、加拿大（6.82%）、新加坡（4.85%）、瑞士（3.24%）、澳大利亚（3.10%）、日本（2.15%）和德国（2.02%）。截至 2016 年，美国在中国投资总量为 924.81 亿美元，仅占美国 OFDI 存量的 1.7%。

分行业来看，美国对外直接投资的主要行业为非银行类控股公司，截至 2016 年年底占比高达 51.79%，大部分（70% 以上）仍然主要集中于欧洲国家（尤其是荷兰，占欧洲比重的 34.6%）。其次是金融保险业（不含存款机构），2016 年占比 12.65%，其中将近一半（47.7%）集中在欧洲，欧洲中的将近一半（49%）又集中在英国。

制造业是美国对外直接投资的第三大行业。但其所占比重已经从 1999 年的 26.92% 下降至 2016 年的 12.5%，并且投资目的地结构也在发生变化，以中国为主的发展中国家正在其中扮演愈加重要的角色。尽管美国海外制造业直接投资的目的地也一直以欧洲地区为主（1999 年占比 49.96%，2016 年占比为 47.89%），但排名第二的亚太地区占比自 1999 年以来不断攀升，已由 17.8% 攀升至 2016 年的 26.2%。其中，中国的占比由 1999 年的 1.77% 攀升至 2016 年的 7.06%，位列全球第四。而拉丁美洲所占比重则从 15.95% 下降到 8.24%。

◇◇ 五　税改对美国国际投资的影响

1. 短期内，海外存量利润汇回，对主要交易对手方带来较大压力

取消"递延制"后，美国企业过去30年（1987—2017年）在海外囤积的利润中流动资产（现金及等价物）最容易回流，而非流动资产如厂房设备短期内回流较为困难。而目前的估计显示，未纳税的海外流动资产总计约为1.022万亿美元，其中80%集中在信息技术（6710亿美元）和医疗保健（1510亿美元）部门。

因此，取消"递延制"会使得这部分以流动资产为主、集中在高技术行业的海外利润回流美国，相当于减少了美国的对外直接投资，从而给其主要交易对手方荷兰、英国、卢森堡等国带来较大的FDI流出压力。

2. 中期内，企业税负降低，双向FDI增加

美国税改将企业所得税率由35%下调至21%，将使未来10年美国企业总体税负减少6000亿美元，直接提升了企业税后利润。税后净利润率的提高会显著影响投资者的边际决策，不仅吸引国外投资者在美国进行更多投资，而且增加了美国企业的财务实力，使得美国对外投资也会增加。同时，属地征税制移除了海外利润汇回的税收障碍，有利于美国企业在全球优化资源配置，充分利用海外东道国的区位优势获取最大化利润，再将利润无税收障碍地汇回美国。

尽管美国双向FDI都会增加，但税改对这两方面的效应并不对称，具

体情况还和不同国家与美国的双边税率有关。一般而言，对于那些本身税率就较低、美国税改后依然高于其税率的国家，该国对美国投资以及美国对该国投资将会增加相似的幅度，有利于形成"双赢"的局面。而对于那些原本税率低于美国，但税改后税率高于美国的国家而言，将导致该国流入美国的投资增幅大于美国对该国投资的增幅，从而造成该国 FDI 净流出增加。①

将美国企业所得税率与其主要国际投资来源国和目的国的企业所得税率进行比较，税改之前美国的企业所得税率比所有国家都高，但税改后已经处于中等水平（见表 3.1）。在主要投资伙伴中，美国企业所得税率已经低于日本、荷兰、中国、澳大利亚、比利时和法国，美国税改将使得这些国家与美国双边 FDI 的净流出增加。

表 3.1　美国税改前后与前十大 FDI 来源国、OFDI 目的地以及中国的企业所得税率比较

国家	企业所得税率（%）	FDI 占比（%）	OFDI 占比（%）
瑞士	8.5	8.34（6）	3.24（7）
爱尔兰	12.5	2.29（9）	7.26（4）
加拿大	15	9.97（4）	6.82（5）
德国	15.83	7.83（7）	2.02（10）
新加坡	17	0.64	4.85（6）
英国	19	14.9（1）	12.8（2）
卢森堡	20.33	11.2（3）	11.4（3）
美国（税改后）	21	—	—
日本	23.4	11.3（2）	2.15（9）

---

① Spengel C., Heinemann F., Olbert M., et al., Analysis of US corporate tax reform proposals and their effects for Europe and Germany, ZEW Gutachten/Forschungsberichte, 2017.

续表

国家	企业所得税率（%）	FDI 占比（%）	OFDI 占比（%）
荷兰	25	9.54（5）	15.89（1）
中国	25	0.14	1.73
澳大利亚	30	1.26	3.1（8）
比利时	33	2.14（10）	1.05
法国	34.43	6.79（8）	1.46
美国（税改前）	37.9	—	—

注：选取了美国对外投资排名前十的国家和对美投资前十的国家（以及中国），两者中有 8 个国家都是重合的。括号内为排名。

资料来源：笔者自制。

3. 长期影响偏中性，或引发国际税收竞争

长期来看，受债务赤字制约，美国大幅减税的可持续性面临考验。此次特朗普政府税改力度与 1981 年里根和 2001 年小布什的减税力度相当，将在未来十年内减少联邦收入约 1.5 万亿美元。[①] 然而，此次税改的背景与前两次的显著不同之处在于当前政府赤字和债务水平更高。2017 年美国政府财政赤字占 GDP 比重为 2.9%，而 1981 年为 2.5%，2001 年为财政盈余。根据美国国会预算办公室（CBO）的测算，由于财政收入增速放缓、养老和医疗等领域支出增长、国债付息大幅增加等原因，未来十年美国财政赤字或将持续增长。预计至 2027 年，美国财政赤字将达 1.4 万亿美元，占 GDP 的 5%；美国国债规模将达 25 万亿美元，占 GDP 的 87%。

从这个角度来看，此次美国税改在政策上操作空间更小。大幅减税的

---

① Howard Gleckman, "Seven Take-Aways From The Senate's Tax Cut and Jobs Act", December 5, 2017, https://www.taxpolicycenter.org/taxvox/seven-take-aways-senates-tax-cut-and-jobs-act.

同时，如果不削减政府开支，必然将导致赤字高增，政府债务规模增加。虽然税改方案有利于扩大税基，但能否弥补减税造成的财政缺口，依然存在疑问。因此，长期来看，美国不排除受制于赤字，而重新结构性增税的可能性。

同时，美国税改或导致国际税收竞争，而有害的国际税收竞争会为福利提升带来负面作用。首先，税收竞争减少了政府的财政收入，削弱了发达国家为国民提供福利的能力，而发展中国家则会削弱社会救助；其次，为吸引流动性更强的生产要素（如资本）而降低对这些要素的税率，往往意味着对流动性较弱的生产要素（如劳动、消费）等课以重税以保持财政平衡，如此转移税负的直接后果是减少就业、降低消费；最后，恶性税收竞争还可能使得国际资本向税后利润率最高而非税前回报率最高的地区流动，从而导致资本在全球范围内的低效配置。

这种竞争背离了世界贸易组织和税收协定的原则。早在1994年，OECD就发表了《关于税收优惠对吸引投资作用的报告》，认为这种优惠弊多利少。近年来，随着国际竞争的加剧，在2015年OECD开展的BEPS行动中进一步扩大了有害的税收竞争定义的范围。然而，这并未减轻税收竞争愈加激烈的格局，FDI的流向也有向发达国家集中的趋势，特朗普税改无疑会进一步加剧这种趋势，甚至造成世界经济发展差异的进一步分化。

第 四 章

中国对外直接投资的政策演变

改革开放以来,中国的对外直接投资监管政策经历了从限制到放松再到加强管控的过程。其中,1978—1999年为政策限制阶段,中国对外直接投资年均增速为8.7%;2000—2016年为全面放松阶段。2015年,中国首次成为全球第二大对外直接投资国。2016年,中国对外直接投资流量再创新高,达到1962亿美元。面对大规模、不平衡的对外投资活动,从2016年年底开始,中国政府出台了一系列措施以抑制"非理性投资",并按"鼓励发展+负面清单"模式引导和规范企业境外投资方向。在调控下,2017—2018年中国对外直接投资平均增速为-7.6%。

◇ 一 政策限制阶段:1978—1999年

在这一阶段,只有国有企业被允许进行对外直接投资,并且不管投资金额多少都要求逐案审批。

1982—1991年,中国平均每年对外直接投资流量只有5.4亿美元。这主要有两个原因:一方面,严格的用汇管理限制了企业的对外直接投资活动。当时中国对外贸易规模不大,外汇储备稀缺。为了将有限的外汇资源保留下来购买海外急需物资、设备和技术,我国对外汇使用管理严格。企业对外投资的用汇需求需要向国务院申请专门审批,难度大、周期长,极大地限制了企业开展对外直接投资活动。另一方面，这一时期中国经济仍有较强的计划主义色彩。国有企业是国民经济的主体，其生产所需的原材料由计划安排，也不愁产品销路。国有企业的自主性较弱，缺乏市场压力，并没有很强的动机进行海外投资。而民营经济尚处起步阶段，全球化视野和动力不足。

进入20世纪90年代后，计划经济逐渐向社会主义市场经济转型，市场日益成为资源配置的重要方式。面对日益激烈的市场竞争，企业既需要获取更廉价可靠的原材料供应，又需要开拓国际市场来销售自身产品，有较为迫切的动机进行对外直接投资。但国家对海外直接投资仍然限制较严。1991年国家计委在向国务院递交的《关于加强海外投资项目管理意见》中指出"中国尚不具备大规模到海外投资的条件"。

受1992年邓小平南方谈话的鼓励，我国对外直接投资流量从1991年的9.13亿美元跃升至1992年的40亿美元，1993年进一步增加到44亿美元。1994年人民币汇率双轨制并轨，人民币对美元汇率一次性贬值了50%（从1993年的1∶5.8贬值为1994年的1∶8.7），这直接导致1994年中国对外直接投资流量同比减少50%，降至20亿美元。

随着1997年亚洲金融危机爆发，中国政府日益担忧国有资产流失和资本外逃，进一步收紧了对企业海外直接投资的审批政策。虽然1997年和1998年中国对外直接投资流量都超过了25亿美元，但获批的对外直接投资项目数已明显减少。

◇◇ 二 全面放松阶段：2000—2016年

2000—2016年，中国对外直接投资政策进入全面放松阶段，对外直接投资大幅增长。2016年，中国OFDI流量达到1961.5亿美元，是2002

年的72.7倍,占世界外国直接投资流量的比例从0.5%增长到13.5%,排名由第26位上升至第2位。

1. 起步阶段:2000—2007年

2000年,中国提出"走出去"战略,从限制对外直接投资,逐渐转变为放松对外直接投资管制和鼓励对外直接投资。虽然"走出去"战略在2000年就提出了,但相应的实施细则并没有同时推出。直到2004年,国务院文件才正式宣布对外直接投资由审批制转为核准制,同年国家发展改革委、商务部也颁布了相应细化政策。这些政策变化促进了中国OFDI流量从2003年的28.5亿美元增长到2004年的55亿美元,2005年达到123亿美元。此后,中国OFDI流量逐步增长,在2007年达到265亿美元,是2002年的9.8倍。

2004年,根据《国务院关于投资体制改革的决定》,中国对外直接投资正式由审批制转变为核准制。对于不是政府投资的海外项目,不再实行审批制,根据不同情况实行核准制和备案制。具体而言,国家发展改革委审核限额由原来的中方投资额100万美元以上项目,提高为资源开发类3000万—2亿美元、大额用汇类1000万—5000万美元。2亿美元投资额以上的资源开发类项目和5000万美元用汇额以上的非资源类大额用汇项目由国务院核准。对于3000万美元以下的资源类项目与1000万美元以下的非资源类项目,央企不需核准,只需到国家发展改革委备案,地方企业由省级发改部门核准。

同时,依据《国务院关于投资体制改革的决定》,2004年10月国家发展改革委颁布了《境外投资项目核准暂行管理办法》取代了1991年《关于编制、审批境外投资项目的项目建议书和可行性研究报告的规定》。新的规定对发改部门的核准程序和核准条件做了详细规定,主要有以下特点：第一，简化了审核环节。企业对外直接投资自负盈亏，不再实施项目建议书和可行性报告两道审批程序。第二，提高核准效率。国家发展改革委的批复时间由原来的60天缩减为20个工作日（最多延长10个工作日），并且严格规定了各个环节的回复时间。

同年，商务部也出台规定《关于境外投资开办企业核准事项的规定》，替代了原有的《对外经济贸易部关于在境外举办非贸易性企业的审批和管理规定（试行稿）》。2003年商务部还发布了《关于做好境外投资审批试点工作有关问题的通知》，在北京等12个省市进行了下放对外直接投资审批权限、简化审批手续的改革试点。企业到境外投资无须满足增加外汇收入等国家需要，而是要根据自身发展决定海外投资行为，无须针对海外投资的经济效益征求政府意见。

在这一阶段，中国的用汇管理也逐步放松。2001年起，国家逐渐放宽企业保留外汇收入的限制，企业可以根据经营需要自行保留外汇收入。2007年国家宣布取消强制结汇要求，并在2008年修订的《中华人民共和国外汇管理条例》中在法律层面上正式确立强制结售汇制度的取消，由强制结售汇转变为自愿结售汇。为支持"走出去"倡议，针对企业对外直接投资的外汇管理在2003年以来逐步放松。2003年之前沿用1989年3月颁布的《境外投资外汇管理办法》。2002年年底外管局宣布取消境外直接投资汇回利润保证金制度，并于2003年7月宣布将退还已收取的海外投资的汇回利润保证，并允许境外企业产生的利润用于境外企业的增资或境外再投资。同年，外管局简化了外汇资金来源审查，并下放境外投资项目外汇资金来源的审查权。2006年7月起，不再对地方外汇管理部门核定境外投资设定购汇额度，并放松了对外汇资金来源的审查。

2. 大规模发展阶段：2008—2016年

2008年以来，受国际金融危机的影响，大量发达国家企业面临资金短缺、市场萎缩、经营困难等挑战，为有意跨国经营的中国企业带来了难得的机会。2008年中国对外直接投资同比增长111%，达到559亿美元。2009年进一步增至565亿美元。形成鲜明对比的是，同期全球直接投资降幅高达14%（UNCTAD，2009）。

为了应对日益高涨的对外直接投资需求，在2009年、2011年，国家主管部门进一步放松了对企业境外直接投资的限制。根据商务部在2009年3月发布的《境外投资管理办法》，商务部下放了核准权限并推出了其他投资便利措施。具体而言，中方投资额在1亿美元以上的由商务部核准；1000万美元—1亿美元的地方企业境外投资以及能源、矿产类境外投资由地方商务部门核准；其他的只需在商务部的"境外投资管理系统"中按要求填写完全申请表即可在3个工作日内获得备案。此外，商务部还推出了其他三项对外直接投资的便利措施。第一，除了1亿美元以上的投资活动以及特殊的对外直接投资和能源、资源类投资外，大部分投资在核准过程中减少了征求驻外使领馆经商处室意见的环节；第二，简化了核准过程中的审查内容，不再审查目的国环境与安全状况、投资国别分布以及投资导向政策；第三，我国企业控股的境外企业的境外再投资，在完成法律手续后一个月内报商务主管部门备案即可。

2011年，国家发展改革委进一步下放了境外投资项目的核准权限。规定地方企业实施的中方投资额在3亿美元以下的资源开发类、中方投资额1亿美元以下的非资源开发类境外投资项目，由所在省级发改部门核准。但前往未建交、受国际制裁国家，或前往发生战争、动乱等国家和地区的投资项目，以及涉及基础电信运营、跨界水资源开发利用、大规模土地开发、干线电网、新闻传媒等特殊敏感行业的境外投资项目，不分限额，由省级发改部门或央企初审后报国家发展改革委核准，或由国家发展改革委审核后报国务院核准。央企实施的上述境外投资项目，由企业自主决策并报国家发展改革委。中方投资额3亿美元以上的资源开发类、中方投资额 1 亿美元以上的非资源开发类境外投资项目由国家发展改革委核准。

2014 年 4 月，国家发展改革委颁布了《境外投资项目核准和备案管理办法》（以下简称"9 号令"）。同年 9 月，商务部颁发新修订的《境外投资管理办法》。我国对外直接投资正式进入"备案为主，核准为辅"的时代。在备案制下，潜在投资主体只需要提交相关材料，到当地政府主管部门办理备案手续即可。一般情况下，如果资料齐全、内容真实，合法，三个工作日内就能获得备案。从 2014 年颁布新的境外投资管理办法到 2016 年 9 月 8 日，商务部和地方的商务主管部门一共完成境外投资的备案和核准 21175 件，其中核准件只有 110 件，占总数的 0.5%，99.5% 都通过较为便利的备案来完成。① 这为企业"走出去"提供了极大地便利。

与核准制相比，备案制有如下三个特点。

一是覆盖范围广。对于一般境外投资项目均实行备案制。除了个别涉及敏感国家或地区、敏感行业的项目外，只有中方投资额达到 10 亿美元及以上的项目才需要国家发展改革委的核准，其他项目只需要通过备案即可。并且，"9 号令"对已在境外设立的中资企业的再投资有较为宽松的制度安排。这类企业若要在境外实施再投资项目，相关核准或备案手续可以免去。

二是程序更加简化。对于需要报国家发展改革委备案或由国家发展改革委报国务院备案的项目，地方企业可直接将项目申请报告提交至所在地的省级发展改革部门，而不再要求企业按照县、市、省层层申报。此后，省级发展改革部门针对项目申请报告提出审核意见后，再上报国家发展改

---

① "2015 年中国对外直接投资流量跃居世界第二"，商务微新闻，2016 年 9 月 22 日，http://mp.weixin.qq.com/s?__biz=MzAwMDUyMTcwMw==&mid=2650174616&idx=1&sn=5550af130df8f7f9c60903f3b49c26b2&mpshare=1&scene=5&srcid=0927C4mu3TX4D2NQSGh9YL7m#rd。

革委备案。

三是时限性得到保证。与核准制相比，备案制所经程序较为简单，备案条件更为简化，效率更高。尤其是"9号令"颁布后，对备案制的全流程办理时限均做出了明确的规定。对于一般的对外投资项目，若该项目符合国家境外投资政策，则国家发展改革委收到项目信息报告后必须在7个工作日内出具确认函。

3. 鼓励和支持政策

在放松对企业境外直接投资限制的同时，中国还加大了资金支持力度，主要包括政策性贷款、财政补贴和专项基金以及与国内外机构合资设立的产业投资基金和发展基金。

三大政策性银行牵头建立对外投资支持基金。其中有些基金是由中国与外国共同出资建立的，旨在为中国国内企业对特定国家或地区的投资行为提供资金支持。三大政策性银行包括中国进出口银行、中国农业发展银行以及国家开发银行，均由政府发起、出资成立，为贯彻和配合政府特定经济政策进行融资和信用活动，三大政策性银行是中国"走出去"倡议重要的践行者。

2012年，中国进出口银行与美洲开发银行共同出资建立了10亿美元的基金，主要用于支持企业在拉美地区就基础设施和大宗商品等自然资源领域进行股权投资。2014年，中国国家开发银行与具有法国政府背景的投资机构"法国国家投资银行"分别向一支私募股权基金注资1亿欧元，作为"中法中型企业基金"，该基金的投资对象主要是法国和中国的中型企业。

随着"一带一路"倡议的全面展开，丝路基金也迈向新的发展阶段。2014年12月29日，丝路基金有限责任公司在北京注册成立。该公司由外汇储备、中国投资有限责任公司、中国进出口银行、国家开发银行共同出资成立，出资额共计400亿美元，分别占公司股权的65%、15%、15%、5%。丝路基金是以市场化、国际化、专业化为原则设立的中长期开发投资基金，其投资范围并不局限于基础设施建设，而是面向所有有潜在投资价值的项目。通过以股权为主的多种市场化方式，投资基础设施、资源开发、产业合作、金融合作等领域，重点在"一带一路"发展进程中需要投资机会并提供相应的投融资服务，实现合理的财务收益和中长期可持续发展。在地方层面上，部分省份尝试推出地方版支持资金。例如，福州市政府和国开行福建分行、中非发展基金合作，推动设立总规模近100亿元的基金，通过市场化运作，支持企业积极参与"21世纪海上丝绸之路"建设。广东省政府也筹备设立"21世纪海上丝绸之路建设基金"。

针对不同投资领域或特定投资主体，国家相关部门还有针对性地建立了各项专项资金。如"市场开拓资金"，主要为了支持中小企业进行国际投资活动，以规避海外市场风险与政策风险；"矿产资源风险勘察专项资金"，用于扶持高风险的资源类勘查活动；"对外经济技术合作专项资金"，鼓励有比较优势的企业开展各种形式的对外经济技术合作；"纺织企业走出去专项资金"，支持有实力的纺织企业"走出去"等。

为了助力"一带一路"建设，2014年4月，财政部和商务部联合出台了新的《外经贸发展专项资金管理办法》。在国别方面，优先支持中国企业对拉美、非洲、中东、东欧、东南亚、中亚等"一带一路"沿线新兴国家市场的开拓。在行业方面，重点支持高新技术产业、先进制造业、国际资源开发、基础设施投资等领域的国际交流与合作。此外，随着审批职能的减少，政府相关部门的职能转向鼓励和规范中国企业对外投资，尤其是"加强政策引导"和"完善对外投资服务体系"。

◇◇ 三 "鼓励发展+负面清单"监管模式：2017年以来

在2016年之前，我国对外直接投资的监管政策仍然以放松为主。然而，2016年出现了大规模、不平衡的对外投资活动，2017年继而成为中国OFDI政策从以放松为主转为加强监管的转折点。从2016年年底开始，中国政府出台了一系列临时性措施以抑制"非理性投资"。临时性措施退出后，长期制度建设也提上议程。2017年8月，国家发展改革委、商务部等部门发布的《关于进一步引导和规范境外投资方向的指导意见》，明确按"鼓励发展+负面清单"模式引导和规范企业境外投资方向，将境外投资分为"鼓励类""限制类"和"禁止类"。2017年12月，国家发展改革委发布了《企业境外投资管理办法》进一步加强了境外投资宏观指导，以促进我国境外投资持续健康发展。

1. 2017年成为对外直接投资政策的转折点

2016年，尽管全球外商直接投资同比下降2%，中国对外直接投资却同比增长了34.7%，非金融类对外直接投资更是增长了49.3%，并且债务工具投资是上年的4.6倍，创历史极值。从行业上来看，部分行业对外直接投资异常强劲。例如，住宿和餐饮业对外直接投资同比增长了124.8%，文化、体育和娱乐业增长了121.4%，房地产业增长了95.8%。

如此大规模、不平衡的对外投资活动，尤其是在人民币汇率疲软的时期，引起了我国政府的警惕。于是从2016年年底，监管部门就开始加强对境外投资的真实性审查，明确表示要密切关注在房地产、酒店、影城、娱乐业、体育俱乐部等领域出现的海外投资行为，并将其定为"非理性"投资。2016年12月6日，国家发展改革委、商务部、中国人民银行、外汇局四个部门负责人就当前对外投资形势下中国相关部门将加强对外投资监管答记者问中已经提及："监管部门也密切关注近期在房地产、酒店、影城、娱乐业、体育俱乐部等领域出现的一些非理性对外投资的倾向，以及大额非主业投资、有限合伙企业对外投资、'母小子大''快设快出'等类型对外投资中存在的风险隐患，建议有关企业审慎决策。"2017年成为中国对外直接投资政策从以放松为主转为加强监管的转折点。

中国企业仍然是国际投资舞台的新来者，部分企业在境外投资过程中出现了一些突出问题，影响了"走出去"战略的实施和中国作为一个负责任大国的形象。

第一，遵纪守法意识不强、社会责任意识淡薄，对我国企业和产品的声誉以及国家形象造成不利影响。伴随着我国企业"走出去"的除了中国资本和市场外，还有对当地社会和环境的影响力。有的企业只看重效益，安全生产意识缺失，对员工的安全保护不足；有的企业用金钱来刺激鼓励加班、提高劳动强度和延长工时，无视当地法律，雇工不签合同，随意解雇劳动者，造成劳资纠纷频发；某些在海外经营的中国企业依赖超常规的低价战略，为了维持低价优势，不时以次充好或降低产品质量标准；还有一些中国企业对当地环境保护重视不够、不严格履行合同、不顾代价承揽境外项目，恶性竞争的现象时有发生。这些问题受到了当地社会的揭露和批评，对中国企业和产品的声誉以及国家形象造成了不利影响。

第二，不按照相关规定履行备案或核准手续，对我国国际收支平衡和汇率稳定造成不利影响。大规模扩大对外直接投资会从经常账户的出口负向效应和扩大资本账户逆差两方面对国际收支产生消极影响。在经常账户方面，在出口替代效应和进口效应的双重作用下，本国贸易顺差会减少，甚至出现逆差。在资本账户方面，随着对外直接投资活动不断扩大，大量资本流向国外。与此同时，由于投资机制不够完善，投资亏损居多，投资收益未能有效流回本国。此外，有的企业以虚假境外投资非法获取外汇、转移资产和进行洗钱等活动，掩盖在对外直接投资外衣下的资本外逃，花样百出。

第三，盲区决策、高额债务，造成重大经济损失，对国内金融稳定带来不利影响。中国企业投资经验不足、获取信息渠道不畅。从海外布局情况来看，大多数企业未在海外设立子公司、分公司，部分企业在海外的布点形式只是办事处级别机构，这种单一、稀少的海外布点限制了中国企业与东道国政府、企业、工会等建立长期、稳定的合作关系。在种种不利条件下，有的企业仍然盲目决策、冒进投资，造成严重损失，影响了企业经营的稳健性。同时，由于资金实力有限，许多企业主要依托大规模的借款来满足海外投资资金的需求。高额的债务资本使得企业面临较大的资金压力，容易触发资金链断裂，从而加剧我国的金融风险。

我国企业对外投资中出现的种种不规范行为，为后续的政策出台埋下伏笔。2017年年末，《民营企业境外投资经营行为规范》出台。国企的海外投资行为已经日趋审慎。2016年8月，国务院办公厅颁布了《关于建立国有企业违规经营投资责任追究制度的意见》，规范了国有企业的投资并购行为，其中也包括国有企业的海外投资并购业务。而专门针对国有企业海外投资的《国有企业境外投资经营行为规范》也在起草过程中，有望尽快发布。

2. 鼓励发展 + 负面清单

面对大规模、不平衡的对外投资活动，从2017年年初起，国资委、银监会、外管局、财政部、国家发展改革委、商务部等相关部门相继出台措施，加强监管（详见表4.1）。在这一系列措施的推进下，2017年中国非金融类对外直接投资同比下降29.4%,房地产业、体育和娱乐业对外投资没有新增项目。

监管加强的一个重要方向在于按照"鼓励发展"和"负面清单"的模式引导和规范企业的境外投资行为,那些不守法合规、没有投资能力、不利于国内供给侧结构性改革和实体经济发展的投资项目将被列入禁区(见表4.2)。

表4.1　　　　　　　　　　对外直接投资监管措施

时间	机关	规章	内容
2017.1.7	国资委	《中央企业境外投资监督管理办法》(国资委令第35号)	"能者投之"
2017.1.25	银监会	《关于规范银行业服务企业走出去加强风险防控的指导意见》(银监发〔2017〕1号)	"一带一路"境外投资审核
2017.4.27	外管局	《关于进一步推进外汇管理改革完善真实合规性审核的通知》(汇发〔2017〕3号)	防止资本外流
2017.6.12	财政部	《国有企业境外投资财务管理办法》(财资〔2017〕24号)	全方面财务监管,防止国有资产流失
2017.8.4	国家发展改革委、商务部、中国人民银行、外交部	《进一步引导和规范境外投资方向指导意见》(国办发〔2017〕74号)	"鼓励发展+负面清单"引导"理性"投资,防止资本外逃
2017.10.26	商务部	《对外投资合作"双随机一公开"监管工作细则(试行)》	事中事后监管,风险控制
2017.11.24	国家发展改革委等28部门	《关于加强对外经济合作领域信用体系建设的指导意见》和《关于对对外经济合作领域严重失信主体开展联合惩戒的合作备忘录》(发改外资〔2017〕1893号)	对失信行为跨部门联合惩戒
2017.12.7	外管局	《关于完善银行内保外贷外汇管理的通知》(汇综发〔2017〕108号)	禁止内保外贷形式资金出海
2017.12.18	国家发展改革委	《民营企业境外投资经营行为规范》(发改外资〔2017〕2050号)	反洗钱、国家形象
2017.12.26	国家发展改革委	《企业境外投资管理办法》(发改委〔2017〕第11号)	较为综合性的规定

第四章　中国对外直接投资的政策演变　47

续表

时间	机关	规章	内容
2018.1.25	商务部、中国人民银行、国资委、银监会、证监会、保监会、外汇局	《对外投资备案（核准）报告暂行办法》（商合发〔2018〕24号）	各部门信息收集和共享制度
2018.2.11	国家发展改革委	《境外投资敏感行业目录》	负面清单机制

资料来源：笔者整理。

表 4.2　　　　　　　　　鼓励、限制、禁止类境外投资

鼓励	限制	禁止
"一带一路"建设和周边基础设施境外投资	赴与我国未建交、发生战乱或者我国缔结的双多边条约或协议规定需要限制的国家和地区	未经国家批准的军事工业核心技术和产品输出
优势产能、优质装备和技术标准输出		
与境外高新技术和先进制造业企业的投资合作，境外研发中心	房地产、酒店、影城、娱乐业、体育俱乐部等境外投资	运用我国禁止出口的技术、工艺、产品
审慎评估经济效益基础上参与境外油气、矿产等能源资源勘探和开发	无具体实业项目的股权投资基金或投资平台	赌博业、色情业等
农业对外合作，开展农林牧副渔等领域合作	不符合投资目的国技术标准要求的落后生产设备	我国缔结或参加的国际条约规定禁止的境外投资
商贸、文化、物流等服务领域境外投资，符合条件的金融机构境外建立分支机构和服务网络	不符合投资目的国环保、能耗、安全标准	其他危害或可能危害国家利益和国家安全的境外投资

资料来源：笔者根据《关于进一步引导和规范境外投资方向的指导意见》整理。

3. 进一步推进"放管服"改革

2017年12月26日，国家发展改革委发布《企业境外投资管理办法》（国家发展和改革委员会令第11号，以下简称"新办法"），进一步在"放管服"三个方面推出了八项改革举措，旨在加强境外投资宏观指导，优化境外投资综合服务，完善境外投资全程监管。新办法于2018年3月1

日起施行,《境外投资项目核准和备案管理办法》（国家发展和改革委员会令第9号,以下称"9号令"）同步废止。

在便利企业境外投资方面,新办法有两项重要的政策变更。一是取消了项目信息报告制度。按9号令规定,中方投资额3亿美元及以上的境外收购或竞标项目,投资主体在对外开展实质性工作之前,应向国家发展改革委报送项目信息报告;国家发展改革委收到项目信息报告后,对符合国家境外投资政策的项目,在7个工作日内出具确认函。新办法取消该项规定,进一步简化事前管理环节,从而降低制度性交易成本。二是取消了地方初审、转报环节。按9号令规定,地方企业向国家发展改革委申请核准的材料由省级政府发展改革部门提出审核意见后报送,向国家发展改革委申请备案的材料由省级政府发展改革部门报送。新办法取消地方初审、转报环节,属于国家发展改革委核准、备案范围的项目,地方企业通过网络系统直接向国家发展改革委提交有关申请材料,从而简化流程。此外,新办法还放宽了投资主体履行核准、备案手续的最晚时间要求。

新办法也加强了对对外投资的监管。将境内企业和自然人通过其控制的境外企业开展的境外投资纳入管理框架。引入项目完成情况报告、重大不利情况报告、重大事项问询和报告等制度,改进对境外投资的全程监管。并且建立境外投资违法违规行为记录。针对恶意分拆、虚假申报、通过不正当手段取得核准文件或备案通知书、擅自实施项目、不按规定办理变更、应报告而未报告、不正当竞争、威胁或损害国家利益和国家安全、违规提供融资等违法违规行为,新办法提出建立境外投资违法违规行为记录,实施联合惩戒。

第 五 章

中国对外直接投资的发展状况

◇ 一 中国对外直接投资总体特征

2018年中国对外直接投资分别占全球当年流量、存量的14.1%和6.4%。流量位列全球排名第2位，占比较上年提升3个百分点。存量由2017年的第2位下降至第3位，但占比较上年提升了0.5个百分点（见表5.1）。

表5.1 中国建立《对外直接投资统计制度》以来各年份的统计结果

单位：亿美元，%

年份	流量			存量	
	金额	全球位次	同比	金额	全球位次
2002	27.0	26	—	299.0	25
2003	28.5	21	5.6	332.0	25
2004	55.0	20	93.0	448.0	27
2005	122.6	17	122.9	572.0	24
2006	211.6	13	43.8	906.3	23
2007	265.1	17	25.3	1179.1	22
2008	559.1	12	110.9	1839.7	18
2009	565.3	5	1.1	2457.5	16

续表

年份	流量			存量	
	金额	全球位次	同比	金额	全球位次
2010	688.1	5	21.7	3172.1	17
2011	746.5	6	8.5	4247.8	13
2012	878.0	3	17.6	5319.4	13
2013	1078.4	3	22.8	6604.8	11
2014	1231.2	3	14.2	8826.4	8
2015	1456.7	2	18.3	10978.6	8
2016	1961.5	2	34.7	13573.9	6
2017	1582.9	3	-19.3	18090.4	2
2018	1430.4	2	-9.7	19822.7	3

注：①2002—2005年数据为中国对外非金融类直接投资数据，2006—2018年为全行业对外直接投资数据；②2006年同比为对外非金融类直接投资比值。

资料来源：笔者根据《2018年度中国对外直接投资统计公报》的数据整理。

根据《2018年度中国对外直接投资统计公报》，从流量来看，自2003年中国商务部联合国家统计局、国家外汇管理局发布权威年度数据以来，中国对外直接投资流量在2017年首次出现负增长，2018年继续出现下降。但中国已经连续七年位列全球对外直接投资流量前三名。2002—2018年中国对外直接投资的年均增长速度为28.1%，2013—2018年累计流量达8741.1亿美元，占对外直接投资存量规模的44.1%。

◇◇ 二 中国对外直接投资分布特征

1. 行业分布

2018年，中国对外直接投资排名前四大行业分别为：租赁和商务服务业、金融业、制造业与批发和零售业（见表5.2）。这四大行业总投资流量为1038.5亿美元，占当年总投资流量的72.6%，比上年下降了8.7个百分点，行业集中度有所下降。

表5.2　　　　2018年中国对外直接投资流量行业分布情况

行业	流量（亿美元）	同比（%）	比重（%）
合计	1430.4	-9.6	100
租赁和商务服务业	507.8	-6.4	35.5
金融业	217.2	15.6	15.2
制造业	191.1	-35.2	13.4
批发和零售业	122.4	-53.5	8.6
信息传输、软件和信息技术服务业	56.3	27.1	3.9
交通运输、仓储和邮政业	51.6	-5.6	3.6
电力、热力、燃气及水的生产和供应业	47.0	100.6	3.3
采矿业	46.3	—	3.2
科学研究、技术服务和地质勘查业	38.0	59.0	2.7
建筑业	36.2	-59.9	2.5
房地产业	30.7	-54.9	2.1
农、林、牧、渔业	25.6	2.2	1.8
居民服务、修理和其他服务业	22.3	19.5	1.6
住宿和餐饮业	13.5	—	0.9
文化、体育和娱乐业	11.7	341.1	0.8
教育	5.7	328.5	0.4
卫生和社会工作	5.2	48.8	0.4
水利、环境和公共设施管理业	1.8	-18.4	0.1

资料来源：笔者根据《2018年度中国对外直接投资统计公报》的数据整理。

前四大行业中，在2018年只有对外金融业直接投资实现了正增长，同比增长15.6%。其他三大行业的对外直接投资流量都有不同程度的下降。

2006—2018年，中国OFDI的资源寻求动机下降、技术寻求动机上升（见表5.3）。采矿业所占中国OFDI存量份额的跌幅最大，从2006年的19.8%下降至2018年的8.8%，下降了11个百分点。这反映出资源密集型行业在中国经济发展中的重要性有所下降。随着经济转型和环保意识的提高，中国减少了对资源密集型产品的依赖。此外，大宗商品大牛市的结束也降低了资源型海外投资的吸引力。

另外，信息传输、软件和信息技术服务业所占份额有所上升，从2006年的1.6%增长到2018年的9.8%，科学研究、技术服务和地质勘查业的比例也有所扩大，从1.2%增加到2.2%。这反映了越来越多的中国企业希望投资海外高科技产业，提升其国际竞争力从而实现价值链的攀升。

表5.3 2006年和2018年中国对外直接投资存量的行业分布

行业	2018年 存量（亿美元）	份额（%）	2006年 存量（亿美元）	份额（%）
租赁和商务服务业	6754.7	34.1	195	21.5
批发和零售业	2326.9	11.7	130	14.3
金融业	2179.0	11.0	156	17.2
信息传输、软件和信息技术服务业	1935.7	9.8	15	1.6
制造业	1823.1	9.2	75	8.3
采矿业	1734.8	8.8	180	19.8
交通运输、仓储和邮政业	665.0	3.4	76	8.4
房地产业	573.4	2.9	20	2.2
科学研究、技术服务和地质勘查业	442.5	2.2	112	1.2
建筑业	416.3	2.1	16	1.7
电力、热力、燃气及水的生产和供应业	336.9	1.7	—	—
农、林、牧、渔业	187.7	0.9	8	0.9
居民服务、修理和其他服务业	167.2	0.8	12	1.3

续表

行业	2018年 存量（亿美元）	2018年 份额（%）	2006年 存量（亿美元）	2006年 份额（%）
文化、体育和娱乐业	126.6	0.6	—	—
教育	47.6	0.2	—	—
住宿和餐饮业	44.0	0.2	—	—
水利、环境和公共设施管理业	31.3	0.2	9	1.0
卫生和社会工作	30.0	0.2	—	—

注：因2003年中国对外直接投资行业分布不够全面，因此我们选取2006年与2018年进行对比。

资料来源：2006年与2018年《中国对外直接投资统计公报》。

2. 区位分布

亚洲是中国对外直接投资的首要目的地，在排名前二十位的投资目的地中，亚洲占了9个席位（见表5.5）。2018年，中国流向亚洲地区的直接投资流量为1155.1亿美元，同比下降了4.1%，占当年对外直接投资总流量的比重为73.8%（见表5.4）。中国对亚洲地区的直接投资绝大部分流向了中国香港地区。境内对中国香港的直接投资达868.7亿美元，占对亚洲总投资的75.2%，占当年投资流量总额的60.7%（见表5.5）。中国香港是内地企业对外直接投资的第一大目的地（见表5.6）。由于中国香港的政策环境十分开放，中国企业纷纷通过在香港设立平台公司进行再投资、并购等事项。例如，中国化工橡胶有限公司52.9亿美元收购意大利倍耐力集团公司将近60%的股份；中国交通建设股份有限公司以9.5亿澳元全资收购澳大利亚John Holland Group Ptyltd等，这些并购项目都是通过再投资实现的。

表5.4　　　　　　2018年中国对外直接投资流量地区构成

洲别	金额（亿美元）	同比增长（%）	比重（%）
亚洲	1155.1	-4.1	73.8
拉丁美洲	146.1	3.8	10.2
北美洲	87.2	34.2	6.1
欧洲	65.9	-64.3	4.6
非洲	53.9	31.5	3.8
大洋洲	22.2	-56.5	1.5
合计	1430.4	-9.6	100

资料来源：笔者根据《2018年度中国对外直接投资统计公报》的整理。

另外，随着中国政府推动"一带一路"倡议，以及丝路基金、亚洲基础设施投资银行等机构的设立，东盟国家对中国企业的吸引力有所增加。2018年，中国对东盟十国的直接投资为136.9亿美元，同比下降了3%（低于中国对外直接投资整体9.6%的降幅），占当年对亚洲投资总额的13%。

拉丁美洲是第二大中国对外直接投资目的地，2018年投资额为146.1亿美元，同比上升了3.8%，占当年对外直接投资流量的10.2%。中国对拉丁美洲的直接投资主要流向了英属维尔京群岛（71.5亿美元）和开曼群岛（54.7亿美元）。这两个地区分别是2018年中国对外直接投资的第三和第五大目的地，合计占中国对拉丁美洲直接投资的86.4%。拉丁美洲其他的主要投资目的地还包括巴西（4.3亿美元）、墨西哥（3.8亿美元）和委内瑞拉（3.3亿美元）等。

北美洲是第三大中国对外直接投资目的地，2018年投资额为87.2亿美元，同比增长了34.2%。首先是中国对北美洲的直接投资绝大部分都流向了美国（74.8亿美元），其次是加拿大（15.6亿美元），对百慕大群岛不仅没有新增投资，反而延续了上一年的撤资趋势，继续撤资了3.2亿美元。

表5.5　　2018年中国对外直接投资流量前二十位的国家（地区）

排名	国家（地区）	流量（亿美元）	比重（%）
1	中国香港	868.7	60.7
2	美国	74.8	5.2
3	英属维尔京群岛	71.5	5.0
4	新加坡	64.1	4.5
5	开曼群岛	54.7	3.8
6	卢森堡	24.9	1.7
7	澳大利亚	19.9	1.4
8	印度尼西亚	18.6	1.3
9	马来西亚	16.6	1.2
10	加拿大	15.6	1.1
11	德国	14.7	1.0
12	老挝	12.4	0.9
13	越南	11.5	0.8
14	阿拉伯联合酋长国	10.8	0.8
15	瑞典	10.6	0.7
16	荷兰	10.4	0.7
17	韩国	10.3	0.7
18	英国	10.3	0.7
19	中国澳门	8.1	0.6
20	柬埔寨	7.8	0.6
	合计	1336.3	93.4

资料来源：笔者根据《2018年度中国对外直接投资统计公报》整理。

欧洲是第四大对外直接投资目的地，2018年投资额为65.9亿美元，同比下降了64.3%。这主要是由于中国从法国、挪威、瑞士等六个欧洲国家将留存收益汇回造成的。另外，随着中国不断深化与中东欧16国的合作，2018年中国对中东欧16国的直接投资同比增长了64.9%，达到6.1亿美元。

整体而言，2018年中国对外直接投资主要投资目的地是离岸金融中心和发达经济体。

2018年，中国对外直接投资流量排名前二十位的国家流量合计1336.3亿美元，占当年投资总额的93.4%，体现了中国对外直接投资较强的集中性（见表5.5）。总的来说，中国对外直接投资的东道国可大致分为三类：发达国家经济体、离岸金融中心①以及资源丰富类国家。这三类东道国分别凭借着自身特有的优势，吸引着来自中国的投资者。如发达国家经济体往往有着先进的技术优势以及发达的金融市场环境；而离岸金融中心则凭借着优惠的税收政策，宽松的市场环境吸引外来投资；资源丰富类国家的主要优势则在于丰富的自然资源。

接下来从存量的角度分析中国对外直接投资的区位分布，尤其是比较2003年和2018年区位结构的变化（见表5.6）。

表5.6　　2003年和2018年中国OFDI存量的前十大目的地

排名	2018年 目的地	存量（亿美元）	份额（%）	2003年 目的地	存量（亿美元）	份额（%）
1	中国香港	11003.9	55.5	中国香港	246	74.2
2	开曼群岛	2592.2	13.1	开曼群岛	37	11.0
3	英属维尔京群岛	1305.0	6.6	英属维尔京群岛	6	1.6
4	美国	755.1	3.8	美国	5	1.5
5	新加坡	500.9	2.5	澳门（中国）	5	1.3
6	澳大利亚	383.8	1.9	澳大利亚	4	1.3
7	英国	198.8	1.0	韩国	2	0.7

---

① 狭义上的离岸金融中心多指避税型离岸金融中心，一般设在风景优美的海岛和港口，政局稳定，税收优惠，没有金融管制。根据联合国贸发会议《世界投资报告》，目前比较著名的避税型离岸金融中心多分布在加勒比海域附近，称作加勒比离岸金融中心，包括英属维尔京群岛、开曼群岛、巴哈马群岛、百慕大群岛等。

续表

排名	2018年			2003年		
	目的地	存量（亿美元）	份额（%）	目的地	存量（亿美元）	份额（%）
8	荷兰	194.3	1.0	新加坡	2	0.5
9	卢森堡	153.9	0.8	泰国	2	0.5
10	俄罗斯联邦	142.1	0.7	赞比亚	1	0.4
总计		18168.6	91.7		309	93.1

资料来源：笔者根据2003与2018年《中国对外直接投资统计公报》数据整理。

长期以来，中国对外直接投资的前三大目的地是中国香港，开曼群岛和英属维尔京群岛。这些目的地可能是避税港和资金运作中心。那里的子公司通常不从事实际的生产经营活动。一些国内母公司在这些目的地建立了子公司（体现为租赁和商业服务业投资），然后将其作为跳板，进一步在其他国家进行投资，甚至返程投资。

但是，从2003年到2018年，中国香港和澳门地区在中国对外直接投资目的地中的相对地位有所下降。尽管中国香港地区仍然是最大的目的地，但其份额从2003年的74.2%下降到2018年的55.5%，下降了18.7个百分点。同期，中国澳门从第五位（1.3%）跌至第十四位（0.5%）。这些变化反映出，越来越多的中国内地企业无须使用中国香港或澳门地区作为投资平台就可以直接投资到其他目的地。

此外，发达国家在中国对外直接投资中所占的份额越来越大。在排名前十的目的地中，发达国家的数量从2003年的4个增加到2018年的6个，所占份额从4%增至11%。特别值得注意的是美国，其份额增加了2.3%。同时，中国对外直接投资在信息传输、软件和信息技术服务业等高科技产业中的比例也大幅扩大（见表5.3）。发达经济体和技术密集型产业所占份额的上升表明了寻求技术的对外直接投资的重要性，这有助于中国企业增强竞争力并促进其在价值链中地位的攀升。

3. 中国对外直接投资者特征

(1) 流量上,地方企业已经超过央企成为中国对外非金融类直接投资主力军。

2014年地方企业非金融类对外直接投资规模首次超过了中央企业和单位。随后,地方企业对外直接投资继续保持强劲增长态势,在2015—2016年中国全部非金融类对外投资比重分别达到77.1%和83.1%。相应地,央企比重下降至22.9%和16.9%(见图5.1)。尽管受到调控的影响,2017年地方企业非金融类对外直接投资流量同比下降了42.7%,但占全部比重仍然超过了50%,达到了61.8%。2018年地方企业对外非金融类直接投资占比进一步提高至81%。

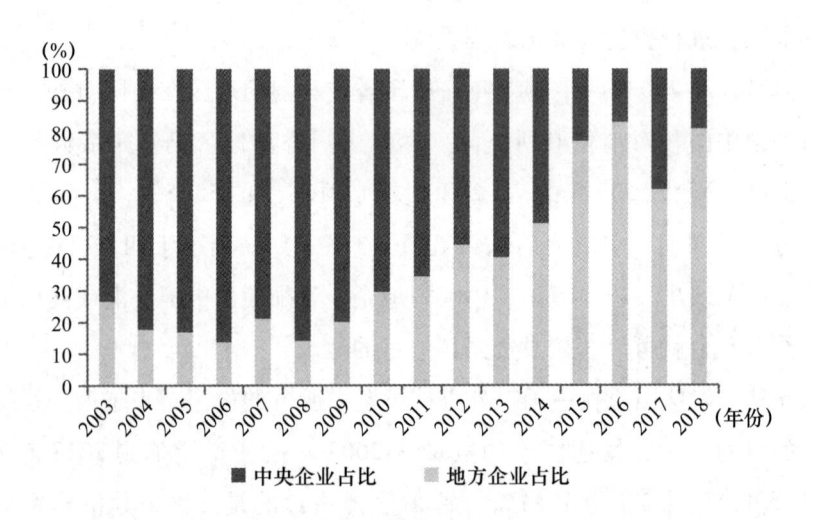

图 5.1 地方企业和中央企业非金融类对外直接投资流量占比情况 2003—2018 年

资料来源:笔者根据《2003—2018年度中国对外直接投资统计公报》的数据整理。

第五章 中国对外直接投资的发展状况 | **59**

从区域分布来看，在地方企业非金融类对外直接投资流量中，东部地区是地方企业非金融类对外直接投资的中枢力量，而中部地区、西部地区和东北三省的份额较小。具体而言，2018年东部地区758.2亿美元，同比上升了18%，占比为77.2%；中部地区101.4亿美元，同比下降19.2%，占比为10.3%；西部地区100.6亿美元，同比增长33.2%，占比为10.2%；东北三省22.4亿美元，同比增长17.3%，占比为2.3%（见表5.7）。与2017年的数据相比，东部地区和中部地区投资贡献度有所上升，比2017年增加了将近3个百分点和1.5个百分点。西部地区投资贡献度有所下降，比上年大幅下降了4.3个百分点。而东北三省投资贡献度基本与2017年保持一致。

表5.7　　　　　　地方企业对外非金融类直接投资地区来源

单位：亿美元，%

地区	2015年 金额	比重	2016年 金额	比重	2017年 金额	比重	2018年 金额	比重	同比增幅
东部地区	798.2	85.28	1256	83.40	642.4	74.50	758.2	77.2	18.0
中部地区	63.3	6.76	101.1	6.70	76.1	8.80	101.4	10.3	-19.2
西部地区	74.5	7.96	115.5	7.70	124.7	14.50	100.6	10.2	33.2
东北三省			32.5	2.20	19.1	2.20	22.4	2.3	17.3
合计	936	100.00	1505.1	100.00	862.3	100.00	982.6	100.00	14.0

注：①东部地区包括：北京、天津、河北、上海、江苏、浙江、福建、山东、广东和海南。②中部地区包括山西、安徽、江西、河南、湖北、湖南。③西部地区包括：内蒙古、广西、四川、重庆、贵州、云南、陕西、甘肃、青海、宁夏、新疆、西藏。④东北三省包括黑龙江、吉林、辽宁。

资料来源：笔者根据《2015—2018年度中国对外直接投资统计公报》的数据整理。

（2）存量上，央企海外资产构成了"海外中国"的主体。

从存量上来看，2003—2018年，中国地方企业非金融类对外直接投资存量规模逐年扩大。截至2018年年末，地方企业非金融类对外直接投资存量为7487.5亿美元，占中国全部非金融类存量的42.4%，较上年减少了2.9个百分点。与2006年134亿美元的地方企业非金融类对外直接投资存量相比，2018年的存量约是2006年存量的56倍。

虽然在流量上，地方企业已经超过央企成为中国对外非金融类直接投资的主力军，但这毕竟是2014年才发生的事情。地方企业非金融类对外直接投资存量占总非金融类存量的比重则增长较为缓慢，截至2018年，地方企业非金融类存量占比为42.4%，较上年增加了2.9个百分点。央企海外资产依然是"海外中国"的主体，虽然占比已从2003年的90%下降到2018年的57.6%（见图5.2）。

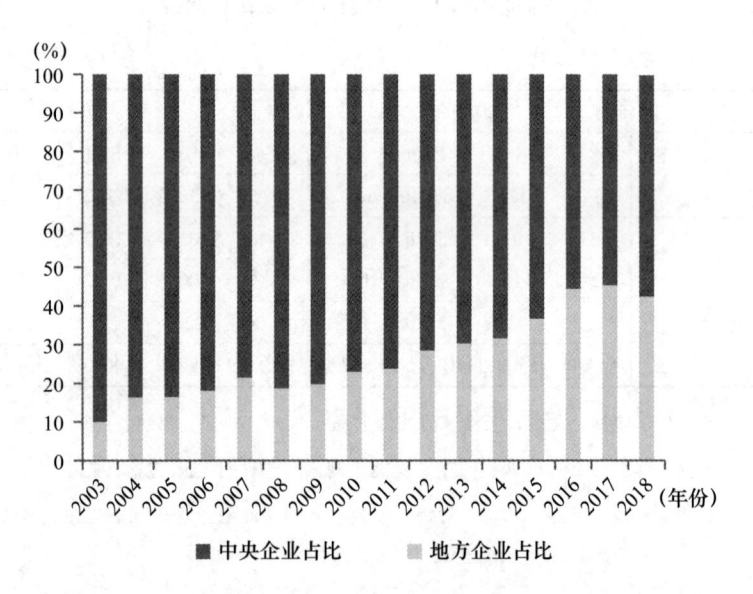

图5.2 地方企业和中央企业非金融类对外直接投资存量占比情况（2003—2018年）

资料来源：笔者根据《2003—2018年度中国对外直接投资统计公报》的数据整理。

◇◇ 三　中国对外直接投资的发展前景

从中长期来看，中国对外直接投资仍然具有较大增长前景。发达经济体由于拥有较高的资产价值和较低的投资风险，将继续成为中国企业对外直接投资尤其是并购的优选地区。资金不足和市场增长缓慢成为欧美高附加值产业发展的掣肘，而中国在这两方面都具有优势。面对进入门槛高、品牌传统、品牌历史和原产地相对垄断的高附加值产业，将世界级品牌和企业纳入囊中而非白手起家树立品牌成为中国企业的优先选择。

中国与发达国家的投资合作实现了优势互补和互利共赢。发达国家先进的技术、产品、服务和商业模式，对中国企业具有较大吸引力。投资发达国家的中国企业，如果能同时提高消化和吸收能力，将有助于增强企业国际竞争力，带动国内供给侧结构性改革，促进产业结构调整和中国经济转型升级。此外，国际金融危机以来，发达国家对基础设施升级的需求旺盛，加大了在基础设施领域的对外开放力度，这也为中国企业立足自身优势，获得风险相对较低、回报持续稳定的资产提供了投资机会。中国对发达国家的投资同样也惠及东道国，不仅创造了就业机会，增加了研发投入，升级了基础设施，而且与中国市场形成协同效应，实现互利共赢。

中国对新兴市场和发展中国家的投资持续稳定增长，发展潜力巨大。中国在基础设施建设和制造业等领域具有丰富的经验和明显的比较优势。通过投资发展中国家铁路、公路、桥梁等基础设施，不但能有效促进其基础设施建设和民生的改善，而且有利于带动周边区域经济发展。将制造业优势、富余产能转移到这些国家，以更低的成本生产产品并提供给国际市场，既能推动建立当地产业体系，又提高了全球消费者的福利。

部分发展中国家自然资源丰富，但工业基础薄弱，产品单一，多靠出口初级产品为主，进口工业制成品。通过资源能源方面的合作，在当地投资设厂，打通上下游，中国将帮助东道国提高工业附加值。在发展中国家建设经贸合作区，将有效搭建集群式投资贸易发展平台，帮助东道国学习中国开发区经验，实现经济增长。

从总体上看，"一带一路"沿线国家目前尚不是中国最主要的境外直接投资目的地，但中国对"一带一路"沿线国家的投资具有广阔的发展空间，其中，尤其是东盟地区投资潜力巨大。中国企业应充分利用东盟地区的投资优势，提早布局。但由于"一带一路"地区风险高企，中国企业应做好相应的风险防范和管理准备。

资源类海外投资继续低迷，行业布局更加多元化。在全球经济环境低迷、美元升值周期和中国经济转型升级等综合因素作用下，大宗商品经历了漫漫熊市，资源类海外投资将继续低迷。同时，中国对外直接投资的行业分布将继续往多元化的方向发展，包括高端制造业、高端消费业等领域会持续成为海外投资热点。一方面，中国制造一直苦于在价值链中低端徘徊，通过并购海外高端制造业企业从而获得先进的技术、品牌、市场渠道，成为中国企业提升在全球产业链中的话语权、提高自身全球竞争力的重要渠道。另一方面，随着国内居民收入水平的提高，对于安全健康食品等高端消费品和服务的需求快速增长。由于中国市场巨大，需求旺盛，对海外相关行业的直接投资，既帮助了海外企业进入国内市场，也完善了国内企业的产品质量和生产条线，从而能够实现双赢。

地方国企扛起"走出去"大旗，民营企业继续扮演更加重要的角色。在更加多元化的行业布局下，地方企业已经取代央企成为海外直接投资的主力军。在地方企业中，地方国企由于在资金、规模上更有优势，将扛起中国企业"走出去"的大旗。而民营企业由于更有效率，更加注重项目的盈利能力、产业的协同效应以及并购后的融合，在中国对外直接投资中也将扮演更加重要的角色。

第五章　中国对外直接投资的发展状况

中国十分重视多边、区域和双边经贸合作的制度性建设。目前中国已经与全球 130 多个国家和地区签订了投资协定，并且正在与欧盟进行双边投资协定谈判，力图就跨国投资保护、投资者之间的公平竞争以及市场开放问题达成高水平的协定，以进一步改善各自的投资环境与市场准入。中国已经与 99 个国家签订了避免双重征税的协定，为企业避免双重征税和解决涉税争议提供了法律支持。中国已经签订了 15 个自贸区协定，涉及 23 个国家和地区。其中，中国—东盟、中国—新加坡、中国—新西兰、中国—智利、中国—哥斯达黎加等自贸区协定，包含与投资有关的规定。中国与美、欧、日、英、俄等主要经济体均建立和保持着经济高层对话机制。中国还积极参与亚太经济合作组织、东盟与中日韩（"10+3"）领导人会议、东亚峰会、中非合作论坛、大湄公河次区域经济合作、中亚区域经济合作、"大图们倡议"等区域和次区域经济合作机制。中国还与周边国家和地区建立和发展多种形式的边境经济贸易合作，对发展睦邻友好关系、繁荣边境地区经济发挥了积极作用。

第六章

中国对外直接投资在微观企业层面的风险

◇ 一 个体风险及其产生原因

个体风险是指与对外直接投资企业相关的可控因素引起的风险,此类风险只影响某些企业的利益,是某些企业特有的那部分风险,个体风险可以减少,但很难完全消除。

1. 企业内部组织机制与外部环境变化的冲突

中国企业对外直接投资过程中面临着与本国不同的经营环境,于是产生了企业内部组织机制与外部环境变化的冲突。在海外投资过程中,由于企业经营的外部环境发生变化,企业现有组织结构形式与企业发展经营需求产生不协调。虽然一部分企业意识到企业组织结构与经营管理方式变革的重要性,但各种机制的缺乏致使对当地市场反应迟缓从而产生管理危机。国有企业的委托—代理问题是造成经营管理风险的重要原因。而在一些民营企业,尤其是家族企业中,存在着根深蒂固的企业文化,缺乏组织变革的动力。其严格而封闭的人才引进机制可能导致企业不能灵活变通以适应全新的经营环境和复杂多变的市场竞争。

第六章　中国对外直接投资在微观企业层面的风险

吉利在 2010 年以 18 亿美元完成对福特旗下沃尔沃轿车公司的全部股权收购。考虑到并购后的品牌形象、技术获取、工会关系以及管理机制等整合问题，吉利对董事会等管理决策机构进行了改组，并制定了新的战略规划。由于两品牌在汽车行业地位悬殊，服务的消费群体极具差异化，而技术融合又需要一定的时间来逐步推进，因此吉利采取分而治之的方法，保留了沃尔沃总部的核心团队与技术人才，双方平行运作，独立运行。与此同时，吉利一方面选派部分管理团队进入沃尔沃，介入当地管理，提高自身团队的经营管理能力。另一方面，招揽沃尔沃上至高管，下至基层操作人员的各层级员工加入中国项目，实现人才的双向流动与相互提升。①

反观 2005 年明基对西门子手机业务的并购，在并购前期未能正确评估西门子手机的亏损状态、熟悉德国的法律制度。并购后，在两种管理风格和企业文化的冲突下，明基派往西门子的台湾高管的管理方式无法得到西门子的认可，也未能做出相应调整，致使业务不能顺利开展，最终错过整合恢复的最佳时机。

中国市场经济起步较晚，企业生产经营活动的基础在很多情况下是基于人情所衍生的信任，因此对于合同契约重视不够。但在国际商事活动中，以英美为代表的西方文化是主流，认同的是"在商言商"，并且十分重视契约的签署和履行。如果中国企业在海外投资过程中不重视契约、不知晓如何签署双方权责利相一致的合同，则极易埋下隐患。

2. 投资决策失误

投资决策风险，是指在企业对外直接投资活动中，由于对东道国的投

---

① 李良成：《吉利并购沃尔沃的风险与并购后整合战略分析》，《企业经济》2011 年第 1 期。

资环境及企业自身能力等问题缺乏足够精准的认识，投资活动不能达到预期目的的可能性，主要体现在投资区位、投资模式、投资产业和主体选择等方面。

在企业的投资决策过程中，东道国投资环境复杂多变，企业对投资环境的研究、分析能力是做出最佳决策的关键。市场进入壁垒、产品市场前景、海外市场环境的不确定性以及投资东道国环保要求、劳工现状、能源政策、实际基础设施和运输条件等，都是造成投资决策风险的重要因素。此外，在对外直接投资过程中，中国企业之间的过度竞争也是一个不可忽视的原因。

2004年7月，TCL多媒体并购法国汤姆逊公司彩电业务，但欧洲高额的运营成本和人力资源成本使得彩电行业一直处于低利润时期，此外，欧洲市场对液晶电视的需求量极大，但是TCL集团主营业务是普通显像管电视机，行业及产品的定位失误给TCL造成了24亿港元的损失。中信泰富斥资4.15亿美元买下西澳大利亚两个磁铁矿开采权的公司的全部股权。但由于市场需求疲软，铁矿石价格持续下跌，加之该铁矿一直处于高成本价位，2014年与2015年连续两年，中信泰富在财务报表上对该铁矿项目分别计提了14亿—18亿美元、15亿—17亿美元的减值准备。中信泰富在澳的铁矿石项目极大地拖累了公司的盈利前景。

中美贸易摩擦以来，中资企业纷纷去越南投资。但很多企业没有预料到的是，新一波赴越中资企业将面临用工贵、地价高、环保严的压力。越南的人均工资近年来上涨较快。例如，尽管胡志明市2018年的最低工资标准为每月1200元人民币左右，但实际上的平均工资水平已经为每月3000元左右，而在2016年时才大约1500元。在有关政府部门的要求与推动下，越南工人的年均工资增幅约在6%—7%。除了劳动力成本上涨很快之外，由于中美贸易摩擦以来到越南投资的企业显著增加，越南工业用地的地价上涨也相当快。此外，越南政府对相关投资在技术水平、环境标准方面的要求，要比企业想象中严格得多。很多在越南投资的外资企业，在技术与设备上都是用全球最先进的。越南有些工业区要求达到A级排放标准，相关要求甚至要比中国内地有些工业区更高。此前，中国台湾某钢厂在越南由于违规向海中排放，造成大面积鱼群中毒死亡，引发了民众愤怒，被罚款5亿美元以及整改一年。

3. 信息不对称与信息污染

信息风险是指由于信息不对称和严重的信息污染致使信息不准确、滞后，导致对外直接投资企业决策出现偏差或失误，从而造成企业投资失利的风险。

信息不对称风险是由于海外企业的恶意隐瞒。在投资决策前，企业需要充分了解被投资对象的内部信息，如被投资方资产状况、重要合同的执行情况、负债及隐性负债情况、潜在交易的政府审批及第三方同意、安全与环保、劳动与雇员等，但这些关键信息很难通过企业自身的渠道直接获悉，甚至被东道国企业故意蒙蔽，造成信息缺失。

信息风险渗透于对外直接投资过程中的方方面面，是其他诸类风险的重要成因及来源。对被投资方的管理模式、市场发展、财务状况、核心技术等不了解，是各类个体风险的主要起因之一；对东道国政治经济环境、政策法律规章以及社会文化习俗认识不足，会加大风险发生时带来的损失。因此，获得及时、准确、完整的信息是对外直接投资得以顺利进行的保障。

不少中国"走出去"企业试图将国内的低成本优势搬到海外，但这一点在相当多的情况下行不通。一些发展中国家对于外国投资者雇用当地员工在人员比例上有硬性要求。例如，埃及有90%使用当地工人的规定。

欧洲国家对劳动力的保护非常严格，中国企业预想的低成本优势并不存在，复杂的用工制度、强大的工会力量以及高企的解雇费用导致中国企业面临较高的用工成本。在我们调研的过程中，企业普遍反映在欧洲缺乏高效的招聘渠道，社会保险、员工休假等福利问题非常复杂。尤其是一旦发现员工不合适，想要解雇员工，成本非常高。事实上，保障民众就业在欧洲已经成为政治问题，中国并购欧洲企业通常都被要求承诺不裁员、不削减福利。

要解决上述问题，从中国国内外派员工也不容易。首先，不少欧盟国家劳工法和就业条例规定，对欧盟以外第三国公民赴欧从业实行"优先审查"制度，即企业须先报劳动主管部门审查，优先考虑当地和欧盟籍劳工就业，在经过刊登广告等手段确定本国和欧盟公民中无人应聘、找不到合适人选的情况下再考虑聘用欧盟以外第三国公民。其次，即使通过了"优先审查"制度要求，外派员工长期工作签证及居留许可申请时间长，所需申请材料、申请过程等也缺乏清晰指引或解释。最后，对于建筑等行业而言，其工人必须通过当地技师考试才能获得从业许可，因此也无法使用中国劳工。同时，对于建筑等专业性较高的行业而言，很多设备必须在当地租赁，要由当地有资质的工人操作，于是也难以使用中国劳工。即使最终符合各项要求，企业获准使用中国劳工，其也必须按照当地薪资水平雇用。因此，中国企业在海外投资经营，基本上除了少数高管外，大部分都是当地员工。

此外，虽然目前有相关政策明确政府部门对企业海外投资的服务职能和服务内容，但由于与企业联络沟通不畅，政策难以落到实处。由于缺乏与企业联络沟通的有效渠道，目前存在明显的信息不对称。有境外投资意向的企业亟须了解境外投资的相关政策，而有关境外投资的管理制度、扶持政策、服务手段又宣传得并不充分。在信息渠道不畅通的情况下，海外投资企业对东道国的市场风险、税收环境、上下游情况了解极为有限，这显著增加了投资的难度和风险。

4. 高负债与财务整合问题

财务风险，是指在企业对外直接投资过程中，因企业财务决策失误、企业内部财务关系不明等导致企业财务结构不合理，引起财务状况恶化的风险。财务风险主要来源于投融资方式不当引起的企业资本结构失衡与财务整合问题。

一方面，企业的对外直接投资需要以充裕的资金作为基础，但许多企业资金实力有限，需要依托大规模的借款来满足融资需求。高额的债务资本使得企业面临较大的资金压力，资本结构失衡，甚至引发资金链的断裂，陷入经营困境。另一方面，完成并购后的财务整合问题也是造成财务风险的一大要素，并购方不仅需要承担被并购方的全部或部分债务，而且在并购完成后还需要投入资金整合双方的业务。但双方的财务组织制度、会计制度等都可能存在差异，这种差异会导致难以形成一个融洽的整体来发挥财务协同效应和规模效应。

2015年，中国化工出价438亿美元收购瑞士企业先正达，然而2014年年底，该公司的债务就已经达到息税折旧及摊销前利润（EBITDA）的9.5倍。复星集团在6个月里斥资65亿美元收购了包括地中海俱乐部（Club Med）、太阳马戏团（Cirque du Soleil）、美国保险商Ironshore、德国私人银行Hauck & Aufhaeser在内的18家海外公司的股份。截至2015年6月，复星国际总债务已经达到EBITDA的55.7倍。① 而按照国际标准，企业债务达到EBITDA的8倍就算杠杆过高。这些高负债海外并购自身财务的可持续性成为企业的潜在威胁。

---

① 中国社会科学院经济研究所《宏观经济与政策跟踪》课题组：《企业"走出去"：规模、路径与挑战》，《经济走势跟踪》系列工作论文，2016年第28期（总第1639期）。

根据2016年第一季度中国对外直接投资的备案数据，国有及国有控股企业自有资金占总投资金额的比重只有5%，远远低于民营企业的50%和外资企业的53%。中国化工500亿美元收购瑞士先正达公司项目，其中自有资金为零，境内贷款为300亿美元。如果不包括这笔交易，国有及国有控股企业自有资金占比从5%升至26%，但74%的资金仍然要依靠外部资金，主要是国内银行贷款。企业（尤其是国有企业）海外并购几乎完全依靠外部融资，尤其是国内银行的支持，这给企业带来了沉重的负债和经营风险。

5. 技术风险

技术风险，是指企业在所投资的领域，由于不能满足项目所需的技术要求或不再具有技术优势，导致投资项目存在失利的风险。技术风险主要源于企业自身技术能力落后、技术溢出效应以及企业缺乏技术创新动力等。

当企业因发展能力有限，不能以足够的技术来支撑所投资的项目时，项目必将因此停滞，对企业的形象及发展也极其不利。2010年2月，腾中重工撤回对悍马品牌的1.5亿美元收购案。其中一个重要原因在于，无论是制造能力、技术基础还是营销能力，腾中都没有足够的资质和能力以应对收购后的产品结构与技术能力革新。

技术溢出效应是具有先进技术的跨国企业在对外直接投资过程中，给东道国及第三方国家相关竞争企业带来的一种外部经济现象。先进技术是投资企业优于同行，从而获得超额利润的重要保障。跨国企业在投资过程中为了抑制技术外漏，保持自身技术优势，往往采取对外直接投资的方式实现技术的内部转移。然而，投资企业展露出先进技术的同时也会被东道国以及第三方国家的相关企业学习，这些关联企业通过搜集该先进技术的信息资料以及不断地研发模拟，最终获取该先进技术的部分或全部核心要素，从而提升自身产品和服务的质量，实现技术进步，这就产生了技术溢出效应。技术溢出不是投资企业自愿的结果，也不会为企业带来经济利益，反而会使企业丧失技术领先地位，因此企业往往采取多种措施去极力避免。

对于技术引进型企业，同样也要警惕技术风险。当企业通过对外直接投资获取某项技术后，容易产生心理上的依赖与懈怠，认为只要付出足够的购买价格就能获得所需的技术。从而缺乏自主研发的动力，不利于企业的长期发展。同时，引进的技术是否适应本国市场，生产的产品是否满足国内消费者，也需要经过不断的检验和测试。

◇◇ 二 系统性风险及其产生原因

系统性风险也称不可分散风险，是指在对外直接投资过程中，投资主体共同面临的难以避免因素带来的不确定性。系统性风险的诱因多发生在企业等经济实体外部，带来的波动面一般都比较大，有时也表现出一定的周期性。

1. 发展中国家的政治风险

政治风险是指在对外直接投资过程中，由于东道国政治制度变化、政权不稳定、东道国与其他国家发生冲突等，政治环境动荡，投资环境突变，从而导致投资企业遭受多方损失的可能性。政治风险是一种非预期变化，由非市场性的不确定性因素造成。政治风险往往来自突发的政治事件或政策变化，通常包括战争、革命、内乱、罢工等风险。

中国是一个政治环境较为稳定的国家，企业缺乏应对政治风险的经验和方法，在海外投资过程中容易遭遇较高的政治风险问题。新兴经济体经济基础较为薄弱，政治和社会的稳定度存在隐患，政策的稳定性和可预期性相对较差。政府换届和内外部经济不利的冲击，都可能触发较高的政治风险，导致政策发生颠覆性变化，从而对中国企业的财产和人员安全造成严重威胁。

政治风险存在极大的负面影响，会给投资企业造成额外的开支，投资项目遭受直接的财产损失和人员伤亡。例如，政党的更迭可能会对东道国与投资国的政治关系产生重大影响。新掌权的党派可能对原执政党的相关投资政策、合作协议等予以摒弃，使投资企业原本所处的投资环境恶化，致使投资项目失败。又如，战争风险多存在于武装冲突频繁发生的国家，内战或与其他国家爆发战争都会给投资企业带来巨额亏损，以及威胁人身安全。东道国的国际资本大量流出、货币大幅贬值和大宗商品价格大幅波动，可能引发私人和主权债务违约、基建工程合同违约、资本项目管制强化。在资源丰富但经济落后的一些非洲国家，社会动荡不居，政治风险高，中资企业需高度警惕政权更迭、社会动荡、债务违约对企业的财产和人员的安全造成的严重威胁。

2011年，利比亚政局剧变和国内骚乱，不但导致75家中资企业与利比亚签订的合同搁浅，承建的50多项工程承包项目被迫停止，而且中资企业的驻地频频遇袭，中国被迫动用海陆空资源，基本全部撤出在利比亚工作的3.6万余名中方人员，中资企业在利比亚的投资和工程承包的价值总额约188亿美元的资产基本丧失殆尽。

2013年12月，南苏丹内部暴力冲突给中国在整个苏丹地区的大量石油资产带来了严重的安全隐患。2014年6月，伊拉克政局动荡，中国机械设备工程股份有限公司的伊拉克成套事业部萨拉哈丁电站千余员工被困。2015年1月，希腊新上台的激进左翼联盟党以战略基础设施应该掌握在政府手里为由，在最后竞标阶段叫停了中远集团的港口私有化项目。经过一年的交涉，2016年1月21日，希腊共和国资产发展基金（HRADF）正式发表声明，同意中远（香港）集团公司以3.68亿欧元的出资收购比雷埃夫斯港港务局（PPA）67%股权。据悉，中远更新后的报价相当于4.02亿美元、每股22欧元，比其最初3亿美元的价格增加了34%。而且HRADF最初只出售51%股权，此后中远投资达到一定数额后才能得到剩余的16%股份。2016年6月30日晚，希腊议会批准中远收购比港多数股权的协议，至此该项目方尘埃落定，然而中国企业也付出了巨额的成本。

作为中国社会科学院国情调研重大项目（"一带一路"国情调研）的子项目，2015年10月世界经济与政治研究所国际投资研究室赴福建就海上丝绸之路和福建企业对外直接投资情况进行了调研。"一带一路"倡议和自贸试验区在福建交汇，为福建企业"走出去"创造了难得的历史机遇，福建境外投资也获得井喷式增长。但福建境外投资体量整体偏小，投资结构仍需优化。贸易型企业占福建省对外直接投资半壁江山，而优势制造业、科技合作型、资源合作型投资项目占比仍然较低。福建某市政工程民营企业从2012年起到赞比亚投资，反映当地存在三类主要风险：首先是政治动乱风险，公司不得不雇用当地的保安和警卫来加强安防；其次是政策风险，选举期间当地治安混乱，换届后新政府又常常推翻前届政府政策；最后是汇率风险，当地货币贬值严重。

另外，在对委内瑞拉投资和授信方面，中国需要高度警惕并评估石油价格大幅下跌、委内瑞拉国内经济形势恶化及其未来可能的政权更替，对国家开发银行等提供的数百亿美元石油贷款安全所造成的潜在负面效应。

随着中国企业不断扩大其在发展中国家市场的存在，中资企业遭遇的政治风险案例将越来越多。这就需要我们理性分析其成因，并提出有效的应对策略。中国企业海外投资之所以因政治因素而频频受阻，原因是多方面的。既有中国企业行为不规范和国内政策体系不完善的因素，又有东道国的政治社会经济变化的因素，还受投资行业、地缘政治等因素的影响。

首先，中国企业作为对外直接投资领域的后来者，存在着明显的"后发劣势"，在投资机会选择和市场机会开拓处于明显的不利地位。作为一个新来者，中国企业面临的是一个被西方跨国公司瓜分殆尽了的世界市场，优质资源几乎全被发达国家企业所占据，不得不到那些政治风险高、社会制度体系不完备、经济发展水平低、投资环境较差和基础设施匮乏的国家去寻找投资机会。相较于发达国家，它们不仅缺乏法治观念和契约精神，而且社会和政局动荡不居，现任政府撕毁前任政府签订的合约的现象时有发生。这导致中国企业海外投资面临的政治风险明显大于欧美发达国家的企业海外投资面临的政治风险。

其次，中国企业对国际市场不熟悉，中国国内中介结构发展程度较低，难以有效地对投资项目进行尽职调查和风险评估。中国很多企业缺乏海外投资经验，缺乏具有国际经济专业知识和熟悉当地法律法规、税收制度的经营管理人员。中国国内会计、律师、咨询等中介机构发展程度较低，难以为国内企业的海外投资项目提供有效的尽职调查和中介服务。资金雄厚的国内企业通常聘请外资中介机构进行尽职调查，而外资机构的评估方法和标准是以欧美发达国家为基础的，未充分考虑中国企业对外投资所面临的独特风险，从而外资中介机构出具的前期尽职调查报告难以全面揭示国内企业的海外投资风险。国内企业对于海外投资政治风险的评估仍处于起步阶段，风险评估能力弱。目前，许多中国企业虽然设立了风险控制部门，但投资风险的研究人员人数很少，风险分析能力较差，难以覆盖企业投资所涉及的地区。中国企业虽然可以从驻外使馆和国内政策银行（如进出口银行）处获得有关国家风险评级的资料，但使馆和银行不属于专业性的风险评级机构，其信息只能作为参考使用，难以成为投资依据。同时，国内的一些智库也开始提供海外投资的国别风险分析报告，但囿于资金支持力度、研究人员的国际经验和分析能力等因素的制约,其发布的海外投资国别风险报告对企业海外投资决策的参考价值有限。

最后,中国企业海外经营行为不规范,社会公关能力不足。中国企业特别是民营企业在海外经营过程中遵纪守法意识不足,行为不够规范。部分中国企业安全生产意识缺失,对从事危险行业员工的安全保护不足。还有一些中国企业套用国内经验,用金钱刺激鼓励加班、提高劳动强度和延长工时,无视当地法律,雇工不签合同,随意解雇劳动力。某些在海外经营的中国企业生产、销售假冒伪劣、质量低下产品,不时以次充好或降低产品质量标准。有的产品不符合国外的技术标准、安全标准、质量标准和环保标准。有些中国企业在海外投资时并没有进行足够的环境影响评估,滥采滥伐或者非法走私当地资源到海外,致使当地环境和生态遭到破坏,造成了不良影响。这些经常遭至当地民众和反对党的抨击。一些中国公司非常注重通过对当地政府官员进行公关,而不注重与当地民众的沟通交流,不重视与反对党、社团组织建立良好的社会关系。这种短期化、功利性强的"关系"思维方式对投资项目经营的稳定性和可持续性势必产生负面影响。一旦政党出现更替,中国企业很可能成为东道国国内政治斗争的牺牲品。有的中国企业在出现问题后,往往不寻求合法手段来解决,而是采取贿赂等非正规途径来处理,致使问题非但没有得到解决,反而有所升级恶化。

2. 政策法律风险

政策风险,是指东道国相关市场的政策发生重大调整,引发市场环境巨变,投资企业不得不付出更高成本才能维持项目正常运营,甚至有被迫中止投资项目的风险。包括政府禁令、政府干预、贸易壁垒、提高税收政策、国有化风险等。其中,国有化风险是企业对外直接投资过程中传统上面临的最为突出的问题,是投资企业所有权向东道国政府的被迫移交,包括征用、征收、没收、报复性充公等。东道国给予投资企业的补偿往往并非等价交换。即使投资企业从东道国撤资,也必然会造成经济亏损。比如,税种的增加、税率的调整和纳税程序的变动等带来的税收风险。2015年3月,阿根廷政府宣布废除所有与私人企业签署的铁路专营合同,全部铁路国有化,且不会向这些企业支付任何补偿,给投资者带来了巨大损失。

法律风险,是指东道国相关市场有重要的法律法规出台或法律法规不健全,以及东道国与投资母国法律相互冲突,包括对知识产权、劳务、合同管理等的规定,导致投资企业因违反东道国法律法规而出现经济损失的可能性。2014年,中石化收购的子公司Addax由于法务人员与加蓬政府对用工、利益分配等法律条文理解的不同,在开采陆上Obangue油田的过程中违反合同,遭受加蓬政府的指责。最终为保证在西非产油国获得更多的开发项目,中石化支付了4亿美元赔偿,以了结法律诉讼。

在中东欧,部分国家右翼民族主义政党上台,投资保护主义也有所增强。在2015年10月底的选举中,波兰法律与公正党获得压倒性胜利,结束了中间派的公民纲领党8年的执政。新执政党属于右翼民族主义政党,在外资政策方面,倾向于保护和扶持本国企业,因此对包括中国企业在内的外资进入波兰设立了诸多限制条件,并提高了投资门槛。例如,要求雇用当地员工、跟当地企业合作、使用的设备或者其他投入品50%的成分来自欧盟等。

笔者在调研中还获悉,除了这些白纸黑字明面上的要求外,当地政府在招标项目中也会通过侧面放风的方式劝退外国企业。例如,在某个电网项目招标前,波兰业主已经通过一些途径跟竞标企业取得联系,希望让波兰本国企业中标。但某家中国企业各方面资质都很好,迫切想进入波兰市场,于是坚持投标。该企业虽然当时以第一名身份中标,但波兰业主又出一招,要求该中国企业在极短的时间内提供延期保函。由于时间来不及,

第六章 中国对外直接投资在微观企业层面的风险

最后该中国企业仍然流标。

投资者—国家争端解决（Investor-State Dispute Settlement，简称 ISDS）近年来有不断上升的趋势。投资者在 2015 年共发起了 70 起 ISDS。同时，由于在一定情况下投资仲裁在保密条件下进行，因此实际 ISDS 数量会更高。在 2015 年这 70 起 ISDS 中，外国投资者起诉最多的东道国行为包括：可再生能源领域新的法律法规（至少 20 起）、对外国投资的直接征收（至少 6 起）、对外国投资的歧视待遇（至少 6 起）、对外国投资者执照/许可证的吊销/撤回（至少 5 起）。此外，还有一些与东道国违约、企业破产程序、环境和土著保护区以及反腐败和税收有关。

分析最常涉及 ISDS 的相关国家，从被起诉东道国来看，历史累计（1987—2015 年）前两位的是阿根廷和委内瑞拉，但在 2015 年西班牙和俄罗斯被起诉最多（见表 6.1）。实际上，近两年来针对发达国家的 ISDS 占比有所提高，达到约 40%。而在 2013 年之前发达国家被起诉的较少，更多还是针对发展中国家。从应用 ISDS 起诉的投资者所在母国来看，80% 以上来自发达国家。其中，历史累计（1987—2015 年）最多来自美国，而在 2015 年投资者最多来自英国、德国、卢森堡和荷兰。

目前，在国际投资领域并没有一个多边的、全面的、有约束力的投资协定。在全球化遭遇挫折、投资保护主义势力有所抬头以及全球经济低迷急需国际投资助力的背景下，2016 年召开的 G20 杭州峰会通过了全球首份《G20 全球投资指导原则》。该《指导原则》包含九条非约束性原则，从反对投资保护主义，外资政策应开放、公平、透明、稳定和内外协调，各国政府为了公共利益有权对外国投资进行管制并且应引导外国投资者承担企业社会责任，以及加强国际合作等方面，为制定国际国内投资政策提供指导。该《指导原则》有利于帮助国际投资者和政策制定者就国际通行投资规范达成共识，为进一步形成多边投资框架、甚至真正的多边国际投资协定的范本起到奠基石的作用。

表 6.1　　　　　　　　　最常涉及 ISDS 的相关国家

排名	最常被起诉的东道国			排名	最常起诉的投资者母国		
	国家	1987—2015 年	2015 年		国家	1987—2015 年	2015 年
1	阿根廷	59	3	1	美国	138	3
2	委内瑞拉	36	0	2	荷兰	80	9
3	捷克	33	3	3	英国	59	10
4	西班牙	29	15	4	德国	51	9
5	埃及	26	1	5	加拿大	39	3
6	加拿大	25	2	6	法国	38	4
7	墨西哥	23	2	7	西班牙	34	3
8	厄瓜多尔	22	1	8	卢森堡	31	9
9	俄罗斯	21	7	9	意大利	30	2
10	波兰	20	0	10	瑞士	23	1
11	乌克兰	19	3	11	土耳其	19	1
12	印度	17	1	12	塞浦路斯	18	2

资料来源：笔者根据 UNCTAD（2016）的数据整理。

3. 经济风险

经济风险，是指全球和东道国宏观经济波动、经济政策调整等因素导致对外投资企业收益变动的不确定性，主要包括世界经济周期风险、东道国宏观经济风险、外汇风险以及信用风险等。

世界经济周期风险，是指世界经济运行的周期性变化对海外投资的各个行业及投资企业的盈利水平产生影响的风险。世界经济处于复苏或繁荣时期会极大促进投资数量及规模。反之，若世界经济出现危机，几乎所有对外投资项目都会面临需求萎缩、收益大幅下滑的风险。

东道国宏观经济风险，是指东道国的整体经济发展状况对投资企业的运营和发展造成的影响。若东道国没有较大的财政赤字，GDP 总量稳健上升，通胀率保持较低水平，具有良好的投资环境，企业面临的经济风险就会大幅度减小。而企业持续发展的同时能够带动上下游行业的发展，提供更多的就业岗位，两者互相促进，相得益彰。

外汇风险，是指由于东道国外汇市场波动及其管理引起汇率变动，致使以外币计价的外资企业的资产蒙受损失的风险。一方面，汇率变化可能导致原材料价格上涨，生产成本增加，企业未来现金流发生变化，影响公司价值。另一方面，一部分已经达成却尚未完成交割的投资项目，交易日与结算日之间存在着汇率变动的可能性，也会造成一定的损益。此外，年末总公司在将各个分支机构的财务报表合并的过程中，需要将以东道国货币计价的会计科目换算成母国货币，换算过程中存在时间差，其间汇率的变动会影响公司利润。外汇风险是一种不确定性经济损失，凡影响汇率的因素均为外汇风险的成因，如国际收支、通货膨胀、外汇储备、货币政策等。[①] 2015 年，拉美新兴经济体货币平均贬值超过 30%，对于成本导向型的对外直接投资企业而言，东道国的货币贬值降低了企业设厂、用工等方面的成本；但对市场寻求型的企业而言，货币的大幅贬值使其利润大幅缩水。

信用风险，是指由于东道国政府或合作企业违约等因素，造成投资企业无法持续经营而蒙受损失的可能性。2007 年，辽宁西洋集团经中朝政府批准在朝鲜投资 2.4 亿元人民币与朝鲜合作开发铁矿资源。2007—2011 年，西洋集团总计投入 3000 多万欧元建成现代采矿厂、铁精粉选矿厂及相关设施。然而，朝方人员掌握相关技术后提出各种借口单方面撕毁了合同，中国企业遭受重创。

4. 社会风险

社会风险，是指由于社会人文原因，如社会意识形态、语言、文化、

---

① 厉以宁、曹凤岐：《中国企业的跨国经营》，中国计划出版社 1996 年版。

风俗习惯、价值观、宗教信仰等方面的差异，中国企业与当地社会难以融合，甚至产生冲突，从而对企业的运营发展及经济效益造成不利影响的可能性。以文化风险为例，由于文化差异造成的经营理念、消费模式、生活方式以及工作习惯等差异将为企业境外直接投资活动带来较大风险。在企业外部，企业的存在或项目的运行如果给东道国社会被入侵的感觉，使当地企业及居民产生敌对情绪，若处理不当会引发当地的民族主义。在企业内部，上下级沟通不畅、工作作风不同等造成的文化冲突会严重影响工作效率，导致公司战略制定失误或经营失败。例如，联想并购IBM PC业务后，文化融合成为较大难题。与IBM相比，中国企业更加层级化，存在更多的决策层次。IBM老员工难以较快接受联想的中国式企业文化及经营理念。

中国企业在开展对外投资过程中如果仅和东道国政府保持良好的合作关系，并不能确保投资项目顺利进行。因为无论在发达国家还是在发展中国家，大多是"小政府、大社会"的制度环境，当地民众、社区、公益组织、宗教团体和相关利益方对企业经营的影响更大。如果中国企业缺乏经验，按照国内的办事方法和经营风格，不善于和东道国这些社会团体沟通和进行公关，遇到事情一味回避，不主动出面澄清事实，这些社会组织的相关活动会直接引发社会风险，并可能间接地产生政治、安全等投资风险，最终导致企业投资失利或产生额外损失。

◇◇ 三 中国对"一带一路"沿线地区投资风险分析

近年来，中国对"一带一路"沿线国家直接投资规模稳步增加，但该地区的投资风险不容忽视。整体而言，"一带一路"沿线国家投资风险

第六章　中国对外直接投资在微观企业层面的风险 | 81

更高,尤其是政治风险和经济风险令人担忧。尽管与"一带一路"国家保持良好的双边关系有利于降低投资风险,但中国政府和企业仍应积极加强风险管控。对于企业而言,对外投资要审慎抉择、量力而行;对于政府而言,应在保护中国企业海外投资利益方面提供更好的制度供给,并积极引导、规范中资企业境外投资行为。

1. "一带一路"沿线地区投资风险普遍较高

中国企业在不断扩大对"一带一路"沿线地区投资的同时,需要注意该地区的投资风险。2018 年 1 月,我们团队①发布了"2018 年度中国海外投资国家风险评级"报告。该报告从中国企业和主权财富的海外投资视角出发,构建了经济基础、偿债能力、社会弹性、政治风险和对华关系五大指标、共 41 个子指标全面量化评估了中国企业海外投资所面临的战争风险、国有化风险、政党更迭风险、缺乏政府间协议保障风险、金融风险以及东道国安全审查等主要风险。

我们的评级体系纳入了 57 个评级国家作为样本,全面覆盖了北美洲、大洋洲、非洲、拉丁美洲、欧洲和亚洲,占到除避税港外中国全部对外直接投资存量的 83.5%。② 这 57 个评级样本中包括了 35 个"一带一路"沿线国家,占中国对所有"一带一路"沿线国家海外直接投资规模的 99.89%。这 35 个国家以新兴经济体为主,只有新加坡、以色列、捷克、匈牙利和希腊 5 个发达经济体。

"一带一路"国家评级结果显示(见表 6.2),低风险级别(AAA -

---

① 隶属于中国社会科学院世界经济与政治研究所,团队成员主要有张宇燕、姚枝仲、张明、王永中、王碧珺、张金杰、李国学、韩冰、潘圆圆、刘瑶、朱子阳和李曦晨。

② 我们的评级暂不纳入中国香港、开曼群岛、英属维尔京群岛、卢森堡等国际自由港。

AA）仅有新加坡一个国家；中等风险级别（A-BBB）包括27个国家，占35个国家的绝大多数；高风险级别（BB-B）包括7个国家。发达经济体评级结果普遍好于新兴经济体，最终得分比新兴经济体高12.8%。

从具体国家来看，和上年相比，泰国、保加利亚、塔吉克斯坦和菲律宾的排名提升最快，分别提高了11、6、5和5位，而柬埔寨、蒙古、伊朗和希腊的排名下降最快，分别下降了12、7、6和5位，排名最靠前的3个国家新加坡、阿拉伯联合酋长国和以色列略微下降。①

我们再将35个"一带一路"沿线国家评级结果与57个全样本评级结果进行对比（见表6.2）。57个全样本中中低风险级别（AAA-AA）共包括9个国家，占总样本的16%，其中只包括1个"一带一路"沿线国家；高风险级别（BB-B）共包括14个国家，占比为总样本的26%，并且半数为"一带一路"沿线国家。我们可以清楚地看出"一带一路"沿线地区的投资风险显然更高。因此，政府和企业需要加强风险防范。

表6.2　　　　　　　　中国海外投资国家风险评级结果

排名	国家	风险评级	排名变化	上年级别	"一带一路"沿线国家	排名	国家	风险评级	排名变化	上年级别	"一带一路"沿线国家
1	德国	AAA	—	AAA	否	30	巴基斯坦	BBB	↑	BBB	是
2	新西兰	AA	—	AA	否	31	老挝	BBB	↓	BBB	是
3	澳大利亚	AA	—	AA	否	32	塔吉克斯坦	BBB	↑	BB	是
4	美国	AA	—	AA	否	33	乌兹别克斯坦	BBB	↑	BB	是
5	加拿大	AA	↑	AA	否	34	印度	BBB	—	BBB	是
6	荷兰	AA	—	AA	否	35	希腊	BBB	↓	BBB	是
7	韩国	AA	—	AA	否	36	柬埔寨	BBB	↓	BBB	是
8	法国	AA	↑	A	否	37	斯里兰卡	BBB	↑	BBB	是
9	新加坡	AA	↓	AA	是	38	南非	BBB	↓	BBB	否

---

① 这里的排名是在35个"一带一路"沿线国家中的风险评级排名。

续表

排名	国家	风险评级	排名变化	上年级别	"一带一路"沿线国家	排名	国家	风险评级	排名变化	上年级别	"一带一路"沿线国家
10	日本	A	↑	A	否	39	越南	BBB	↑	BBB	是
11	英国	A	↓	AA	否	40	缅甸	BBB	↑	BBB	是
12	意大利	A	↑	A	否	41	肯尼亚	BBB	↓	BBB	否
13	阿拉伯联合酋长国	A	↓	A	是	42	埃塞俄比亚	BBB	↑	BBB	是
14	以色列	A	↓	A	是	43	伊朗	BBB	↑	BBB	是
15	波兰	A	↑	A	是	44	赞比亚	BB	↓	BBB	否
16	匈牙利	A	↓	A	是	45	孟加拉国	BB	↑	BB	是
17	捷克	A	↓	A	是	46	蒙古	BB	↑	BBB	是
18	马来西亚	A	↓	A	是	47	尼日利亚	BB	↑	BB	否
19	罗马尼亚	A	↑	A	是	48	阿根廷	BB	↑	BB	否
20	保加利亚	BBB	↑	BBB	是	49	乌克兰	BB	↑	B	是
21	沙特阿拉伯	BBB	↓	BBB	是	50	白俄罗斯	BB	—	BB	是
22	哈萨克斯坦	BBB	↓	BBB	是	51	巴西	BB	↓	BB	否
23	菲律宾	BBB	↑	BBB	是	52	吉尔吉斯斯坦	BB	↓	BB	是
24	俄罗斯	BBB	↓	BBB	是	53	埃及	BB	↓	BB	是
25	印度尼西亚	BBB	↓	BBB	是	54	苏丹	BB	↓	BB	否
26	泰国	BBB	↑	BBB	是	55	委内瑞拉	B	↑	B	否
27	墨西哥	BBB	↑	BBB	否	56	伊拉克	B	—	B	是
28	土耳其	BBB	↑	BBB	是	57	安哥拉	B	↓	BB	否
29	土库曼斯坦	BBB	↑	BBB	是						

注：—表示与上年相比，相对排名没有变化；↑表示与上年相比，相对排名上升；↓表示与上年相比，相对排名下降。全样本中包含了35个"一带一路"沿线国家。

2. 经济基础和政治风险尤其令人担忧

为了更准确地评价"一带一路"国家的投资风险，我们需要将其还原到整体样本中去。如表6.3所示，从总分来看，"一带一路"国家的投资风险较全样本更高。那风险高在哪里呢？具体来看五大指标，尽管"一带一路"国家偿债能力和社会弹性较全样本差一些，但相差不太大。

差别主要体现在经济基础和政治风险方面。经济基础包含10个子指标，其中：GDP、人均 GDP、基尼系数衡量了一国的经济规模和发展水平；经济增长率、通货膨胀率和失业率衡量了一国的经济绩效；GDP 增速的波动系数衡量了一国经济增长的稳定性；贸易、投资、资本账户三个方面衡量了一国的开放度。

在经济基础方面，"一带一路"沿线国家得分比整体低 2.2%。"一带一路"沿线国家人均收入较低，收入分配差距较大，经济结构相对单一，经济增长多数依靠外需拉动而不是内生驱动。同时，贸易和投资保护主义相对其他国家而言更为严重，这就使得投资企业在目标国难以获得预期收益。

表6.3　　"一带一路"沿线国家和全样本的评分比较

	总分	经济基础	偿债能力	政治风险	社会弹性	对华关系
"一带一路"	0.579	0.547	0.583	0.528	0.663	0.575
全样本	0.595	0.569	0.595	0.579	0.667	0.564

注：分数越低，代表风险越高。

政治风险包含8个子指标，其中：任期还剩多少年、政府执行所宣布政策的能力以及保持政权的能力、军事干预政治三个子指标反映了一国政府的稳定性；政治体系的腐败程度、政府对民众诉求的回应、公共服务和行政部门的质量反映了一国政府的治理质量；法制水平是契约和产权保护的重要保证。一国政府的稳定性和治理质量越高、法制环境越健全、外部冲突越小，中国企业在其投资的风险越低。

具体来说，"一带一路"沿线国家的政治风险评分比整体低 5.1%，在整体 57 个样本国家排名中处于中等偏低位置。由于"一带一路"沿线国家多为新兴经济体，相比于发达国家，它们普遍缺少法治观念和契约精神，社会和政局动荡不安，党派纷争不断，军政府干政和利益集团同时存在，武装冲突时有发生，宗教极端势力和地区分裂势力横行。在政权更迭的背景下，中国企业同前任政府签署的合约很容易被后来者撕毁，中国企业在"一带一路"沿线国家面临显著的地缘政治和政府信用风险。

3. 对华关系更好可以在一定程度上降低投资风险

不论是经济基础、偿债能力，还是政治风险和社会弹性，"一带一路"沿线国家的表现都更差，但对华关系却好于总体水平，这有助于在一定程度上降低投资风险。

在我们的评级体系中，对华关系包含 6 个子指标。第一个子指标是双方是否签订了双边投资协定（BIT）以及该协定是否已经生效。如果中国与该国签署了 BIT，将有助于降低中国企业在当地的投资风险。第二个和第三个子指标分别衡量了投资受阻程度和双边政治关系，较低的投资受阻和较好的双边政治关系，有助于降低中国企业在当地进行投资的风险。后三个指标分别为两国的贸易依存度和投资依存度，以及用以衡量对方对中国公民发放签证便利程度的免签情况变量。我们的评级结果显示，"一带一路"沿线国家中，对华关系得分最高的前六位依次为巴基斯坦、老挝、塔吉克斯坦、缅甸、土库曼斯坦和伊朗。

事实上，"一带一路"沿线国家与我国保持密切的双边关系和经贸往来离不开"一带一路"倡议和相关政策的大力支持。自 2014 年 5 月，习近平主席在亚信峰会上提出要加快推进"一带一路"建设以来，各级地方政府纷纷响应号召，国家相关部门也出台了一系列支持性配套政策措施，包括财政税收支持、金融支持、投资贸易合作支持、海关支持、交通运输支持等。

尤其是，我国为"一带一路"建设提供了必要的金融支持。国家层面上，我国发起筹建了亚洲基础设施投资银行，发起设立丝路基金，强化中国—欧亚经济合作基金投资功能；同时，我国也在推动银行卡清算机构开展跨境清算业务和支付机构开展跨境支付业务。地方层面上，不少省份尝试设立"地方版"丝路基金和其他类型基金。

4. "一带一路"在建重大项目所面临的主要风险

抓住重大项目建设这个"牛鼻子"，是"一带一路"倡议成功落地的重要内容之一。目前来看，"一带一路"在建重大项目主要分布在一些地缘政治关系错综复杂、政治风险较为突出的国家和地区，集中于建设周期长、资金投入大、央企为主体的基础设施建设和能源资源开发领域，面临大国博弈、恐怖主义、投融资模式等多方面的挑战。尽管如此，只要我们能妥善应对，"一带一路"在建重大项目的总体风险可预期、可管理、可承受。

虽然中国企业参与"一带一路"建设涉及方方面面，但从在建的重大项目来看，主要有以下特征。

一是在建重大项目主要分布在中亚、东盟、南亚和俄罗斯等国家和地区。在中亚，传统对外投资大国美、英、日的投资项目极少。我国为该地区最大的投资国，在建重大项目主要集中在哈萨克斯坦和塔吉克斯坦。东盟是我国企业在"一带一路"沿线投资金额最高的区域，在建重大项目主要集中在老挝、印度尼西亚、泰国和缅甸等国。此外，在南亚的巴基斯坦和斯里兰卡，以及俄罗斯，都有"一带一路"重大项目正在加紧建设之中。

二是在建重大项目主要集中在基础设施建设和能源资源开发领域。铁路方面，在建重大项目主要有中老、中泰、匈塞铁路和雅万高铁等项目；

公路方面,主要有巴基斯坦喀喇昆仑公路二期改扩建工程、拉卡公路木苏段的施工作业以及瓜达尔东湾快速路等项目;港口方面,主要有斯里兰卡汉班托塔港和科伦坡港、巴基斯坦瓜达尔港、希腊比雷埃夫斯港、吉布提新港等项目;电力方面,主要有俄罗斯等周边国家的输电线路、中巴经济走廊重点电力项目等;能源资源方面,主要有哈萨克斯坦、塔吉克斯坦的油气田,中俄、中亚、中缅天然气管道,中俄、中哈、中缅原油管道等项目。

三是大部分在建重大项目由中国中央企业承建。截至2018年年底,中央企业已在"一带一路"沿线承担了3116个项目。在已开工和计划开工的基础设施项目中,中央企业承担的项目数占比达50%左右,合同额占比超过70%。

四是项目建设周期长、资金投入大。大型基础设施等项目的建设周期和投资回收期都比较长,所需资金投入较大。项目施工地域点多线长,用工数量庞大,员工驻地也较为分散。

"一带一路"在建重大项目的以上特征,决定了其较容易遭受如下风险。

(1) 大国博弈对项目的顺利推进形成较大掣肘。

"一带一路"在建重大项目所在区域地缘政治关系错综复杂,是大国战略博弈的敏感区域。美国为了维护日趋衰落的全球霸权,日本为了强化在东南亚的影响力,印度担心一旦中巴经济走廊建成,将改变南亚地区印强巴弱的力量格局,三国可能通过利用我国与东南亚国家的海洋主权争端,挑唆相关国家制造事端;利用包括巴基斯坦、缅甸在内的沿途部分国家复杂的国内政治形势和教派关系搅局,冲击我国在建重大项目;利用基础设施建设见效慢、涉及征地、拆迁等复杂事务,挑起我国企业与当地民众的矛盾;利用环保、劳工标准、公民社会和债务陷阱等莫须有的理由,干扰诋毁我国在建重大项目。

（2）参与国的复杂心态为在建重大项目的顺利推进带来较大不确定性。

虽然俄罗斯、蒙古和印度尼西亚都意识到"一带一路"建设对推动本国经济发展的有益之处，但同时也有诸多疑虑。俄罗斯担心"一带一路"建设分化俄罗斯倡导的欧亚经济联盟，干扰俄罗斯主导的"后苏联"空间经济一体化；在蒙古，历史上的恩恩怨怨导致"中国威胁论""原材料附庸论"等荒谬理论长期存在；印度尼西亚传统上是东盟老大，随着国内分离运动式微，该国的大国志向逐步复苏，担心对接"一带一路"会使自身在区域合作中的主导作用被忽视和边缘化。以央企为建设主体的项目特征，进一步加深了东道国的以上疑虑，从而影响到该国针对"一带一路"在建重大项目的民意氛围和政策取向。

（3）政治动荡、恐怖主义严重威胁我国企业和数以万计劳务人员的生命和财产安全。

"一带一路"沿线地区的投资风险显著高于其他地区，尤其是政治风险较为突出。在建重大项目不少分布在政局不稳、民族与宗教矛盾突出、邻国间关系不睦的地区，还面临恐怖主义等非传统安全威胁。巴基斯坦的国内政治形势和教派关系错综复杂，重大经济项目存在较为严重的利益纠纷。其最活跃的俾路支族裔武装组织频频袭击政府公共设施和中国项目，给中方企业造成了较大的人员伤亡和财产损失。塔吉克斯坦由于靠近阿富汗，近年来成为恐怖组织在中亚的活动据点之一。哈萨克斯坦虽然是中亚地区最发达的经济体，但领导人交接和恐怖主义渗透都是可能引发该国局势不稳定的潜在因素。随着"一带一路"在建重大项目的逐步推进，中国企业和数以万计的劳务人员面临日益严峻的安全威胁。

（4）项目建设缺乏持续稳定的资金来源和保障措施。

一方面，由于国内外汇管制，资金出境审批流程长，部分企业在参与"一带一路"建设时面临资金紧缺的困难和资金周转的压力，从而对项目工期造成不利影响。另一方面，项目所在的部分国家存在财政状况欠佳、巨额经常账户赤字、外汇储备不足的问题，还有的国家的偿债能力严重依赖国际能源和大宗商品价格。项目所在国较为脆弱的偿债能力给我国企业带来了一定的资金风险，导致我国企业无法按时收到工程款，或者收到款项遭遇兑换限制和面临汇率大幅贬值的情况。

第 七 章

融资约束抑制了中国民营企业对外直接投资[*]

从存量来看,中国对外直接投资的主要参与者是央企。民营企业(本章中民营企业指的是,除"国有独资""国有控股"外,其他类型的企业只要没有国有资本,均属民营企业),尤其是中小民营企业,是否应该进行海外直接投资?这一问题显然需要由企业自己做决定。但是国际经验和现有文献认为,为了保持企业的生存能力和提高竞争力,即使那些国内市场导向的中小企业也应该进行全球化经营和资源配置。[①] Daniels 和 Bracker 发现不管以何种模式进入海外市场,都将显著促进企业发展、提高企业业绩、增强企业盈利能力以及增加母国财富。而与出口相比,对外直接投资由于能够控制核心技术而能够产生更高的利润水平。[②]

那么,为什么中国对外直接投资的主体仍然是国有企业?这背后至少可能存在三个方面的因素。

一是国内经济结构的外延反映。由于市场机制并不完善,中国政府在

---

[*] 本章部分内容已发表于王碧珺、谭语嫣、余淼杰、黄益平《融资约束是否抑制了中国民营企业对外直接投资》,《世界经济》2015 年第 12 期,第 54—78 页。

[①] 参见 Etemad, H. , "Internationalization of Small and Medium-sized Enterprises: A Grounded Theoretical Framework and an Overview", *Canadian Journal of Administrative Sciences*, Vol. 21, No. 1, 2004, pp. 1 – 21。

[②] Lu, J. W. and Beamish, P. W. , "The Internationalization and Performance of SMEs", *Strategic Management Journal*, Vol. 22, No. 6 – 7, 2001, pp. 565 – 586。

重大投资项目的审批和重要资源的分配中仍然发挥着关键作用。国有企业凭借其政策和资源优势在各个经济领域"攻城略地",挤压了民营企业的生存和发展空间。① 这一情形也反映在对外直接投资领域中。

二是中国对外直接投资的主要动机使然。尽管中国企业"走出去"呈现出日益多元化的投资动机,但在很长一段时间里,获取自然资源(主要是矿产和油气类资源)是其首要动机。② 然而,自然资源类海外直接投资往往具有投资周期长、金额大和风险高等特点。国有经济不仅在国内资源类行业长期占据主导地位,委托代理问题所带来的更大的风险承受能力导致其在海外资源开发中也是格外积极。

三是民营企业的融资约束问题。作为中国社会科学院国情调研重大项目("一带一路"国情调研)的子项目,2015年10月世界经济与政治研究所国际投资研究室赴福建就海上丝绸之路和福建企业对外直接投资情况进行了调研。目前包括福建在内的多数省份"走出去"企业仍以中小型民营企业为主体,其境内母公司缺乏有效抵质押物为融资提供担保。同时由于境内银行尚未在境外形成覆盖面积较广的服务网络,其境外企业形成的国外资产较难用于"外保内贷"。风险分担机制不健全导致银行无法搭建合理的信用结构,加大了企业"走出去"的难度。据调查,银行贷款的企业覆盖率在规模及以上企业中不到30%,在规模及以下企业中不到5%。③ 与国内投资相比,海外经营活动风险更高。同时由于面临进入新市场的固定成本,企业更加可能受到融资能力的制约。④ 但是这种影响也

---

① 罗进辉:《"国进民退":好消息还是坏消息》,《金融研究》2013年第5期。
② Huang Y. and Wang, B., "Investing Overseas without Moving Factories Abroad: The Case of Chinese Outward Direct Investment", *Asian Development Review*, Vol. 30, No. 1, 2013, pp. 85 – 107.
③ 黄孟复:《中国小企业融资状况调查》,中国财政经济出版社2010年版。
④ Chaney, T., "Liquidity Constrained Exporters", NBER Working Paper, No. w19170, 2013.

不是绝对的,诸多研究已经发现生产率是企业海外市场进入决策的重要决定因素,① 而民营企业的生产率普遍高于国有企业,② 因此民营企业能用更高的生产率来克服融资约束的不利影响。

目前走出去的企业以中小民营企业为主体,其境内母公司缺乏有效抵押、质押物来为融资提供担保。与此同时,由于境内银行尚未在境外形成覆盖面较广的服务网络,使得企业在境外投资形成的国外资产较难用于"外保内贷"。此外,风险分担机制不健全导致银行无法搭建合理的信用结构,这也加大了企业"走出去"的难度。

虽然党中央与国务院下发的《关于构建开放型经济新体制的若干意见》明确提到,要完善境外投融资机制,探索建立境外股权资产的境内交易融资平台,为企业提供"外保内贷"等融资方式支持,但由于企业境外资产用于境内交易和抵押融资,涉及国家之间的抵押物登记、监管、法律相互适用等方面的问题,需要有一系列政府层面的合作协议和实施细则作为配套,而目前这些配套措施付之阙如。

跨国征信体系依然缺位,风险分担机制不完善也制约了金融服务水平的提升。受经济发展水平的影响,"一带一路"沿线国家的政府财力有限,难以提供主权担保。许多国家还存在法律法规不健全、政府效率低、征信体系不完善、汇率波动较大等问题,导致信贷风险显著增加。而我国企业在走出去过程中,由于不熟悉国外商业习惯和法律环境,以及缺乏国际项目经验,也面临着较大的商业风险。因此,中国企业需要更为完善和系统的区域信用体系以及包括投资保险等在内的多元化金融支持,但目前相关机制的缺位或不完善制约了金融服务的有效跟进。

---

① Helpman, E., Melitz, M. J. and Yeaple, S. R., "Export versus FDI with Heterogeneous Firms", *American Economic Review*, Vol. 94, No. 1, 2004, pp. 300 – 316; Greenaway, D. and Kneller, R., "Firm Heterogeneity, Exporting and Foreign Direct Investment", *Economic Journal*, Vol. 117, No. 517, 2007, pp. 134 – 161.

② 姚洋、章奇:《中国工业企业技术效率分析》,《经济研究》2001年第10期。

第七章　融资约束抑制了中国民营企业对外直接投资

本章的目的在于分析融资约束对中国民营企业海外直接投资的影响，进而为我国进一步实施"走出去"战略提供有益的政策启示。

◇ 一　融资约束对企业进入海外市场的影响

早期投资理论认为金融结构和政策与实体投资决策并不相关。[①] 直到20世纪70年代不完全信息市场和逆向选择的引入，[②] 才建立了融资约束对企业投资作用的理论基础。由于借贷双方存在信息不对称，企业外部融资的成本高于内部融资，在投资中面临融资约束问题。实证上已有众多文献表明融资约束是各国企业普遍面临的问题。[③] 融资约束在中小企业中更加突出，对它们的投资行为也有更大的影响。与大型企业相比，中小企业通常失败率更高、代理和信息不对称问题更严重。因此，各国普遍建立诸如直接贷款、利息补贴、贷款担保等政策措施来缓解中小企业所面临的融资约束问题。[④] 考虑到国有企业在中国的特殊地位，中国民营企业，尤其是中小民营企业，面临的融资约束问题尤为严重。[⑤]

[①] Modigliani, F. and Miller, M. H., "The Cost of Capital, Corporation Finance and the Theory of Investment", *The American Economic Review*, Vol. 48, No. 3, 1958, pp. 261 - 297.

[②] Stiglitz, J. E. and Weiss, A., "Credit Rationing in Markets with Imperfect Information", *The American Economic Review*, Vol. 71, No. 3, 1981, pp. 393 - 410.

[③] Fazzari, S. M., Hubbard, R. G. and Petersen, B. P., "Financing Constraints and Corporate Investment", *Brookings Papers on Economic Activity*, Vol. 1, 1988, pp. 141 - 195; Hoshi, T., Kashyap, A. and Scharfstein, D., "Corporate Structure, Liquidity, and Investment: Evidence from Japanese Industrial Groups", *The Quarterly Journal of Economics*, Vol. 106, No. 1, 1991, pp. 33 - 60.

[④] Cressy, R., "Funding Gaps: a Symposium", *The Economic Journal*, Vol. 112, No. 477, 2002, pp. 1 - 16.

[⑤] 林毅夫、李志赟：《中国的国有企业与金融体制改革》，《经济学（季刊）》2005年第4期。

融资约束影响企业是否有能力为其出口和对外直接投资的投入进行融资。与国内投资相比，海外活动风险更高。由于面临进入新市场的固定成本，企业可能更加受到融资能力的制约。① Manova 等人通过中国海关数据发现融资约束显著抑制企业出口，② 李志远和余淼杰也有类似发现。③

对外直接投资比出口涉及更高的固定成本投入，④ 因此融资约束对其影响可能更大。同时还需要区分广延边际和集约边际两方面的影响，即决定是否进入海外市场的选择效应以及海外投资多少的规模效应。但是目前国际上很少有这方面的研究，国内则几乎没有。少数现有的国外研究有 Todo 以及 Buch 等人。⑤

融资约束对企业海外直接投资影响的理论机制。Buch 等人建立了理论模型分析了融资约束对企业对外直接投资决策的影响。在理论模型中，作者假设市场完全竞争、企业生产成本边际递增以及海外投资收益存在不确定性。当内部资金不足时，企业需要向银行借债来对海外直接投资的固定成本以及生产产品的可变成本进行融资，并且承诺银行在投资失败时以抵押品进行清偿。此时融资约束的存在给企业带来了额外的清偿成本，因此在整体上降低了企业进行对外直接投资的概率。Buch 等人还用德国企业层面的数据证实了其理论发现。Todo 则发现融资约束对日本企业 OFDI 决策

---

① Chaney, T., "Liquidity Constrained Exporters", NBER Working Paper, No. w19170, 2013.
② Manova, K., Wei, S. J. and Zhang, Z., "Firm Exports and Multinational Activity under Credit Constraints", NBER Working Paper, No. w16905, 2011.
③ 李志远、余淼杰：《生产率、信贷约束与企业出口：基于中国企业层面的理论和实证分析》，《经济研究》2013 年第 6 期。
④ Greenaway, D. and Kneller, R., "Firm Heterogeneity, Exporting and Foreign Direct Investment", *Economic Journal*, Vol. 117, No. 517, 2007, pp. 134 – 161.
⑤ Todo, Y., "Quantitative Evaluation of the Determinants of Export and FDI: Firm-level Evidence from Japan", *The World Economy*, Vol. 34, No. 3, 2011, pp. 355 – 381; Buch, C., Kesternich, I., Lipponer, A. and Schnitzer, M., "Financial Constraints and Foreign Direct Investment: Firm-level Evidence", *Review of World Economics*, Vol. 150, No. 2, 2014, pp. 393 – 420.

有负面影响。这两篇文章共同的缺陷是融资约束指标单一并且只分析了对海外直接投资决策的影响，没有涉及海外直接投资规模的影响分析。Buch 等人虽然研究了融资约束对海外直接投资规模的作用，但没有考虑选择效应的存在给规模影响造成的样本偏误问题，因此也具有一定的局限性。[①]

本章弥补了以上文献的缺陷，在构造包括内源资金约束、外源资金约束、投资机会等在内的融资约束综合指标的基础上，利用 Heckman 两阶段选择模型，考察了融资约束对中国民营企业海外直接投资决策在广延边际和集约边际两方面的影响。

◇◇ 二 民营企业对外直接投资的影响因素

企业对外直接投资受到国内外宏观、行业和自身等多方面因素的影响。在微观层面上，除了融资约束外，企业对外直接投资还与自身实力和投资动机密切相关。对企业 OFDI 影响因素研究的起点就是企业所拥有的基于所有权的资源和能力。有关文献认为企业只有具备战胜东道国本土企业以及第三国企业的显著优势，才能克服海外经营所面临的天然劣势。[②]量化企业竞争优势的一个重要指标是企业生产率。Helpman 等人通过构造一个多国多部门垄断竞争企业模型，发现生产率最低的企业只服务于国内市场，生产率更高的企业从事出口，而生产率最高的企业进行对外直接投资。[③]作者还使用美国制造业数据证明了这一发现。除了利用已有的竞争

[①] Buch, C., Kesternich, I., Lipponer, A. and Schnitzer, M., "Real versus Financial Barriers to Multinational Activity", *Mimeo*, University of Tuebingen, 2008.

[②] Caves, R., "International Corporations: the Industrial Economics of Foreign Investment", *Economica*, Vol. 38, No. 149, 1971, pp. 1 – 27.

[③] Helpman, E., Melitz, M. J. and Yeaple, S. R., "Export versus FDI with Heterogeneous Firms", *American Economic Review*, Vol. 94, No. 1, 2004, pp. 300 – 316.

力来获得更多利润外,部分企业则希望通过对外直接投资来发展和提高自身的实力。① 企业对外直接投资决策因此还受到投资动机的影响。Makino 等人利用中国台湾企业数据发现技术寻求型动机和市场寻求型动机的企业更倾向到发达国家投资,而劳动寻求型动机的企业更倾向到发展中国家投资。②

中国对外直接投资研究起步较晚。2000 年之前,中国对外开放的重点是引进外商直接投资,对外直接投资面临诸多限制和障碍。因此,这个阶段关于我国对外直接投资的研究较少,仅有的少量研究主要集中在发展中国家 OFDI 理论的介绍以及我国企业"走出去"的必要性、可行性讨论等方面。③ 2000 年之后,中国开始实施"走出去"战略,从限制对外直接投资,逐渐转变为放松管制和鼓励海外投资。初期的研究以定性研究为主,缺乏数据支撑和数量方法。关注的是中国对外直接投资的规模、类型、动因以及部分深入的案例分析。④ 随着 2003 年商务部、国家统计局、国家外汇管理局首次联合发布《中国对外直接投资统计公报》,对中国海外直接投资的实证计量研究逐渐增多。主要的关注点是中国 OFDI 的决定因素,绝大多数的分析仍停留在国家层面,⑤ 缺乏行业和企业层面的研究。由于使用国别层面数据存在诸多问题,中国对外直接投资研究亟须在

---

① Mathews, J. A., "Dragon Multinationals: New Players in 21st Century Globalization", *Asia Pacific Journal of Management*, Vol. 23, No. 1, 2006, pp. 5 – 27.

② Makino, S., Lau, C. M., Yeh, R. S., "Asset-exploitation versus Asset-seeking: Implications for Location Choice of Foreign Direct Investment from Newly Industrialized Economies", *Journal of International Business Studies*, Vol. 33, No. 3, 2002, pp. 403 – 421.

③ 冼国明、杨锐:《技术累积、竞争策略与发展中国家对外直接投资》,《经济研究》1998 年第 11 期。

④ 赵春明、何艳:《从国际经验看中国对外直接投资的产业和区位选择》,《世界经济》2002 年第 5 期。

⑤ 王碧珺:《被误读的官方数据——揭示真实的中国对外直接投资模式》,《国际经济评论》2013 年第 1 期。

微观上进行推进。

少数研究从企业层面分析中国对外直接投资的影响因素。田巍和余淼杰在控制了回归分析可能的内生性及其他影响因素后，发现生产率越高的企业对外直接投资的概率和投资规模都越大。[1] 然而，生产率对于企业海外直接投资的影响可能与行业性质有关。戴翔利用江苏省企业层面的微观数据，发现生产率对企业"走出去"投资于制造业具有显著的正向影响，符合经典的异质性企业理论预期，但对"走出去"投资于服务业并不存在显著的积极影响，呈现企业"走出去"的"生产率悖论"现象。[2]

针对中国民营企业对外直接投资影响因素的研究。Luo等人基于调研数据的分析发现中国民营企业对外直接投资受到政府的政策支持、行业的研发强度和竞争压力以及企业的技术水平和出口经验等因素影响。[3] 控制其他因素后，葛顺奇和罗伟发现国有企业对外直接投资的概率显著超过外资企业和民营企业。[4] 民营企业对外直接投资受限与母国的制度支持不均衡有关，宗芳宇等基于上市公司数据发现双边投资协定能够促进企业到签约国投资，能够替补东道国制度的缺位，还能够弥补母国制度支持的不均衡性，对于帮助非国有企业到签约国投资有着显著的积极作用。[5] 邓新明等则基于上市公司民营企业的样本，关注了国内的政治关联对中国民营企

---

[1] 田巍、余淼杰：《企业生产率和企业"走出去"对外直接投资：基于企业层面数据的实证研究》，《经济学（季刊）》2012年第2期。

[2] 戴翔：《生产率与中国企业"走出去"：服务业和制造业有何不同？》，《数量经济技术经济研究》2014年第6期。

[3] Luo, Y., Zhao, H., Wang, Y. and Xi, Y., "Venturing Abroad by Emerging Market Enterprises", *Management International Review*, Vol. 51, No. 4, 2011, pp. 433–459.

[4] 葛顺奇、罗伟：《中国制造业企业对外直接投资和母公司竞争优势》，《管理世界》2013年第6期。

[5] 宗芳宇、路江涌、武常岐：《双边投资协定、制度环境和企业对外直接投资区位选择》，《经济研究》2012年第5期。

业海外直接投资的影响。① 作者发现具有母国政治关联的中国民营企业，其实施的国际化战略更有可能带来公司绩效的提升。

上述文献虽然加深了我们对中国对外直接投资相关问题的认识，但鲜有文献从微观视角研究融资约束对中国民营企业 OFDI 的影响。Wang 和 Huang 是从宏观层面出发，② 而葛顺奇和罗伟虽然也纳入了债务利息率变量作为外源融资约束代理变量，但其主要的研究对象是体现母公司竞争优势的因素，并且没有考察对 OFDI 规模的影响。③ 本章弥补了以上文献的缺陷，在微观企业层面同时考察了融资约束对中国对外直接投资决策和规模的影响。

三 样本数据描述

本部分使用两套企业数据。一套是来自国家统计局的《中国工业企业数据库》，该数据库包含了全部国有和年主营业务收入达到 500 万元及以上的非国有工业企业数据。这套数据信息丰富，包含了企业的主要会计信息、行业、出口值等上百个变量。但部分企业提供的信息可能不够准确。与田巍和余淼杰的研究类似，④ 本节使用如下标准删除异常样本：（1）缺乏重要财务指标（例如，企业的总资产、销售额、雇佣劳动力等）；

---

① 邓新明、熊会兵、李剑峰、侯俊东、吴锦峰：《政治关联、国际化战略与企业价值——来自中国民营上市公司面板数据的分析》，《南开管理评论》2014 年第 1 期。

② Huang Y. and Wang, B., "Investing Overseas without Moving Factories Abroad: The Case of Chinese Outward Direct Investment", *Asian Development Review*, Vol. 30, No. 1, 2013, pp. 85–107.

③ 葛顺奇、罗伟：《中国制造业企业对外直接投资和母公司竞争优势》，《管理世界》2013 年第 6 期。

④ 田巍、余淼杰：《企业生产率和企业"走出去"对外直接投资：基于企业层面数据的实证研究》，《经济学（季刊）》2012 年第 2 期。

（2）与一般公认会计准则（GAAP）不一致，例如，流动资产超过固定资产的企业、成立时间无效的企业等。中国工业企业数据库尽管内容丰富，但并没有企业对外直接投资信息。于是本节使用的第二套数据是浙江省2006—2008年对外直接投资企业数据，包含了企业所在城市、投资国家、所属行业和投资额等重要指标。[1]

在我国的对外直接投资中，浙江省具有非常重要和代表性地位。首先，浙江省对外直接投资代表了中国地方企业OFDI行为。2003—2009年，中国82.57%的非金融类对外直接投资由央企完成，但是92.24%的投资项目却由地方企业贡献。在这些地方企业中，最多的正是来自浙江省，2005—2009年平均占比达到22.44%。[2] 其次，浙江省对外直接投资还代表了中国民营企业OFDI行为。中国民营企业对外直接投资的70%来自浙江省和福建省。[3] 民营企业的投资决策更多地反映了市场力量的作用。这避免了在一些转型国家中出现的由于特殊历史政治因素导致效率低下的国有企业在对外直接投资中占主导的局面。因此有利于与国际经验和现有文献进行对比。

表7.1总结了浙江省对外直接投资按行业划分的投资者结构。制造业企业是中国中小OFDI项目的主要参与者。在浙江省的样本中，69.72%的对外直接投资企业来自制造业部门，它们参与了68.74%的对外直接投资项目，贡献了66.77%的总投资额。在制造业内部，来自电子、机械和家电，以及纺织、服装、鞋类和皮革的投资者在对外直接投资中最为重要和活跃，共占浙江省制造业OFDI项目数的76.87%、投资额的78.25%。

---

[1] 该数据由浙江省对外合作厅整理提供。
[2] 商务部、统计局和外汇管理局：《2009年度中国对外直接投资统计公报》，中国统计出版社2010年版。
[3] 同上。

表 7.1　　　　　　　对外直接投资按行业划分的投资者结构

	项目数量（个）/ 占比（%）		企业数量（个）/ 占比（%）		投资额（万美元）/ 占比（%）	
第一产业	58	4.57	50	4.44	22173	12.69
农、林、牧、渔业	31	2.44	26	2.31	8280	4.74
采矿业	27	2.13	24	2.13	13893	7.95
制造业	873	68.74	785	69.72	116698	66.77
电子、机械和家电业	318	25.04	283	25.13	33061	18.92
纺织、服装、鞋类和皮革业	353	27.8	312	27.71	58252	33.33
化工和医药业	37	2.91	36	3.2	5298	3.03
其他轻工业	165	12.99	154	13.68	20088	11.49
服务业	315	24.80	269	23.89	29912	17.11
建筑业和房地产业	38	2.99	35	3.11	10743	6.15
贸易和商业服务业	245	19.29	204	18.12	11551	6.61
其他服务业	32	2.52	30	2.66	7618	4.36
其他	24	1.89	22	1.95	5997	3.43

表 7.2 总结了浙江省对外直接投资的机构分布。可以发现，一个重要的投资类型是绝大多数投资者（77.32%）OFDI 是在海外建立贸易或者贸易相关的子公司，从而促进中国对东道国市场的出口。我们将这类投资称为"贸易型"对外直接投资。"贸易型"OFDI 的目的是为了捍卫已有市场份额或者开拓新的市场，是对外直接投资的早期形式。其生产活动仍然保留在中国国内，国外市场仍然通过出口来满足，对外直接投资起到促进出口的作用。而另一个重要的投资类型是涉及以制造和加工贸易为主要形式的生产活动，我们称为"生产型"对外直接投资，占比为 12.52%。这类对外直接投资者在海外从事生产活动。除了这两类外，其他类型的 OFDI（例如开采资源和进行研发）并没有占很大的份额。

我们将第一套数据和第二套数据进行了匹配，经过整理后的数据包括了浙江省 2006—2008 年制造业四万多个大中型企业三年的样本，总计

表7.2　　　　　　　　　对外直接投资的机构类型①

	项目数量（个）/占比（%）		投资额（万美元）/占比（%）	
贸易	982	77.32	55710.34	31.87
生产（包括制造和加工）	159	12.52	69630.02	39.84
建筑和房地产	36	2.83	11542.07	6.60
开采资源	32	2.52	15875.53	9.08
研发	25	1.97	6252.68	3.58
工业园	7	0.55	4453.38	2.55
其他	29	2.28	11316.43	6.47

135735个观察值，其中进行对外直接投资的观测值数目为527个。按照投资类型区分，"贸易型"和"生产型"OFDI观测样本数分别为435个和76个。按照投资去向区分，可将对外直接投资企业划分为投资到发达经济体和投资到发展中国家，观测样本数分别为369个和158个。在对企业异质性和企业对外直接投资行为的分析中我们将比较不同类型OFDI企业的决策异同。

四　企业融资约束指标的构建

1. 企业融资约束的衡量方法

公司金融方面的文献讨论了众多衡量企业融资约束的方法。Fazzari等人率先提出投资—现金流敏感性方法。该方法根据企业某一特征（如股利支付率）来区分融资约束大小。② 如果企业投资率对内部现金流敏感性在

---

① 这些机构类型不是作者人为区分的，而是来源于投资者在监管部门的登记。
② Fazzari, S. M., Hubbard, R. G. and Petersen, B. P., "Financing Constraints and Corporate Investment", *Brookings Papers on Economic Activity*, Vol. 1, 1988, pp. 141–195.

融资约束大的样本中程度更高，说明融资约束的确制约了企业的投资行为。随后这一方法得到广泛应用，只是不同文献采用了不同的企业特征来划分融资能力，包括企业规模、企业年龄、是否属于企业集团、债券评级等。[1] 投资—现金流敏感性方法对融资约束的衡量比较单一且粗略。Kaplan 和 Zingales 指出现金流和融资约束完全对应的理论依据不够充分，[2] 并采用 Fazzari 等人相同的样本进行实证分析，发现用这种方法衡量的融资约束与企业投资—现金流敏感性甚至可以负相关。Lamont 等人借鉴了 Kaplan 和 Zingales 的次序罗吉回归（Ordered Logit）方法，[3] 根据企业公开可得信息，将企业按照融资约束大小分类，选择现金流比率、托宾 Q（Tobin Q）、负债比率、股利支付比率、现金存量比率等分类指标进行回归，用回归系数构造了 KZ 融资约束指数。后续一些文献采用类似方法和不同的企业特征变量构造了其他融资约束指标，如 Whited-Wu（WW）约束指数、Size-Age（SA）约束指数等。[4] 这类方法的缺陷是需要对所有样本的年报和相关财务信息进行仔细分析，初步评估企业的融资能力并进行先验

---

[1] Hoshi, T., Kashyap, A. and Scharfstein, D., "Corporate Structure, Liquidity, and Investment: Evidence from Japanese Industrial Groups", *The Quarterly Journal of Economics*, Vol. 106, No. 1, 1991, pp. 33 – 60.

[2] Kaplan, S. N. and Zingales, L., "Do Investment-cash Flow Sensitivities Provide Useful Measures of Financing Constraints?", *The Quarterly Journal of Economics*, Vol. 112, No. 1, 1997, pp. 169 – 215.

[3] Fazzari, S. M., Hubbard, R. G. and Petersen, B. P., "Financing Constraints and Corporate Investment", *Brookings Papers on Economic Activity*, Vol. 1, 1988, pp. 141 – 195; Lamont, O., Polk, C. and Saa-Requejo, J., "Financial Constraints and Stock Returns", *Review of Financial Studies*, Vol. 14, No. 2, 2001, pp. 529 – 554; Kaplan, S. N. and Zingales, L., "Do Investment-cash Flow Sensitivities Provide Useful Measures of Financing Constraints?", *The Quarterly Journal of Economics*, Vol. 112, No. 1, 1997, pp. 169 – 215.

[4] Whited, T. and Wu, G., "Financial Constraints Risk", *Review of Financial Studies*, Vol. 19, No. 2, 2006, pp. 531 – 559; Hadlock, C. J. and Pierce, J. R., "New Evidence on Measuring Financial Constraints: Moving Beyond the KZ Index", *The Review of Financial Studies*, Vol. 23, No. 5, 2010, pp. 1909 – 1940.

分类，对于大样本的经验研究较为困难。

另外一种思路是采用企业的多种指标信息，构造综合的评分指标。Cleary 采用了流动资产比率、负债率、固定费用偿付比率、销售净利率、销售增长率等指标构建综合指标。[1] Musso 和 Schiavo、Bellone 等人则考虑企业规模、资产收益率、流动资产比率、自有资金/负债、贸易信贷比率等信息衡量综合评分指标，并分别对企业成长和出口行为进行了分析。[2] 此外，金融与贸易关系的文献中还有李志远和余淼杰采用企业的利息支出作为其融资约束指标等其他单一指标衡量方法。[3]

与现有融资约束主流文献保持一致，本章选择综合指标来衡量企业融资约束。参考 Musso 和 Schiavo、Bellone 等人，本章采用企业的多种指标信息来构造综合的评分指标。这一方法避免了对企业的先验分类检验，更适合对较大样本进行分析，同时又能综合企业在内源融资、外源融资、投资机会等多方面的表现来衡量企业融资约束状况。

2. 融资约束指标的构建

企业所受融资约束状况与其内源资金约束、外源资金约束、投资机会等多方面因素有关。[4] 参考众多相关文献所采用的指标，我们选择数据可

---

[1] Cleary, S., "International Corporate Investment and the Relationships between Financial Constraint Measures", *Journal of Banking & Finance*, Vol. 30, No. 5, 2006, pp. 1559 – 1580.

[2] Musso, P. and Schiavo, S., "The Impact of Financial Constraints on Firm Survival and Growth", *Journal of Evolutionary Economics*, Vol. 18, No. 2, 2008, pp. 135 – 149; Bellone, F., Musso, P., Nesta L. and Schiavo S., "Financial Constraints and Firm Export Behavior", *The World Economy*, Vol. 33, No. 3, 2010, pp. 347 – 373.

[3] 李志远、余淼杰：《生产率、信贷约束与企业出口：基于中国企业层面的理论和实证分析》，《经济研究》2013 年第 6 期。

[4] 阳佳余：《融资约束与企业出口行为：基于工业企业数据的经验研究》，《经济学（季刊）》2012 年第 3 期。

得范围内最具代表性的以下六个分项指标:

现金比率:以现金存量占总资产的比率来衡量。反映企业内源资金的相对充裕程度。这一比率数值越高,一方面表明企业内部资金较充裕,可以更多地依靠自身的留存收益来满足资金需求;[1] 另一方面也表现出较好的流动性,是企业争取外部融资的有利信息。[2] 因此,现金比率越高,受到融资约束的程度越小。

企业规模:以企业总资产的对数值来衡量。企业资产规模往往是银行考虑企业信用的重要依据。大规模企业的外部融资能力一般强于中小企业。大部分文献都采用了这一指标,包括 Cleary,Musso 和 Schiavo,Hadlock 和 Pierce 等。[3]

企业成立年限:以当年与企业成立初始年份的差值来衡量。存在时间长的企业能累积更好的信用,与外部资金提供者有更稳定的合作,一般认为融资能力更强。[4]

---

[1] 阳佳余:《融资约束与企业出口行为:基于工业企业数据的经验研究》,《经济学(季刊)》2012 年第 3 期。

[2] Kaplan, S. N. and Zingales, L., "Do Investment-cash Flow Sensitivities Provide Useful Measures of Financing Constraints?", The Quarterly Journal of Economics, Vol. 112, No. 1, 1997, pp. 169 – 215; Lamont, O., Polk, C. and Saa-Requejo, J., "Financial Constraints and Stock Returns", Review of Financial Studies, Vol. 14, No. 2, 2001, pp. 529 – 554; Whited, T. and Wu, G., "Financial Constraints Risk", Review of Financial Studies, Vol. 19, No. 2, 2006, pp. 531 – 559.

[3] Cleary, S., "International Corporate Investment and the Relationships between Financial Constraint Measures", Journal of Banking & Finance, Vol. 30, No. 5, 2006, pp. 1559 – 1580; Musso, P. and Schiavo, S., "The Impact of Financial Constraints on Firm Survival and Growth", Journal of Evolutionary Economics, Vol. 18, No. 2, 2008, pp. 135 – 149; Hadlock, C. J. and Pierce, J. R., "New Evidence on Measuring Financial Constraints: Moving Beyond the KZ Index", The Review of Financial Studies, Vol. 23, No. 5, 2010, pp. 1909 – 1940.

[4] Hadlock, C. J. and Pierce, J. R., "New Evidence on Measuring Financial Constraints: Moving Beyond the KZ Index", The Review of Financial Studies, Vol. 23, No. 5, 2010, pp. 1909 – 1940.

第七章　融资约束抑制了中国民营企业对外直接投资

清偿比率：以所有者权益占总负债比率来衡量。显示了企业资产负债结构的稳健程度与企业的偿债能力。该指标数值越高说明企业偿债能力越强，可能更容易借到资金，自身受到的融资约束更小。①

固定资产净值率：以企业固定资产占总资产比率来衡量。在债务人违约时，固定资产作为抵押品被债权方视作偿债的保障。该指标越高，企业受融资约束越小。②

盈利能力：从资金的提供方来看，反映的是投资机会，是企业所受融资约束程度的重要影响因素。③ 笔者采用销售净利率，即净利润占销售收入的比率来衡量企业的盈利能力。该指标数值越高，企业的盈利能力越强，所受的融资约束可能越低。

因此，结合各个企业特征变量在已有衡量企业融资约束文献中的表现，本文构建的企业融资约束综合指标包括现金比率、企业规模、企业成立年限、清偿比率、固定资产净值率和销售净利率六项分指标，囊括了内源资金约束、外源资金约束和投资机会三大类特征。参考 Bellone 等人、

---

① Musso, P. and Schiavo, S., "The Impact of Financial Constraints on Firm Survival and Growth", *Journal of Evolutionary Economics*, Vol. 18, No. 2, 2008, pp. 135 – 149; Bellone, F., Musso, P., Nesta L. and Schiavo S., "Financial Constraints and Firm Export Behavior", *The World Economy*, Vol. 33, No. 3, 2010, pp. 347 – 373.

② Manova, K., Wei, S. J. and Zhang, Z., "Firm Exports and Multinational Activity under Credit Constraints", NBER Working Paper, No. w16905, 2011; Buch, C., Kesternich, I., Lipponer, A. and Schnitzer, M., "Financial Constraints and Foreign Direct Investment: Firm-level Evidence", *Review of World Economics*, Vol. 150, No. 2, 2014, pp. 393 – 420.

③ Kaplan, S. N. and Zingales, L., "Do Investment-cash Flow Sensitivities Provide Useful Measures of Financing Constraints?", *The Quarterly Journal of Economics*, Vol. 112, No. 1, 1997, pp. 169 – 215; Whited, T. and Wu, G., "Financial Constraints Risk", *Review of Financial Studies*, Vol. 19, No. 2, 2006, pp. 531 – 559; Bellone, F., Musso, P., Nesta L. and Schiavo S., "Financial Constraints and Firm Export Behavior", *The World Economy*, Vol. 33, No. 3, 2010, pp. 347 – 373.

阳佳余的研究方法，① 本节采取如下步骤构造融资约束综合指标1和综合指标2。本节也参考了 Manova 等人，尝试用主成分分析法生成综合指标，以确定分项指标不同的权重。② 但由于分项指标之间共线性不强，因此并不适宜主成分分析法。这也侧面说明了采用等权重的综合指标具有一定的合理性。

每一项分指标的分值，数值越大反映企业融资能力越弱，相应表示该因素受到融资约束的程度更高。我们根据企业各项变量在所有企业中的排序位置，分为80%—100%、60%—80%、40%—60%、20%—40%、0—20%五个区间，分别赋以1—5分值。

在计算企业六项分指标分值后，进行加总构建融资能力指标1。稳健起见，另外通过计算企业这六项分指标得分不为1的个数（即融资能力未达到最高程度的分项个数），我们构造了融资能力指标2，与指标1形成互补。

将融资能力指标的赋值区间标准化为[0, 10]，形成最终的融资约束综合指标1和融资约束综合指标2。

3. 样本企业融资约束指标的基本描述

按照以上方法，表7.3列出了融资约束综合指标及分指标的描述性统计结果。根据表7.3，从指标均值比较来看，不管参考哪个综合指标，OFDI企业相对于非OFDI企业受到融资约束的程度更低。例如，OFDI企

---

① Bellone, F., Musso, P., Nesta L. and Schiavo S., "Financial Constraints and Firm Export Behavior", *The World Economy*, Vol. 33, No. 3, 2010, pp. 347 - 373；阳佳余：《融资约束与企业出口行为：基于工业企业数据的经验研究》，《经济学（季刊）》2012年第3期。

② Manova, K., Wei, S. J. and Zhang, Z., "Firm Exports and Multinational Activity under Credit Constraints", NBER Working Paper, No. w16905, 2011.

业综合指标 1 的均值是 3.56，而非 OFDI 企业综合指标 1 的均值为 4.68。从分项指标看来，OFDI 企业的每一个分项所代表的受融资约束程度均值都比非 OFDI 企业低。类似地，比较指标均值，我们也可以看出"生产型"OFDI 企业融资约束的程度低于"贸易型"OFDI，投资到发展中国家的企业除现金比率和企业成立年限以外的融资约束指标低于投资到发达经济体的 OFDI 企业。

表 7.3　　　　　　　　　融资约束指标描述性统计

综合指标	非 OFDI	OFDI	贸易型 OFDI	生产型 OFDI	到发达经济体 OFDI	到发展中国家 OFDI
综合指标 1	4.68 (1.70)	3.56 (1.56)	3.63 (1.54)	3.14 (1.55)	3.60 (1.53)	3.47 (1.62)
综合指标 2	7.57 (2.09)	6.39 (2.19)	6.51 (2.17)	5.82 (2.15)	6.46 (2.16)	6.24 (2.25)
分项指标（分值）						
现金比率	3.00 (1.41)	2.49 (1.25)	2.50 (1.26)	2.28 (1.12)	2.43 (1.24)	2.64 (1.27)
企业规模	3.00 (1.41)	1.73 (1.12)	1.79 (1.15)	1.50 (0.97)	1.76 (1.13)	1.67 (1.11)
企业成立年限	2.77 (1.34)	2.47 (1.29)	2.45 (1.27)	2.38 (1.30)	2.46 (1.26)	2.49 (1.35)
清偿比率	3.00 (1.42)	2.98 (1.29)	3.02 (1.27)	2.82 (1.40)	3.06 (1.26)	2.78 (1.34)
固定资产净值率	3.00 (1.42)	2.90 (1.33)	2.92 (1.35)	2.76 (1.21)	2.94 (1.34)	2.82 (1.32)
销售净利率	3.00 (1.41)	2.61 (1.42)	2.66 (1.40)	2.47 (1.51)	2.63 (1.42)	2.57 (1.44)
观测值	135,208	527	435	76	369	158

注：表中所列数据为各类指标的统计均值，括号内数值为标准误差。

◇◇ 五 估计模型及变量选择

1. 基本估计模型

本样本中既有对外直接投资的企业，也有未进行海外直接投资的企业，即某些企业 OFDI 值为零。目前大部分关于中国 OFDI 的实证研究都将这些值为零的投资忽略了。这可能导致估计结果有偏。因为只有当中国企业 OFDI 为零是随机发生时，忽略或剔除这些样本才可能不会造成偏差。然而事实可能并非如此，某些企业 OFDI 为零并非偶然现象，而是根据自身条件和外部环境变化所做出的投资决策。因此，如果忽略掉这部分样本，中国企业 OFDI 大于零的样本将是一个自我选择样本，对其估计将导致有偏差的估计。[1]

本部分利用 Heckman 选择模型分析融资约束对企业海外直接投资决策与规模决定的影响。[2] 在企业存在自我选择的情况下，Heckman 模型提供了一种处理样本选择偏误的方法，可以同时研究企业是否进行对外直接投资以及投资额多少。基本模型设定如下。

对外直接投资决策方程为：

$$OFDIchoice_{it} = \begin{cases} 1 & if\ OFDIchoice_{it}^* > 0 \\ 0 & if\ OFDIchoice_{it}^* \leq 0 \end{cases}$$

$$OFDIchoice_{it}^* = \gamma Z_{it} + u_{it} \qquad (式1)$$

对外直接投资规模方程为：

---

[1] Coe, D. and Hoffmaister, A., "North-South Trade: Is Africa Unusual", *Journal of African Economics*, Vol. 8, No. 2, 1999, pp. 228–256.

[2] Heckman, J., "Sample Selection Bias as a Specification Error", *Econometrica*, Vol. 47, No. 1, 1979, pp. 153–161.

第七章 融资约束抑制了中国民营企业对外直接投资

$$OFDIvalue_{it} = \begin{cases} OFDIvalue_{it}^*, & if\ OFDIchoice_{it}^* > 0 \\ -, & if\ OFDIchoice_{it}^* \leq 0 \end{cases}$$

$$OFDIvalue_{it}^* = \alpha X_{it} + v_{it}? \tag{式2}$$

$OFDIchoice_{it}$表示企业是否进行对外直接投资的虚拟变量。如果企业 i 在 t 年进行对外直接投资,则 $OFDIchoice_{it}$ 取值为 1,否则为 0。$OFDIvalue_{it}$ 表示企业对外直接投资的规模,用 OFDI 投资额的对数值表示。Z_{it},X_{it}分别为企业是否 OFDI 和投资规模的解释变量。u_{it},v_{it} 分别为随机扰动项。假定 u_{it} 符合联合正态分布,相关系数为 ρ。当相关系数 ρ≠0 时,OFDI 进入决策方程,并和 OFDI 规模决定方程互相关联,此时,

$$E(OFDIvalue_{it}^* \mid X_{it}, OFDIchoice_{it} = 1)$$
$$= E(\alpha X_{it} + v_{it} \mid X_{it}, \gamma Z_{it} + u_{it} > 0)$$
$$= \alpha X_{it} + E(v_{it} \mid u_{it} > -\gamma Z_{it}) = \alpha X_{it} + \rho E(u_{it} \mid u_{it} > -\gamma Z_{it})$$
$$= \alpha X_{it} + \rho \lambda(\gamma Z_{it}) \tag{式3}$$

Heckman(1979)构造了两阶段选择模型,对投资规模的回归进行了修正。在该两阶段选择模型中,中国 OFDI 的投资行为分为两个阶段。第一阶段是决定是否投资,观察中国是否进行海外直接投资受哪些因素影响,用 Probit 投资选择模型。第二阶段是修正的投资规模模型,进一步观察中国海外直接投资规模受哪些因素影响。具体回归模型如下:

$$\Pr(OFDIchoice_{it} = 1) = \varphi(\gamma Z_{it}) \tag{式4}$$
$$OFDIvalue_{it} = \alpha X_{it} + \rho \lambda(\gamma Z_{it}) + \xi_{it} \tag{式5}$$

在采用 Heckman 自选择模型进行估计时,需要在企业对外直接投资决策模型中加入额外的控制变量。该变量与企业 OFDI 决策密切相关,同时又不影响企业 OFDI 的规模。参考 Roberts 和 Tybout,[1] 笔者采用企业上一

---

[1] Roberts, M. J. and Tybout, J. R., "The Decision to Export in Colombia: an Empirical Model of Entry with Sunk Costs", *The American Economic Review*, Vol. 87, No. 4, 1997, pp. 545–564.

期是否进行对外直接投资这一滞后虚拟变量作为该控制变量。理由是上一期是否进行了对外直接投资表明企业是否已经支出了部分进入成本，这是导致企业对外直接投资行为存在自选择效应的关键。已有 OFDI 历史的企业更可能继续进行 OFDI。对外直接投资决策方程的其他解释变量和规模方程相同。

2. 其他控制变量

（1）企业生产率。除了核心变量企业对外直接投资决策、投资额、融资约束综合指标外，我们另一个关心的变量是企业生产率。Helpman 等人、Greenaway 和 Kneller 等已有文献均发现企业生产率是其海外市场进入决策的重要决定因素。[①] 用中国企业层面数据，田巍和余淼杰同样发现，生产率越高的企业对外直接投资的概率和投资规模就越大。[②] 但田巍和余淼杰没有考虑企业存在自我选择的情况，就企业 OFDI 概率和投资额所受生产率的影响分别进行的估计。本节利用 Heckman 选择模型，同时研究企业的对外直接投资决策以及投资规模决定。在控制了企业的资本密集度后，笔者采用单位劳动产出的对数来衡量企业生产率。我们尝试过用 Olley 和 Pakes 的方法计算全要素生产率，并将其纳入回归中。[③] 但是由于我们数据样本只有 3 年，且 OFDI 企业和非 OFDI 企业数目相差较大。用 Olley 和 Pakes 的方法还要损失 1 年的数据，最后在回归中没有跑出结果。而

[①] Helpman, E., Melitz, M. J. and Yeaple, S. R., "Export versus FDI with Heterogeneous Firms", *American Economic Review*, Vol. 94, No. 1, 2004, pp. 300 – 316; Greenaway, D. and Kneller, R., "Firm Heterogeneity, Exporting and Foreign Direct Investment", *Economic Journal*, Vol. 117, No. 517, 2007, pp. 134 – 161.

[②] 田巍、余淼杰：《企业生产率和企业"走出去"对外直接投资：基于企业层面数据的实证研究》，《经济学（季刊）》2012 年第 2 期。

[③] Olley, G. Steven, and Ariel Pakes, "The Dynamics of Productivity in the Telecommunications Equipment Industry", *Econometrica*, Vol. 64, No. 6, 1996, pp. 1263 – 1297.

用 LP 方法①采用中间投入而非投资作为全要素生产率估计的工具变量，的确减少了 Olley 和 Pakes 方法下的样本量损失，可是 LP 方法没有考虑企业进入退出所带来的样本选择偏误（我们的样本中企业进入退出较为普遍，超过 10%）。另外中间投入没有相应的价格平减指数，而中间投入品中进口品价格和国内产品价格往往差异较大，用统一的价格指数也会带来偏差，所以我们就没有用全要素生产率来衡量企业生产率。用劳动生产率来衡量企业生产率的确有其局限性，但在本章节中使用起来问题不会太大。一是本章节最核心的变量是融资约束；二是我们控制了资本密集度变量，这样人均产出和生产效率具有严格的正向关系；② 三是劳动生产率是文献中较为广泛使用的生产率度量，③ 有助于使得我们的结果与现有文献具有可比性。

（2）企业税率水平。以企业应交增值税占产品销售收入的比例来衡量。企业税率对其投资、研发、雇佣等行为以及绩效可能产生显著影响。④

（3）出口比率。以出口产品占总产出的比重来衡量。出口对企业对外直接投资决策有重要影响，但影响方向并不确定。一方面，出口和 OFDI 是进入海外市场互为替代的两种方式。即出口产品满足国外需求，或者输出资本、在当地生产。两者应该负相关。但另一方面，部分 OFDI 是为了促进产品出口。同时也有证据显示，由于在贸易中所获得的经验和

---

① Levinsohn, J. and Petrin, A., "Estimating Production Functions Using Inputs to Control for Unobservables", *The Review of Economic Studies*, Vol. 70, No. 2, 2003, pp. 317 – 341.

② 葛顺奇、罗伟：《中国制造业企业对外直接投资和母公司竞争优势》，《管理世界》2013 年第 6 期。

③ Helpman, E., Melitz, M. J. and Yeaple, S. R., "Export versus FDI with Heterogeneous Firms", *American Economic Review*, Vol. 94, No. 1, 2004, pp. 300 – 316.

④ 聂辉华、方明月、李涛：《增值税转型对企业行为和绩效的影响》，《管理世界》2009 年第 5 期。

渠道,母国和东道国现有的贸易关系有利于促进其进行对外直接投资,①那么两者是互补的关系,即正相关。

(4) 资本密集度。以固定资产净值年平均余额除以从业人员年平均人数来衡量。资本密集度变量的引入是为了遵从现有文献以控制不同行业的固定资产对劳动生产率的影响。②

(5) 是否有外资股份。根据企业登记注册类型确定,"港澳台商投资企业"和"外商投资企业"记为1,否则记为0。有外资股份的企业已经具备了一定的海外经验,可能影响其对外直接投资行为。③

(6) 人均管理成本。以企业管理成本与从业人员的比值来衡量。管理专业化程度依赖于专职的管理人员和管理部门的出现,是企业重要的竞争优势,有助于企业进行 OFDI。④ 而管理人员脱离生产的负面效应是人均管理成本的提高,因此参考已有文献,用人均管理成本变量控制企业内部管理专业化程度的影响。

(7) 年份、地区和行业虚拟变量。为了控制对外直接投资决策的时间波动、地区和行业差异,本章还引入了年份、地区和行业虚拟变量。

我们的回归对异方差也进行了调整。在实证回归之前,我们也检验了各主要变量的相关系数,发现核心解释变量融资约束与其他控制变量的相关性均低于0.3,因此可以认为不存在严重的多重共线性问题。限于篇幅此处未列出相关系数结果,感兴趣的读者可向笔者索取。

---

① Blonigen, B., "In Search of Substitution between Foreign Production and Exports", *Journal of International Economics*, Vol. 53, No. 1, 2001, pp. 81 – 104.
② 葛顺奇、罗伟:《中国制造业企业对外直接投资和母公司竞争优势》,《管理世界》2013年第6期。
③ 蒋冠宏、蒋殿春、蒋昕桐:《我国技术研发型外向FDI的"生产率效应"——来自工业企业的证据》,《管理世界》2013年第9期。
④ 葛顺奇、罗伟:《中国制造业企业对外直接投资和母公司竞争优势》,《管理世界》2013年第6期。

◇◇ 六 模型估计结果

本章研究的是融资约束对企业海外直接投资决策与规模决定的影响。首先，我们进行了全样本估计。与 Heckman 选择模型进行对照，我们还汇报了不考虑选择偏误的 Probit + OLS 回归估计结果。随后，我们进一步分析了"贸易型"和"生产型"OFDI、OFDI 到发达经济体和 OFDI 到发展中经济体这各自相对应的两大类、四小类投资所受融资约束的影响。接着，在发现融资约束对不同类型 OFDI 具有差异性的影响后，我们利用 Multinomial Logit 模型辅以比较不同类型 OFDI 投资规模，探讨了这一差异性影响背后的可能原因。最后，我们从两个方面进行了稳健性检验。一是为了处理模型设定中潜在的内生性问题，剔除曾经进行过对外直接投资企业的学习效应和已经支付的固定成本，我们针对在样本期间首次参与 OFDI 的企业进行实证分析。二是鉴于数据样本中 OFDI 企业和非 OFDI 企业数目相差太大，这可能带来回归结果偏差的问题。我们将没有 OFDI 的企业排除掉。同时，我们按照资本密集度分类，将资本密集结构接近的企业进行实证分析。以下汇报模型估计结果。

1. 全样本估计结果

表 7.4 汇报了在全样本下不考虑选择偏误的 Probit + OLS 回归估计结果以及使用 Heckman 模型调整选择效应后的回归估计结果。其中被解释变量为企业是否进行 OFDI 的虚拟变量以及投资额。关键解释变量融资约束指标分别采用本章所构造的综合指标 1 和综合指标 2。模型（1）和（3）不考虑选择因素对 OFDI 投资额的影响，分别用 Probit 和 OLS 方法对企业对外直

接投资的进入决策和投资规模进行回归。模型（2）和（4）采用 Heckman 两步法，即 Probit 回归后计算出选择效应大小，放入第二步对投资规模的回归方程中进行调整。从 Heckman 模型整体来看，各估计方程的 ρ 值系数都显著不为 0。这说明存在样本自选择问题，分别估计的确存在选择偏误问题，使用 Heckman 模型对企业海外直接投资行为进行估计是合适的。

从表 7.4 的回归结果可以发现，选择偏误带来的影响主要体现在两个方面：(1) 融资约束对企业 OFDI 规模的作用大小，用 Probit 和 OLS 分开估计时负向作用被高估。以综合指标 1 为例，Probit + OLS 方法估计系数为 - 0.32，Heckman 方法估计系数为 - 0.25。(2) 控制选择偏误后，对 OFDI 投资额方程回归的 R2 增大，模型解释力增强。接下来我们就 Heckman 回归结果来分析各个解释变量的影响。

融资约束在决策和规模两方面均抑制了企业的对外直接投资行为。在企业是否进行 OFDI 决策方程中，融资约束的综合指标 1 和综合指标 2 的估计系数都为负（分别为 - 0.10 和 - 0.07），且通过了 1% 显著性水平检验。这表示指标值越大，企业面临的融资约束越大，企业对外直接投资的概率越小。计算边际影响，在其他解释变量取均值时，融资约束的综合指标 1 和综合指标 2 每增加 1 单位，企业对外直接投资的概率分别减小 0.06% 和 0.04%。在企业对外直接投资额决定方程中，融资约束的综合指标 1 和综合指标 2 的估计系数同样为负（分别为 - 0.25 和 - 0.17），同样通过了 1% 的显著性水平检验。这说明，企业一旦开始进行对外直接投资，其投资规模也与企业融资环境息息相关。具体而言，企业面临的融资约束越大，企业 OFDI 规模越小。Todo 同样在日本企业对外直接投资中发现了融资约束的负面影响，但是结果却不显著。[1] 这可能表明融资约束对企业海外直接投资的抑制作用在中国更为显著。

---

[1] Todo, Y., "Quantitative Evaluation of the Determinants of Export and FDI: Firm-level Evidence from Japan", *The World Economy*, Vol. 34, No. 3, 2011, pp. 355 – 381.

第七章 融资约束抑制了中国民营企业对外直接投资

表7.4　全样本回归结果：Probit + OLS 模型和 Heckman 选择模型

	融资约束为综合指标1				融资约束为综合指标2			
	(1) Probit + OLS		(2) Heckman		(3) Probit + OLS		(4) Heckman	
	是否 OFDI	OFDI 投资额	是否 OFDI	OFDI 投资额	是否 OFDI	OFDI 投资额	是否 OFDI	OFDI 投资额
融资约束	-0.10***	-0.32***	-0.10***	-0.25***	-0.07***	-0.22***	-0.07***	-0.17***
	(0.01)	(0.06)	(0.01)	(0.07)	(0.01)	(0.04)	(0.01)	(0.05)
生产率	0.16***	0.22	0.16***	0.07	0.17***	0.25*	0.17***	0.06
	(0.03)	(0.14)	(0.03)	(0.15)	(0.03)	(0.15)	(0.03)	(0.15)
税率	-2.82***	4.39	-2.82***	5.89	-2.74***	4.24	-2.74***	5.96
	(0.99)	(4.44)	(0.99)	(4.48)	(0.98)	(4.33)	(0.98)	(4.35)
出口比率	0.50***	-0.11	0.50***	-0.39	0.51***	0.09	0.51***	-0.25
	(0.06)	(0.29)	(0.06)	(0.30)	(0.06)	(0.30)	(0.06)	(0.30)
资本密集度	0.00	-0.04	0.00	-0.05	0.00	-0.05	0.00	-0.06
	(0.01)	(0.05)	(0.01)	(0.05)	(0.01)	(0.06)	(0.01)	(0.05)
是否有外资股份	0.02	-0.14	0.02	-0.14	0.01	-0.13	0.01	-0.13
	(0.05)	(0.20)	(0.05)	(0.20)	(0.05)	(0.20)	(0.05)	(0.20)
人均管理成本	-0.00	-0.00	-0.00	-0.00	-0.00	-0.00	-0.00	-0.00
	(0.00)	(0.00)	(0.00)	(0.00)	(0.00)	(0.00)	(0.00)	(0.00)
上期是否 OFDI	1.15***		1.15***		1.17***		1.17***	
	(0.10)		(0.10)		(0.10)		(0.10)	
年份虚拟变量	是	是	是	是	是	是	是	是
地区虚拟变量	是	是	是	是	是	是	是	是
行业虚拟变量	是	是	是	是	是	是	是	是
观测值	79,707	305	79,707	305	79,707	305	79,707	305
R^2	0.12	0.28	0.12	0.29	0.12	0.28	0.12	0.30
ρ		-0.65**				-0.79***	
LR chi^2	497.05			497.05	494.58			494.58

注：括号内表示的是标准误差，表中 R^2 在决策方程中汇报的是 Pseudo R^2 结果，规模方程中汇报的是 R^2 结果。回归对异方差进行了调整。变量定义见上文所述，*、**、*** 分别代表估计系数通过10%、5%和1%显著性水平检验。

其他解释变量的影响。①生产率显著正面提高企业对外直接投资的概率，但对投资规模没有显著影响。在企业是否进行对外直接投资决策方程中，不管是在回归模型（2）还是在（4）中，企业生产率系数都为正，且通过了1%显著性水平检验。可见，企业生产率越高，其进行对外直接投资的概率越大。这一结果支持异质性企业海外市场进入理论所发现的自选择效应，即生产率最低的企业只服务国内市场，生产率较高的企业从事出口，而生产率最高的企业从事对外直接投资。① 然而，在企业对外直接投资额决定方程中，不管是在回归模型（2）还是在（4）中，企业生产率系数虽然都为正但并不显著。可见，在显著影响企业的对外直接投资概率后，生产率对之后的投资规模没有产生显著影响。②企业税率的降低显著增加其对外直接投资的概率，但对投资规模没有显著影响。③出口比率对企业海外直接投资的概率有显著正面影响，但对投资规模的影响不显著。④是否有外资股份和人均管理成本均对企业海外直接投资行为没有产生显著影响。

2. 不同类型 OFDI 估计结果

稳健起见，这一部分将分析不同类型 OFDI 所受融资约束的影响。根据机构分布和东道国的收入水平，笔者将中国对外直接投资分为各自相对应的两大类："贸易型"和"生产型"OFDI；OFDI 到发达经济体和 OFDI 到发展中经济体。我们将这两大类、四小类 OFDI 类型与非 OFDI 企业组成新的子样本进行 Heckman 选择模型回归。对于其他类型（例如建筑和房地产、开采资源、研发、工业园等），由于比重不高（在项目数量上占比为 10.2%，在投资额上占比为 28.3%）不列入分类样本进行考察。估

---

① 参见 Helpman, E., Melitz, M. J. and Yeaple, S. R., "Export versus FDI with Heterogeneous Firms", *American Economic Review*, Vol. 94, No. 1, 2004, pp. 300 – 316。

计结果在表 7.5 中列出。

表 7.5　　Heckman 选择模型回归结果：不同类型 OFDI

	融资约束为综合指标 1				融资约束为综合指标 2			
	是否 OFDI	OFDI 投资额	是否 OFDI	OFDI 投资额	是否 OFDI	OFDI 投资额	是否 OFDI	OFDI 投资额
	（1）贸易型 OFDI		（2）生产型 OFDI		（3）贸易型 OFDI		（4）生产型 OFDI	
融资约束	-0.09***	-0.21***	-0.15***	0.15	-0.06***	-0.13***	-0.10***	0.07
	(0.02)	(0.07)	(0.03)	(0.30)	(0.01)	(0.05)	(0.02)	(0.27)
生产率	0.17***	0.12	0.06	1.39*	0.18***	0.14	0.07	1.31*
	(0.04)	(0.14)	(0.06)	(0.71)	(0.03)	(0.14)	(0.06)	(0.70)
观测值	76,040	241	71,373	54	76,040	241	71,373	54
R^2	0.12	0.32	0.12	0.81	0.12	0.31	0.12	0.81
ρ	-0.53**		-0.44		-0.60**		-0.47	
LR chi^2	389.71		101.99		383.63		103.00	
	（5）OFDI 到发达经济体		（6）OFDI 到发展中经济体		（7）OFDI 到发达经济体		（8）OFDI 到发展中经济体	
融资约束	-0.10***	-0.25***	-0.10***	-0.41**	-0.07***	-0.16***	-0.07***	-0.25*
	(0.02)	(0.07)	(0.02)	(0.20)	(0.01)	(0.05)	(0.02)	(0.13)
生产率	0.17***	0.05	0.11**	0.29	0.18***	0.04	0.11**	0.28
	(0.04)	(0.17)	(0.05)	(0.48)	(0.04)	(0.17)	(0.05)	(0.49)
观测值	77,050	207	68,470	98	77,050	207	68,470	98
R^2	0.12	0.42	0.11	0.46	0.12	0.42	0.11	0.46
ρ	-0.72**		0.09		-0.86***		-0.25	
LR chi^2	353.76		161.90		349.55		162.40	

注：不同类型 OFDI 的 Heckman 回归模型其他控制变量与表 5.5 相同，限于篇幅本处未做报告，感兴趣的读者可向笔者索取。

如表 7.5 所示，从 ρ 值的结果可以看出，海外市场固定成本带来的选择偏误在"贸易型"OFDI 和 OFDI 到发达经济体中显著存在，即回归（1）、（3）、（5）、（7）。对于这两个子样本，回归结果与全样本估计相一致。无论是使用综合指标1还是综合指标2，融资约束在广延边际和集约边际两方面均显著抑制了企业OFDI行为。具体而言，一方面，在回归（1）、（3）、（5）、（7）的进入决策方程中，融资约束的综合指标1和综合指标2的估计系数都为负且通过了1%显著性水平检验。这表明企业面临的融资约束越大，企业"贸易型"OFDI和OFDI到发达经济体的概率越小。另一方面，对于企业对外直接投资额决定方程，融资约束的估计系数同样为负且通过了1%显著性水平检验。这说明企业面临的融资约束越大，企业"贸易型"OFDI和OFDI到发达经济体的投资规模越小。此外，与全样本估计结果相一致，生产率显著正面影响企业对外直接投资的概率，但对投资规模没有显著影响。

由于 ρ 值在表7.5回归（2）、（4）、（6）、（8）中不显著，这说明Heckman选择模型对于"生产型"OFDI和OFDI到发展中经济体的投资额决定方程估计无效。考虑到Heckman选择模型分为两步，第一步是对OFDI决策的Probit回归，然后计算出一个选择带来的影响变量放入第二步OLS回归中。因此样本"生产型"OFDI和OFDI到发展中经济体第一步决策方程的回归结果仍然有效。也就是说，根据表7.5，在回归（2）、（4）、（6）、（8）的企业是否进行OFDI决策方程中，融资约束的综合指标1和综合指标2的估计系数都为负且通过了1%显著性水平检验。这表明企业面临的融资约束越大，企业"生产型"OFDI和OFDI到发展中经济体的概率越小。

但是对于回归（2）、（4）、（6）、（8）第二步规模方程的回归结果，因为选择影响变量的系数 ρ 不显著而不再有效。于是假如不考虑样本偏误，重新对"生产型"OFDI和OFDI到发展中经济体的投资规模进行OLS回归，结果见表7.6。可见融资约束对"生产型"OFDI的投资规模没有显著影响，对OFDI到发展中经济体的投资规模有显著负向影响，显著性水平为5%。

表 7.6　　　不考虑选择偏误的 OLS 回归结果："生产型"
OFDI 和 OFDI 到发展中经济体

因变量为 OFDI 投资额	融资约束为综合指标 1		融资约束为综合指标 2	
	（1）生产型 OFDI	（2）OFDI 到发展中经济体	（3）生产型 OFDI	（4）OFDI 到发展中经济体
融资约束	0.09	-0.41**	0.01	-0.26**
	(0.25)	(0.19)	(0.19)	(0.12)
生产率	1.48**	0.27	1.40**	0.34
	(0.62)	(0.39)	(0.66)	(0.40)
年份虚拟变量	是	是	是	是
地区虚拟变量	是	是	是	是
行业虚拟变量	是	是	是	是
观测值	54	98	54	98
R^2	0.81	0.46	0.81	0.46

综上所述，融资约束对中国民营企业海外直接投资的影响可分为两点：一是融资约束显著降低所有民营企业对外直接投资的概率；二是融资约束对"贸易型"OFDI 投资规模有显著负面作用，但是对"生产型"的投资规模没有显著影响；融资约束对投资到发达经济体和发展中国家的投资规模都有显著负面作用，且前者的显著性水平更高。

3. 不同类型 OFDI 估计结果存在差异性的进一步验证

为什么融资约束对中国民营企业不同类型海外直接投资的影响存在差异？原因可能和相应投资类型的特性有关。一方面，"生产型"OFDI 的目的在于利用东道国的市场、劳动力或者资源优势投资设厂、组织生产，相对于"贸易型"投资周期更长，在进入市场前会更谨慎地考虑自身的融资能力。因此对于决定进行"生产型"OFDI 的企业而言，其融资能力可能已经达到较高水平，从而不再进一步地对投资规模形成约束。另一方面，发展中国家的经济条件相对落后，制度不够完善，中国企业面临的投资风险更大，风险反映在资金链上就是企业的融资能力。[①] 因此决定投资到发展中经济体的企业融资能力可能相对更高。融资问题不再进一步对部分企业的投资规模形成约束。于是整体而言，融资约束对投资规模负面影响的显著程度下降。这一想法得到描述性统计结果的初步支持，即"生产型"OFDI 企业的平均融资能力高于"贸易型"企业、投资到发展中经济体企业的平均融资能力高于投资到发达经济体企业。也就是说，"生产型"OFDI 企业/OFDI 到发展中经济体可能比"贸易型"/OFDI 到发达经济体更为谨慎，更重视融资约束可能带来的负面影响。于是在设定了更高的融资能力门槛（融资约束指标更低）后，才决定进行海外直接投资。

为了进一步验证以上判断，是否进行"生产型"和 OFDI 到发展中国家的决策在融资约束方面的考量更为审慎，我们使用多重选择 Logit 模型（Multinomial Logit 模型）进行回归分析：分别将企业决策分为不进行 OFDI、"贸易型"OFDI、"生产型"OFDI 三类，和不进行 OFDI、OFDI 到发达经济体、OFDI 到发展中经济体三类，分别赋值为 0、1 和 2，估计以下 Multinomial Logit 模型：

$$Pr[y_{it} = j] = \frac{exp(\alpha + \beta_j FC_{it} + \gamma_j C_{it} + Yd + Id + Ctd)}{\sum_{k=0,1,2} exp(\alpha + \beta_j FC_{it} + \gamma_j C_{it} + Yd + Id + Ctd)}$$

（式6）

其中，0 为不进行 OFDI，1 为"贸易型"OFDI/OFDI 到发达经济体，2 为"生产型"OFDI/OFDI 到发展中经济体。

Multinomial Logit 模型估计结果见表 7.7。可以发现，无论是使用综合

[①] 张明、王永中：《中国海外投资国家风险评级报告（CROIC-IWEP）》，中国社会科学出版社 2014 年版。

指标1还是综合指标2来衡量，融资约束对两大类四小类OFDI均起到显著负向作用，且显著水平均在1%。我们更为关注的是融资约束对选择进入不同类型OFDI概率的边际影响。以综合指标1为例，以企业不进行OFDI为基准（即选项为0），当融资约束指标减小1单位，企业进行"贸易型"OFDI的概率增加0.08%，而进行"生产型"OFDI的概率仅增加0.03%；OFDI到发达经济体的概率增加0.08%，而OFDI到发展中经济体的概率仅增加0.04%。即融资约束改善对"生产型"OFDI和OFDI到发展中经济体的促进作用要显著小于"贸易型"OFDI和OFDI到发达经济体。也就是说，要使"生产型"和OFDI到发展中经济体的概率增加程度与"贸易型"和OFDI到发达经济体相同，融资约束要有更大程度的改善。当融资约束指标换为综合指标2时，也得到了类似结果。

表7.7　　　　　　　　　Multinomial Logit 模型回归结果

	融资约束为综合指标1				融资约束为综合指标2			
	(1)		(2)		(3)		(4)	
	贸易型OFDI	生产型OFDI	OFDI到发达经济体	OFDI到发展中经济体	贸易型OFDI	生产型OFDI	OFDI到发达经济体	OFDI到发展中经济体
融资约束	-0.27***	-0.50***	-0.30***	-0.33***	-0.17***	-0.31***	-0.19***	-0.22***
	(0.05)	(0.10)	(0.05)	(0.07)	(0.03)	(0.06)	(0.03)	(0.05)
融资约束的边际影响	-0.08	-0.03	-0.08	-0.04	-0.05	-0.02	-0.05	-0.03
生产率	0.48***	0.21	0.50***	0.38**	0.51***	0.25	0.53***	0.40***
	(0.10)	(0.21)	(0.10)	(0.15)	(0.09)	(0.20)	(0.10)	(0.15)
年份虚拟变量	是	是	是	是	是	是	是	是
地区虚拟变量	是	是	是	是	是	是	是	是
行业虚拟变量	是	是	是	是	是	是	是	是
观测值	79,781 |||| 79,791 |||| 79,781 |||| 79,791			
Pseudo R^2	0.12 |||| 0.13 |||| 0.12 |||| 0.12			

注：融资约束变量对OFDI行为的边际影响结果列在回归系数结果下一行。

这一结果验证了我们之前的看法，企业在决策是否要进行"生产型"OFDI以及是否要投资到发展中国家时，融资约束改善能够起到的正面作用更小，企业进入海外市场选择更为谨慎。因此融资约束对"生产型"OFDI仅起到广延边际上的作用，而无集约边际上的影响；对OFDI到发展中国家仍存在集约边际影响，但显著程度小于OFDI到发达经济体。

企业决策差异的原因可能来自不同投资目的和不同东道国的特定风险。虽然我们的数据不能直接验证这一点，但是通过从不同类型OFDI的规模对比中可以有所体现（见表7.8）。从整体上来看，"生产型"OFDI和OFDI到发展中经济体的投资规模分别相对于"贸易型"OFDI和OFDI到发达经济体更显著，同时"生产型"OFDI的投资规模相对于OFDI到发展中经济体更显著。这一整体的规模差异应当由不同投资类型的特性决定，而非单一企业对规模的决策决定。大规模投资风险相对更高，所以企业在进入海外市场的选择上更为谨慎。在做出是否进行OFDI选择决策时会充分考虑融资约束的不利影响，从而降低融资因素对随后投资规模影响的显著程度，甚至使得融资因素不再对投资规模有进一步的显著影响。

表7.8　　　　　　　　不同类型OFDI投资规模比较

	OFDI投资额	观察值
贸易型OFDI	3.02	435
生产型OFDI	4.85	76
差值	−1.83***	
	(0.16)	
OFDI到发达经济体	3.22	369
OFDI到发展中经济体	3.64	158
差值	−0.42***	
	(0.14)	
OFDI到发展中经济体	3.05	109
生产型OFDI	4.66	27

续表

差值	OFDI 投资额	观察值
	－1.61 ***	
	(0.30)	

注：括号内表示的是标准误差，*、**、*** 分别代表显著性水平为10%、5%和1%。

4. 稳健性检验

(1) 首次对外直接投资

为了处理模型设定中潜在的内生性问题，剔除曾经进行过对外直接投资企业的学习效应和已经支付的固定成本，我们将在样本期间首次参与OFDI的企业和一直没有进行过OFDI的企业从数据中分离出来。基于这些企业构成的子样本用Probit概率模型估计OFDI决策行为，用OLS回归估计投资规模行为，分别对区分投资类型和投资国家的样本进行了检验，区分"贸易型"和"生产型"OFDI的估计结果见表7.9。

表7.9　首次对外直接投资回归结果：贸易型和生产型

	融资约束为综合指标1				融资约束为综合指标2			
	是否OFDI	OFDI投资额	是否OFDI	OFDI投资额	是否OFDI	OFDI投资额	是否OFDI	OFDI投资额
	(1) 贸易型 OFDI		(2) 生产型 OFDI		(3) 贸易型 OFDI		(4) 生产型 OFDI	
融资约束	－0.12***	－0.24***	－0.16***	0.18	－0.06***	－0.12***	－0.10***	0.00
	(0.01)	(0.05)	(0.03)	(0.24)	(0.01)	(0.03)	(0.02)	(0.15)
生产率	0.15***	0.16	0.03	1.15	0.17***	0.23**	0.05	0.88
	(0.03)	(0.11)	(0.06)	(0.70)	(0.03)	(0.12)	(0.06)	(0.66)
年份虚拟变量	是	是	是	是	是	是	是	是
地区虚拟变量	是	是	是	是	是	是	是	是
行业虚拟变量	是	是	是	是	是	是	是	是

续表

	融资约束为综合指标1				融资约束为综合指标2			
	是否OFDI	OFDI投资额	是否OFDI	OFDI投资额	是否OFDI	OFDI投资额	是否OFDI	OFDI投资额
	(1) 贸易型OFDI		(2) 生产型OFDI		(3) 贸易型OFDI		(4) 生产型OFDI	
观测值	111,706	366	100,538	58	111,706	366	100,538	58
R^2	0.09	0.27	0.09	0.69	0.08	0.24	0.08	0.69

注：回归中其他控制变量与上表相同，限于篇幅本处未做报告，感兴趣的读者可向笔者索取。回归对异方差进行了调整，括号内表示的是标准误差。在 R^2 一栏，Probit 回归汇报 Pseudo R^2 结果，OLS 回归汇报 R^2 结果。*、**、*** 分别代表估计系数通过10%、5%和1%显著性水平检验。

从表7.9结果可以发现，即使对于首次进行对外直接投资的企业，无论使用融合约束综合指标1还是综合指标2，融资约束仍然在决策和规模两方面均对企业"贸易型"海外直接投资行为有显著的负面影响。而对于"生产型"对外直接投资来说，企业面临的融资约束越高，其进行对外直接投资的可能性越小，对投资规模的影响不显著。此外，在区分"发达经济体"和"发展中经济体"投资对象的子样本回归上，融资约束的影响结果也和上一部分完全一致。限于篇幅此处未列出结果，感兴趣的读者可向笔者索取。

（2）资本密集结构相近的样本

鉴于数据样本中OFDI企业和非OFDI企业数目相差太大，这可能带来回归结果偏差的问题。我们将没有OFDI的行业企业排除掉。同时，我们按照资本密集度分类，将资本密集结构接近的企业进行比较。具体而言，我们以资本密集度水平在行业内任一OFDI企业的资本密集度水平上下10%波动范围内为标准，对非OFDI企业进行筛选。对新构成的样本再次进行回归（见表7.10）。经过这些处理后，新样本中非OFDI企业数目由原来的135735缩减到82747。结果显示融资约束对企业"贸易型"OFDI的双重抑制（概率和规模）、对"生产型"OFDI的投资概率抑制作用依然显著成立，区分投资国家子样本进行回归的结果也同样稳健。

表7.10　资本结构相近的样本回归结果：贸易型和生产型

	融资约束为综合指标1				融资约束为综合指标2			
	是否 OFDI	OFDI 投资额	是否 OFDI	OFDI 投资额	是否 OFDI	OFDI 投资额	是否 OFDI	OFDI 投资额
	(1) 贸易型 OFDI		(2) 生产型 OFDI		(3) 贸易型 OFDI		(4) 生产型 OFDI	
融资约束	-0.07***	-0.21***	-0.14***	0.16	-0.05***	-0.12**	-0.10***	0.07
	(0.02)	(0.07)	(0.03)	(0.30)	(0.01)	(0.05)	(0.02)	(0.28)
生产率	0.13***	0.15	0.03	1.40*	0.13***	0.16	0.03	1.32*
	(0.04)	(0.14)	(0.07)	(0.68)	(0.04)	(0.14)	(0.07)	(0.67)
上期是否 OFDI	0.97***		0.91***		0.97***		0.91***	
	(0.11)		(0.18)		(0.11)		(0.18)	
年份虚拟变量	是	是	是	是	是	是	是	是
地区虚拟变量	是	是	是	是	是	是	是	是
行业虚拟变量	是	是	是	是	是	是	是	是
观测值	48,753	232	47,095	52	48,753	232	47,095	52
R^2	0.12	0.33	0.13	0.81	0.12	0.32	0.13	0.81
ρ	-0.62**		-0.50		-0.70**		-0.55	
LR chi^2	347.36		101.68		349.86		104.97	

◈ 七　结论

通过采用浙江省制造业企业对外直接投资的数据，并使用两种方法构造包括内源资金约束、外源资金约束、投资机会等在内的融资约束综合指标，本章考察了融资约束对中国民营企业海外直接投资的影响，得到的主要结论如下。

本章发现在控制了企业生产率的同时，融资约束在中国民营企业对外直接投资决策中发挥了显著且有影响力的负面作用。融资环境影响企业是否有能力为其OFDI的投入进行融资。这一影响不仅仅体现在对外直接投资的可能性上，也体现在投资规模上。具体而言，融资约束越低的民营企业有越大的概率进行对外直接投资而且投资额也更大。因此，企业融资约束环境的改善一方面能够有效地提高企业对外直接投资的可能性，另一方面对企业投资规模的扩张也有促进作用。

同时，笔者还发现融资环境对中国民营企业海外直接投资的影响与投资类型相关。虽然在投资决策方面，融资约束显著降低所有民营企业OFDI的概率。但是在投资规模方面，融资约束对"贸易型"OFDI和投资到发达经济体有显著负面影响，对投资到发展中国家负面影响的显著度下降，对"生产型"OFDI的投资规模则没有显著影响。这一差异与相应投资类型的特性有关。投资到发展中国家的投资风险大都高于投资到发达经济体，"生产型"OFDI相对于"贸易型"投资周期更长，企业投资相应更为审慎。因此决定进行"生产型"OFDI或投资在发展中国家的企业，融资能力相对更高。尤其是"生产型"OFDI相对投资规模最大风险最大，选择进行投资后，融资能力不再对进一步的投资规模形成约束。

本章的研究为中国进一步实施"走出去"战略提供了如下启示。自2000年提出"走出去"战略以来，中国政府十分重视对外直接投资，并且为中国企业海外直接投资提供了诸多政策支持。在资金层面上，主要包括政策性贷款、财政补贴和专项基金以及与国内外机构合资设立的产业投资基金和发展基金。这些资金支持对于企业境外直接投资，尤其是特定行业和目的国的境外直接投资无疑有促进作用。但是，大部分政策性机构主要支持的是大型项目和国有企业，而其他专项资金的规模都普遍较小，因此都难以弥补中国民营中小企业所面临的融资约束问题。尽管中小企业的金融约束是一个世界性难题，而在资本项目存在管制和大量金融抑制的中国更为严峻。本章的研究发现融资约束对于中国民营企业海外直接投资有显著负面作用。在融资约束制约下，那些更有生命力、有更高生产率、更有竞争力的民营企业很可能被关在对外直接投资机遇的大门外。这对于提高中国资本利用效率和转变经济增长模式都非常不利。中国政府因此应该致力于解决民营企业海外直接投资所面临的融资约束问题，尤其是更多地支持规模更大、风险更高的"生产型"OFDI，从而让对外直接投资真正发挥提高中国经济竞争力、转移过剩和落后产能的作用。

第 八 章

中国对外直接投资在宏观国内层面的风险

◇ 一 加剧国内区域发展不平衡和就业压力的风险

1. 逆向技术溢出效应的地区差异性可能加剧区域发展不平衡

传统上,企业只有具备战胜东道国本土企业以及第三国企业的显著优势,才能克服海外经营所面临的天生劣势。① 这些理论与20世纪七八十年代美国、欧洲和日本早期跨国企业的经验相一致。这些跨国企业在进行对外直接投资之前就已经在各自国内建立了相当的优势和资产。它们通常在海外建立全资或者绝对控股的子公司,将技术、诀窍、管理经验从总部转移到分布在世界各地的分支机构。②

---

① Buckley Peter J. and Mark Casson, *The Future of the Multinational Enterprise*, Macmillan: London, 1976; Hymer, S. H. (1960): "The International Operations of National Firms: A Study of Direct Foreign Investment". PhD Dissertation. Published posthumously. The MIT Press, 1976. Cambridge, Mass.

② Guillen Mauro F. and Esteban Garcia-Canal, "The American Model of the Multinational Firm and the New Multinationals from Emerging Economies", *The Academy of Management Perspectives*, Vol. 23, No. 2, 2009, pp. 23–35.

第八章　中国对外直接投资在宏观国内层面的风险

但大多数中国企业并无这样的绝对竞争优势,因此中国对外直接投资的一个重要目的在于提升母国企业的技术和竞争力。海外子公司可以将对外直接投资所获取的知识、技术等战略性资产传递回母公司,通过逆向知识溢出增加母公司的研发支出。① 对外直接投资的两种模式——海外并购和绿地投资,有不同的影响。并购有助于早期获取无形资产,但可能对财务业绩产生不利影响,而绿地 OFDI 对中国跨国企业的规模和生产力的正面影响更大。②

对外直接投资的母国获取东道国的逆向技术溢出往往可以分成两个阶段:第一阶段,开展对外直接投资的企业,通过学习和获取发达国家的先进技术和管理经验,提升海外子公司的生产率和竞争力;第二阶段,海外企业将获取的技术、管理经验等进一步传导回国内企业。换言之,只有将企业在对外直接投资过程中学习到的先进技术进一步地消化、吸收,并结合成果转化传导回国内的同行业企业,才是在真正意义上获得了东道国的技术溢出,从而实现促进母国技术进步的目标。

然而,实现技术逆向溢出效应对母国的技术吸收能力有一定的要求。在发达国家进行投资有助于中国企业实现技术升级,但这种影响取决于东道国的特征和企业特征,如企业的内部研发水平、战略定位和国际经验等。③ 母公司的吸收能力,即识别、利用和消化对外直接投资所获得的战略性资产和进一步创新的能力至关重要。④ 具有较强吸收能力的中国母公

---

① 姚枝仲、李众敏:《中国对外直接投资的发展趋势与政策展望》,《国际经济评论》2011 年第 2 期;毛其淋、许家云:《中国对外直接投资促进抑或抑制了企业出口?》,《数量经济技术经济研究》2014 年第 9 期。

② Cozza, C., R. Rabellotti, and M. Sanfilippo, "The impact of outward FDI on the performance of Chinese firms", China Economic Review, Vol. 36, 2015, pp. 42 – 57.

③ Fu, Xiaolan, J. Hou, and L. Xiaohui, "Unpacking the relationship between outward direct investment and innovation performance: evidence from Chinese firms", World Development, 2018.

④ Cohen Wesley M. and Daniel A. Levinthal, "Absorptive Capacity: a new perspective on learning and innovation", Administrative Science Quarterly, Vol. 35, No. 1, 1990, pp. 128 – 152; Huang, Youxing, and Y. Zhang, "How does outward foreign direct investment enhance firm productivity? A heterogeneous empirical analysis from Chinese manufacturing", China Economic Review, Vol. 44, 2017, pp. 1 – 15.

司可以获得更高、更可持续的生产力提升。① 此时，具备一套较为完善的技术吸收体系和传导机制就成为母国真正获取先进技术溢出效应的一种"门槛"。只有越过一定门槛的地区，才能够较好地吸收和利用对外直接投资获取的国外先进技术，这些地区的对外直接投资才能够产生积极的逆向溢出效应。而对于那些未能逾越发展门槛的地区，在企业发展对外直接投资的过程中，虽然投入了大量的资金，但是未能形成充分学习和利用国外先进技术的消化和吸收能力。同时在对外直接投资过程中占用了大量资金，对企业自身在国内的研发资金投入形成较为显著的挤占效应，导致企业在国内部分的研发能力不升反降，并对国内的技术进步产生消极的影响。

在中国对外直接投资中，东部沿海省市无论是在流量上还是存量上都占据绝对优势。一方面是由于东部沿海省市对外开放的时间比较早，开放程度也比较高，与外部经济联系更为紧密，与很多国外企业较早地建立了密切的投资合作关系。另一方面，东部地区整体经济水平高于中西部地区，拥有数量更多、并具备对外投资能力的跨国企业。

东、中、西部地区呈现明显的区域发展不平衡特征。由于东、中、西部地区在地理位置上存在显著差异，并形成资源禀赋上的差异，带来了各地区在基础经济水平上的差异。后来由于受到国家特定阶段发展战略的影响，各地区发展政策倾斜程度又存在显著差异，导致东、中、西部地区无论是在人力资本、制度质量，还是经济发展水平上都呈现明显的区域间发展不平衡的特征，并在技术吸收能力上产生显著差异。企业开展对外直接投资过程中所能获得的逆向技术溢出效应也参差不齐。

刘明霞和王学军基于 DEA（数据包络分析）的 Malmquist 指数法，

---

① Li, Linjie, et al., "Does outward FDI generate higher productivity for emerging economy MNEs? —Micro-level evidence from Chinese manufacturing firms", *International Business Review*, 2017.

第八章 中国对外直接投资在宏观国内层面的风险

测算 2003—2007 年中国各省市生产率指数（Mi）、技术效率变化指数（EC）、技术进步指数（TC）。[①] 一方面，从区域均值水平的对比来看，东部地区的平均全要素生产率增长最高、技术进步增长最快、技术效率下降最大。另一方面，东部地区大部分省份对外直接投资对全要素生产率和技术进步的逆向溢出显著为正，对技术效率的逆向溢出显著为负，即东部地区的对外直接投资促进了国内技术进步，但阻碍了国内技术效率的提高。中部地区主要省份如山西、安徽、河南、湖南对外直接投资主要提高了技术效率，但阻碍了技术进步。西部各地区的差异则较大。

该实证结果在一定程度上说明中国逆向技术溢出效应存在较大的地区差异。东部地区与发达国家的技术差距较小，具有较强的技术吸收能力，在开展对外直接投资的过程中，即使是对东道国技术含量较高的知识或技术，东部地区也具有较好的消化、吸收和转化能力，从而较好地传导回国内，并产生积极的技术溢出效应。而中部和西部地区自身的技术水平本就比较低，在人力资本积累和经济发展水平方面处于劣势。在开展对外直接投资过程中，由于自身的技术吸收能力比较低，东道国先进技术有效传导回母国的效率也比较低，对中西部地区的技术进步和经济增长的带动作用也就相对较弱。

此外，数篇文献同样支持了中国对外直接投资逆向技术溢出效应的区域差异性。如李梅和柳士昌利用 2003—2009 年中国省际面板数据，发现仅东部地区在开展对外直接投资过程中获得了显著为正的逆向技术溢出效应，在全要素生产力、技术进步和技术效率方面都获得了积极的提升作用，而中西部地区则未能在对外直接投资过程中获得积极的逆向技术溢出效应。霍杰利用面板数据变系数固定效应模型，研究了对外直接投资对全

[①] 刘明霞、王学军：《中国对外直接投资的逆向技术溢出效应研究》，《世界经济研究》2009 年第 9 期。

要素生产率的省际影响。① 作者发现在25个省（区、市）中，有17个省（区、市，包括天津、河北、黑龙江、上海、江苏、浙江、安徽、福建、江西、山东、湖北、湖南、广东、四川、云南、陕西、新疆）对外直接投资对全要素生产率的影响为正，8个省（区、市，包括北京、山西、内蒙古、辽宁、吉林、河南、广西、甘肃）对外直接投资对全要素生产率的影响为负，而这可能是因为各地区在人力资本、对外开放度和金融市场发展等方面存在差异。

2. 替代国内就业，扩大贫富差距的风险

对外直接投资的母国就业效应包括替代效应和互补效应。其中，替代效应主要表现在两个方面，其一，由于对外直接投资与对外贸易是一国企业进行国际化经营的两个主要方式，对外直接投资大规模发展可能会减少本国的出口，相关部门的劳动力需求随之减少；其二，对外直接投资往往伴随着资金的流出，对国际收支状况不利，并对本国的国际偿付能力、经济发展和就业机会的提供产生负面影响。互补效应则强调对外直接投资过程中对母国企业海外声誉的正向影响，通过向海外子公司提供互补型产品，生产规模和市场规模得以扩大，带来对国内母公司产品需求的增加，就业需求也就会相应增加。

在对外直接投资的发展过程中，这两种效应都有可能发生，对母国就业的影响结果则主要取决于两种效应的相对强弱，同时也与企业开展对外直接投资的动机和产业分布等因素有关。安东尼·德·雅塞（Anthony de Jasay）指出对外直接投资对母国就业的影响体现为替代作用，因为在一国资源禀赋一定的情况下，资本的输出会导致国内资本存量的减少，母国

---

① 霍杰：《对外直接投资对全要素生产率的影响研究——基于中国省际面板数据的分析》，《山西财经大学学报》2011年第3期。

第八章　中国对外直接投资在宏观国内层面的风险

能够提供的就业机会下降；① Campbell 则认为对外直接投资不仅会对母国就业产生正向影响，还可能存在负向影响；② 邱立成、于李娜基于发展中国家对外直接投资理论对中国 ODI 进行实证检验，发现中国对外直接投资的发展对经济发展存在负面影响；③ 王滨通过考察对外直接投资对东道国的挤进和挤出效应分析对外直接投资对本国就业的影响，发现对外直接投资没有挤出国内投资，未对国内就业产生显著的负向影响。④

对外直接投资对母国劳动力就业的影响不仅体现在就业总量上，还体现在就业结构上。对外直接投资对母国就业结构的影响既体现在劳动力在不同产业间的转移，又体现在对不同技能水平劳动力需求的变化。对外直接投资的发展过程中往往伴随着国内产业结构的调整与转型升级，相关产业资本和技术含量提高，增加对高技能劳动力的需求，减少对低技能劳动力的需求，导致不同技能水平劳动力的收入差距拉大。随着国内生产成本的提高，部分企业为了降低用工成本，通过对外直接投资在劳动要素价格相对较低的地区投资建厂，逐步将主要的生产环节转移到国外，这部分企业的对外直接投资对国内就业的影响以替代效应为主。

罗丽英、黄娜对 1985—2006 年中国对外直接投资对国内就业的影响建立计量模型，⑤ 实证研究发现，在对外直接投资对就业总量的影响方面，替代效应小于互补效应，对外直接投资对本国就业主要体现为促进作

---

① Jasay, Anthony E. de, "The social choice between home and overseas investment", *The Economic Journal*, Vol. 70, 1960, pp. 105 – 113.

② Campbell, Duncan, "Foreign investment, labor immobility and the quality of employment", *International Labor Review*, Vol. 113, 1994, pp. 185 – 204.

③ 邱立成、于李娜：《中国对外直接投资：理论分析与实证检验》，《南开学报》2005 年第 2 期。

④ 王滨：《对外直接投资在我国经济发展中的作用——挤进和挤出效应的实证分析》，《国际贸易问题》2006 年第 1 期。

⑤ 罗丽英、黄娜：《我国对外直接投资对国内就业影响的实证分析》，《上海经济研究》2008 年第 6 期。

用；在就业结构的影响方面，对外直接投资的发展带动国内劳动力从第一产业向第二、第三产业转移，其中以向第三产业转移为主，起到优化国内就业结构的作用。但是如果劳动力供给不能很好地适应产业调整的需要，可能会出现一部分结构性失业，从而对总体就业情况产生一定的负面影响。彭韶辉和王建着重探讨了技术获取型制造业企业开展对外直接投资对国内就业的影响，[1] 既发现了促进就业的规模效应，又发现了抑制就业的迁移效应，净效果则取决于具体行业的资本供给弹性，如当行业的资本供给弹性较低时，迁移效应会超过规模效应，对国内就业产生负面影响。OFDI 对中国出口的积极影响预示着其对国内就业的正面影响。李磊等发现，无论投资者所有制类型和东道国的收入水平，中国对外直接投资一般都会增加本国就业。[2] 但不同的投资动机存在差异，例如在资源获取型对外直接投资中，对采矿业的投资对中国国内就业没有显著影响，但对非采矿业（如冶金行业）的投资则表现出积极的影响。一个可能的原因是这类非采矿业资源获取型投资需要获取在中国进一步加工的中间投入产品，从而促进了国内就业。

对外直接投资对母国就业的影响会随着时间和地区的不同而有所差异。姜亚鹏、王飞对全国范围及 30 个省市（西藏除外）对外直接投资对母国就业的影响进行检验，[3] 研究表明，长期来看我国对外直接投资对全国就业的总体影响是正向的，但近年来该影响效应在国内各省市之间呈现越来越显著的差异。其中北京、上海、天津等"一线城市"以资本密集型的高新技术产业为主，对外直接投资导致资本流出，影响了地区资本深

---

[1] 彭韶辉、王建：《中国制造业技术获取型对外直接投资的母国就业效应》，《北京理工大学学报》（社会科学版）2016 年第 4 期。

[2] 李磊、白道欢、冼国明：《对外直接投资如何影响了母国就业？——基于中国微观企业数据的研究》，《经济研究》2016 年第 8 期。

[3] 姜亚鹏、王飞：《中国对外直接投资母国就业效应的区域差异分析》，《上海经济研究》2012 年第 7 期。

第八章 中国对外直接投资在宏观国内层面的风险

化的过程，对地区就业产生负向影响；内蒙古、青海、新疆等沿边地区由于人口密集度低，以技术密集度低的产业为主，对外直接投资的发展会影响地区资本广化的进程，对区域内的就业产生负向影响。张建刚等对中国30个省份的面板数据进行实证研究，[①] 考察对外直接投资的发展对国内就业的影响以及这些影响在地区间的差异，研究发现在全国层面上，对外直接投资对就业的影响主要体现为创造效应，替代效应相对较弱。然而，由于我国对外直接投资在发展过程中存在区域间的非均衡性，呈现"东高西低"的区域性格局，对外直接投资对国内各地区就业的影响也存在显著的地区间差异。其中，东部地区对外直接投资对就业影响以创造效应为主；中部地区对外直接投资影响就业的创造效应和替代效应难分伯仲，净效果存在一定的不确定性；而西部地区对外直接投资对就业的影响主要体现为替代作用。

对外直接投资对不同技能劳动力就业的影响还与经济发展水平有关。具体而言，当地区的经济发展水平比较低时，形成以劳动密集型企业为主的产业结构，但是很多企业在面临越来越多的贸易壁垒时，将生产转移到海外，而出口企业的生产率与劳动力技能水平一般均高于非出口企业，[②] 伴随着对外直接投资的发展，出口企业向海外转移，降低了该地区企业的平均生产率水平和劳动技能要求水平，因此，当地对外直接投资会减少高技能劳动力的就业、增加低技能劳动力的就业。而当地区的经济发展水平相对较高时，企业往往会向技术更为先进的发达国家开展对外直接投资以学习先进的技术，通过技术溢出效应提高国内的技术水平，而较高的生产

---

① 张建刚、康宏、康艳梅：《就业创造还是就业替代——OFDI 对中国就业影响的区域差异研究》，《中国人口·资源与环境》2013 年第 1 期。

② Melitz, Marc J., "The impact of trade on intra-industry reallocations and aggregate industry productivity", *Econometrica*, Vol. 71, No. 6, 2003, pp. 1695 – 1725; Yeaple, Stephen Ross, "A simple model of firm heterogeneity, international trade, and wages", *Journal of international Economics*, Vol. 65, No. 1, 2005, pp. 1 – 20.

技术往往需要高技能的劳动力与之相匹配，①因此，这部分对外直接投资则能够促进高技能劳动力的就业、减少低技能劳动力的就业，从而提高就业的技能结构。②

对于中国这样一个发展中经济体来说，劳动力结构仍以低技能的普通劳动力为主。一般而言，对低收入水平国家的对外直接投资会带动国内产业的梯度化转移，显著地减少国内劳动力市场对低技能劳动力的需求，而提高对技术型劳动力的需求。对于经济发展水平不同、资本积累处于不同阶段的国内各个地区而言，对外直接投资的发展对地区内就业总量和就业结构的影响往往存在差异，一方面在就业总量创造效应与替代效应的差异会加剧地区间固有的不平衡，如经济发展水平较高的部分东部地区对外直接投资对就业的影响以创造效应为主，经济发展水平较低的中西部地区则以替代效应为主；另一方面，对不同技能劳动力就业结构的影响可能会加剧地区内或地区间不同技能劳动力之间收入差距，如果国内或地区内低技能劳动力的素质没能得到有效提升，就可能面临失业的风险，长期可能恶化这部分低技能劳动力的就业状况，这就加剧了不同技能水平劳动力的收入差距。同时这部分劳动力主要来自中国农村或相对不发达地区，相应地区就会出现更多的失业人口，在扩大收入差距的同时就可能会加剧城乡差距和地区之间的贫富差距。

◇ 二 局部产业空心化风险

产业空心化问题，最早由 Bluestone 和 Harrison 基于美国开展对外直接

---

① Acemoglu, Daron, "Patterns of skill premia", *The Review of Economic Studies*, Vol. 70, No. 2, 2003, pp. 199-230.

② 余官胜、王玮怡：《海外投资、经济发展水平与国内就业技能结构——理论机理与基于我国数据的实证研究》，《国际贸易问题》2013年第6期。

投资的视角提出，认为产业空心化是指一国范围内出现了广泛的资本撤退现象，往往还伴随着国内制造业部门投资和生产能力的显著下降。[1] 从广义上来说，产业空心化表现为当国内（或地区内）现有的一些发展较为成熟的产业进入衰退阶段时，能够吸收要素投入、创造就业、形成产能、增加产出的新产业未能及时成长起来，不能形成主导产业以有力支撑国家或地区的经济发展。

从狭义上来说，随着对外直接投资的发展，国内的资本、技术等一揽子生产要素会不断转移到国外，短期内要素比例不协调等问题就可能导致母国内部的物质生产、服务等比例严重失调，这个过程对投资国带来的负面影响包括国际收支逆差、降低企业的国际竞争力和减少国内就业机会等。[2]

考察对外直接投资所可能导致的产业空心化，其机理大致可由图8.1表示。随着对外直接投资规模的扩大，资金、技术、管理经验等一揽子生产要素不断向国外转移。与此同时，从外国引入的投资则相对减少。在国外企业竞争能力提高的同时，国内生产减弱、就业下降。国内的生产逐步被国外同类生产大规模挤占、替代，导致本国产业竞争力下降，阻碍本国产业结构的优化升级。国内新兴产业尚未形成，无法实现新旧产业的顺利交替，出现产业升级更新的"中空期"。产业断层现象可能会随之出现，导致某个行业或者产业的衰退，并通过产业的前向、后向关联，导致经济的大面积萎缩。

目前国际上对产业空心化及其经济影响的界定尚未统一，原因之一在于产业空心化这一现象在各国的表现和成因各不相同。这意味着要依据本

---

[1] Bluestone, Barry and Bennett, Harrison, "The Deindustrialization of America", New York: BasicBooks, 1982, pp. 101–110.

[2] 胡琴：《中国企业对外直接投资的宏观经济效应研究》，硕士学位论文，武汉理工大学，2005年。

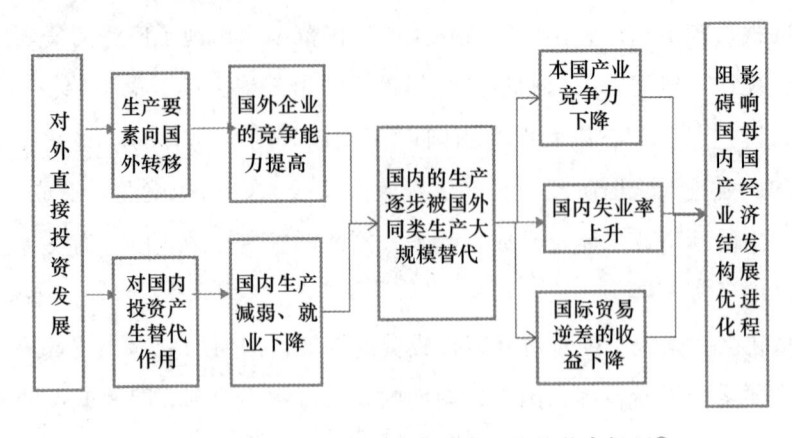

图8.1 对外直接投资导致产业空心化的基本机理①

国产业结构的实际情况具体分析,才能对产业空心化问题及其风险做出合理的判断。虽然中国已经是世界第二大经济体,却迟迟未能实现从制造大国到制造强国的真正转变。一方面,中国整体的产业结构层次较低,该问题在一定程度上制约了中国经济社会的可持续发展。另一方面,伴随着对外直接投资的快速增长,出现了一定规模的产业外移,而国内产业结构升级的步伐未能跟上。

"离制造业"现象是产业空心化的一种重要表现形式。国内学者将资本和劳动力从以制造业为主的产业抽离的现象称为"离制造业化"。② 其具体表现为:随着劳动力从第一、第二产业不断向第三产业转移,地区的产业结构不断调整。其中,传统产业(包括一些简单重工业和轻工业)在总体工业布局中的占比显著下降,而密集使用资本、技术等要素的发展模式和产业受到越来越多的追捧。与此同时,制造业部门的利润创收没有

---

① 参见曾伟《中国 OFDI 与产业结构调整研究》,硕士学位论文,西南政法大学,2014 年。
② 谢富胜:《中国的"离制造业"现象分析》,《上海经济研究》2002 年第 11 期。

第八章　中国对外直接投资在宏观国内层面的风险

有效流回制造业部门，作为资本投入进行扩大再生产，而是进入了股市等虚拟经济部门。资金的逐利本质带来的资本在虚拟经济部门和实体经济部门的不合理配置，削弱了经济的整体效率。"离制造业"现象作为产业空心化的一种重要表现形式，在一定程度上表征了中国产业空心化的风险和局部空心化的现状。这也意味着，产业空心化作为一个渐进积累的过程，中国正处于"量"的积累阶段，尤其是伴随着对外直接投资的快速发展，"量"的积累进程也在随之加快，其中积聚的风险也日益显现。

大规模对外直接投资的一个潜在风险是产业"空心化"问题。因此，一个重要问题是中国对外直接投资是否挤出了国内投资。不同的投资动机会对国内投资产生不同的影响。[1] 资源获取型对外直接投资有助于提供原材料等中间投入品，从而促进国内生产并刺激国内投资。市场获取和效率获取型对外直接投资将生产转移到国外并取代出口，与此同时，也可能会增加中间投入品的出口。因此，这类对外直接投资对国内投资的影响尚无定论。技术获取型对外直接投资能够帮助企业在国内外建立自己的所有权优势，从而有利于其长期发展，进而刺激国内投资。总而言之，对外直接投资对国内投资的影响可能是正面、中立或负面的，这取决于母国的特点和对外直接投资的动机。

现有大部分文献多认为中国尚未出现全面的产业空心化。产业空心化作为经济发展到一定阶段的产物，对经济发展也有正面效应，且中国对外直接投资尚不足以导致国内产业空心化。如辜胜阻认为我国东部沿海制造业出现了空心化趋势，但主要源于企业家实业精神的衰退，将投资转向房地产、金融业等虚拟经济。[2] 马淑琴和张晋将对外直接投资引入 C–D 型

---

[1] You, Kefei and O. H. Solomon, "China's outward foreign direct investment and domestic investment: An industrial level analysis", *China Economic Review*, Vol. 34, 2015, pp. 249–260.

[2] 辜胜阻：《中国面临产业"空心化"风险》，《中国总会计师》2012 年第 3 期。

生产函数，考察对外直接投资的发展对中国制造业的影响，发现对外直接投资的增加会导致我国制造业产值的减少，即对外直接投资确实会对制造业的发展产生负面效应，具体体现为"离制造业"效应。①作者进一步以浙江、广州为例，基于对外直接投资发展过程中所释放出来的劳动力和资源对新产业发展和技术进步的影响，结合主成分分析法考察对产业空心化的影响程度，发现中国对外直接投资的这种"离制造业"效应并不是产业空心化。石柳和张捷采用灰色关联分析方法，考察了广东省对外直接投资与产业"空心化"的现状及二者之间的关系。作者发现，虽然目前对外直接投资尚未导致广东出现产业空心化问题，但随着未来对外直接投资规模的扩大，如果不能及时对地区内部的要素配置、产业结构做出调整，广东省的产业结构也存在"空心化"方向发展的风险。②

随着中国对外直接投资大规模扩张，可能出现较大规模的低附加值产业外移，部分地区的产业断层现象将非常显著。在对外直接投资快速发展的过程中，企业会将包括资金、技术、生产经营的经验等生产要素转移到国外，在扶持了东道国企业不断成长的同时，也带来了国内的投资减少、生产减少、失业增加以及出口减少。当某企业或某行业大规模开展对外直接投资时，会带来国内相应行业、甚至其所在产业的整体性衰退，局部产业的衰退会带来产业间的断层现象。由于各产业之间存在密切的前向或后向关联，这种产业链的断裂会进一步通过这种产业间的关联效应不断地传导，产业结构的调整和升级面临更大的不确定性，甚至可能会导致整个产业链条的断裂和整体经济的衰退，从而对国内经济的发展产生严重的负面影响。

---

① 马淑琴、张晋：《中国ODI能导致产业空心化吗？——以浙江和广东为例》，《经济问题》2012年第7期。
② 石柳、张捷：《广东省对外直接投资与产业"空心化"的相关性研究——基于灰色关联度的分析》，《国际商务（对外经济贸易大学学报）》2013年第2期。

目前中国虽然尚未出现全面的产业空心化，但是如不采取措施，中国也易陷入产业空心化泥沼。诚然，产业空心化确实是经济发展到一定阶段的产物。然而，如果一味地将落后产业从较发达地区外移，却不能培育有成长潜力的新兴支柱产业，产业布局将形成明显空缺，实体经济的发展也会受到限制，从而不利于经济的健康和长远发展。① 因此，无论目前我国是否主要因为对外直接投资而出现产业空心化，都需要警惕对外直接投资迅速增长背后可能带来的产业空心化风险。

更加值得注意的是，中国经济的地域发展不平衡现象本就非常突出。东部地区经济较为发达。2007年国际金融危机以来，不少发达国家呼吁"再工业化"，倡导资本回流。外商在华直接投资大幅放缓，这对我国以加工贸易为主导的东南沿海地区带来较大创伤。而与此同时，我国东部地区的对外直接投资却出现高速增长，因此更应警惕局部地区可能面临的产业空心化问题。

◇◇ 三 加剧国际收支不平衡和资本外逃

1. 出口负向效应

传统预期理论的局部均衡模型认为对外直接投资（ODI）对出口贸易起替代作用。② 一方面，企业在开展对外直接投资的过程中，如果在海外直接建立子公司进行生产，以满足海外市场的需求，就会导致外部需求相

---

① 樊纲：《关于我国宏观经济若干新问题的思考》，《宏观经济研究》2003年第4期。
② Buckley, Peter J., and Mark Casson, "The Optimal Timing of a Foreign Direct Investment", *Economic Journal*, Vol. 91, No. 361, 1981, pp. 75 – 87.

对减少，国内出口出现下降，即出口替代效应。另一方面，对外直接投资的发展还会伴随"进口"效应，也就是国内部分产品可能会更多地从海外子公司进口。在出口替代效应和进口效应的双重作用下，会减少本国贸易顺差，甚至出现逆差。而对于发展中国家来说，往往难以获得较高的国际投资收益来平衡国际收支。

许多学者对对外直接投资与出口之间的关系展开了研究，实证结果多认为对现阶段的中国而言，对外直接投资对中国的出口以积极作用为主。如张纪凤和黄萍利用中国 2004—2013 年的数据进行回归分析，发现中国对外直接投资对出口影响以贸易创造效应为主；[1] 毛其淋和许家云基于工业企业数据库和海关贸易数据库在企业微观层面展开实证分析，研究结果也表明中国开展对外直接投资，有助于刺激出口，具有显著的出口创造效应；[2] 蒋冠宏和蒋殿春通过倍差法从微观企业层面，发现中国企业开展对外直接投资对出口的影响以促进作用为主，但企业对外直接投资的出口效应呈现先上升后下降的倒"U"形。[3] 研究发现，无论投资者所有制类型和东道国的收入水平，中国对外直接投资一般都会增加本国就业。[4] 但不同的投资动机存在差异，例如在资源获取型对外直接投资中，对采矿业的投资对中国国内就业没有显著影响，但对非采矿业（如冶金行业）的投资则表现出积极的影响。一个可能的原因是这类非采矿业资源获取型投资需要获取在中国进一步加工的中间投入产品，从而促进了国内就业。

尽管如此，从国际经验来看，罗伯特·蒙代尔（Robert A. Mundell）

---

[1] 张纪凤、黄萍：《替代出口还是促进出口——我国对外直接投资对出口的影响研究》，《国际贸易问题》2013 年第 3 期。

[2] 毛其淋、许家云：《中国对外直接投资促进抑或抑制了企业出口？》，《数量经济技术经济研究》2014 年第 9 期。

[3] 蒋冠宏、蒋殿春：《中国企业对外直接投资的"出口效应"》，《经济研究》2014 年第 5 期。

[4] 李磊、白道欢、冼国明：《对外直接投资如何影响了母国就业？——基于中国微观企业数据的研究》，《经济研究》2016 年第 8 期。

指出，当企业开展对外直接投资的进程大致相近，无论是对外直接投资的要素转移，还是产业选择都应遵循某种特定路径，在国内和国外两个市场上合理有效地配置资源，选择最优的对外直接投资规模，达到贸易替代的效果，实现效率投资和生产。① 伯纳德·安德鲁（Andrew B. Bernard）基于"临近—集中权衡"理论，发现美国开展对外直接投资的企业在东道国设立的跨国公司会在当地进行生产，满足当地市场的需求，从而在很大程度上替代了母国对东道国的出口贸易。② 在实证研究方面，Grubert 和 Mutti 同样发现美国的对外直接投资与出口是负相关的。③ 而 Blonigen 利用产品层面的对外直接投资和出口数据进行实证研究，发现日本对美国的直接投资增加了日本对美国的中间产品出口，但是减少了日本对美国最终产品的出口。④ 传统理论预期水平型对外直接投资替代了出口，而垂直型对外直接投资促进出口。⑤

因此，从发达国家对外直接投资的发展经验以及相关国外文献在理论和实证方面的研究来看，对外直接投资的发展对母国出口贸易仍存在一定的替代作用。这种替代作用有可能在对外直接投资发展的特定阶段出现，

---

① Mundell, Robert A., "International Trade and Factor Mobility", *The American Economic Review*, Vol. 47, 1957, pp. 321 – 335.

② Bernard, Andrew B., and Joachim Wagner, "Exports and success in German manufacturing", *Weltwirtschaftliches Archiv*, Vol. 133, No. 1, 1997, pp. 134 – 157.

③ Grubert, Harry and John Mutti, "Taxes, Tariffs and Transfer Pricing in Multinational Corporate Decision Making", *The Review of Economics and Statistics*, Vol. 73, No. 2, 1991, pp. 285 – 293.

④ Blonigen, Bruce A., "In search of substitution between foreign production and exports", *Journal of International Economics*, Vol. 53, No. 1, 2001, pp. 81 – 104.

⑤ Lipsey, Robert E., Eric Ramstetter, and Magnus Blomström, "Outward FDI and parent exports and employment: Japan, the United States, and Sweden", *Global Economy Quarterly*, Vol. 53, No. 1, 2000, pp. 285 – 302; Blonigen, Bruce A., "A review of the empirical literature on FDI determinants", *Atlantic Economic Journal*, Vol. 33, No. 4, 2005, pp. 383 – 403.

也可能在对外直接投资企业所处的特定行业或特定产品结构层面出现。虽然目前的实证研究中尚未发现中国对外直接投资对出口有显著替代作用，但仍应当合理地规划和调整中国企业对外直接投资和出口贸易过程中，对企业所处的行业和所生产产品结构的选择，以应对对外直接投资可能带来出口负向效应的风险。

2. 资本账户逆差与外汇储备下降

20世纪80年代末，FDI大量流入发展中国家，中国对FDI流入的法律和制度逐步建立，随着经济特区、邓小平南方谈话和中国成功加入世界贸易组织，FDI流入不断增加。在较长一段时间里，引进外商直接投资弥补了中国国内资本积累的不足，成为资本项目顺差的重要来源。同时，外商直接投资通过带动就业、技术溢出效应等推动了国内经济发展。当经济发展到一定阶段，中国国内资本积累较为充足，在满足国内生产需求的同时，为了适应跨国投资生产的全球化经济发展趋势，越来越多的企业大量开展对外直接投资。大规模的资本流出对中国的国际收支带来巨大风险。万丽娟等在对对外直接投资的宏观绩效分析中，对中国对外直接投资和出口总额、外部储备数据进行协整检验和误差纠正模型分析。[①] 作者发现虽然从长期来看，对外直接投资对外汇储备没有显著影响，但是在短期内，对外直接投资对外汇储备具有显著的负面影响。

对外直接投资对母国国际收支的影响对发达国家和发展中国家并不一样。对于发达国家而言，其国内经济发展水平本就比较高，对外直接投资的经验也更为丰富。对外直接投资的资金往往能够获得更为稳定的利润回报，并形成较为成熟的利润回流、再投资和扩大再生产的有效机制。但是

[①] 万丽娟、彭小兵、李敬：《中国对外直接投资宏观绩效的实证》，《重庆大学学报》（自然科学版）2007年第5期。

对于中国来说，随着对外直接投资活动的不断扩大，大量资本流向国外。与此同时，由于投资机制不够完善，投资亏损居多，投资收益也未能有效流回本国。对外直接投资引起的大规模资本流出导致国际收支平衡面临越来越大的风险。

事实上，无论是经济发展水平比较高、应对国际经济不确定性风险能力较强的发达国家，还是经济发展水平相对较低、在国际经济环境发生危机时处于被动地位的发展中国家，对外直接投资带来的资本外流与海外投资收益带来的资本回流之间都会存在一定的时间差。也就是说，对外直接投资的收益会存在一定的滞后性和不确定性，这就会给母国的国际收支平衡带来风险。[①] 因此，开展对外直接投资的国家，尤其是发展中国家应当避免将本国暴露在这种由于对外直接投资过度发展导致的国际收支失衡的风险之中。

因此，在中国尚未形成高绩效的对外直接投资表现和利润回流机制的情况下，过度发展对外直接投资可能对国际收支产生消极影响。尤其是在国际经济大环境比较差的情形下，如果一味地加快发展对外直接投资，而外商直接投资和资本流入规模持续放缓，就可能导致中国的国际收支和汇率稳定均面临较大风险。

3. 资本外逃风险

在中国对外直接投资过程中，还有一个不容忽视的风险就是资本外逃问题。中国的资本外逃既有体制性因素带来的资本外逃，也有与腐败相关的资本外逃。其中，金融抑制、外汇管制、产权保护制度缺乏等制度性因素带来的资本外逃往往与未经官方批准或未在官方备案的对外直接投资密

[①] Kokko, Ari, "The Home Country Effects of FDI in Developed Economies", Stockholm: European Institute of Japanese Studies, Working Paper, 2006.

切相关。

掩盖在对外直接投资外衣下的资本外逃形式多样。例如，一些开展对外直接投资的企业通过买壳上市、跨国并购等方式将资金转移到境外；出于逃税目的，将企业总部迁到开曼群岛、英属维尔京群岛等避税天堂；钻海外国有资产监管不力的空子，利用对外直接投资将国有资本转移到国外，侵蚀国有资产。又如，部分企业通过内部价格置换等方式，压低中方对外投资资产的价值，从而达到减少账面应收投资收益的目的。将应得收益与实际收益的差额转存到投资者境外的其他账户，隐瞒或截留境外投资的收益，从而实现资本外逃。

有些"资本外逃"是历史和政策原因造成的。2014年年底前，我国境外投资相关审批手续较为烦琐，导致许多企业采取地下通道、经转中国香港等途径实现境外投资。实行备案制以来，境外投资便利性显著提升，但因政策调整时间较短，政策知晓率较低，外加投资者惯性思维，许多境外投资仍沿用地下通道，尚未浮出水面。

4. 国有企业海外投资缺乏有效监管，警惕国有资产流失问题

由于所有人缺位和信息不对称，国有企业海外投资缺乏有效监管。根据国资委的数据，截至2014年年底中央企业境外资产总额4.9万亿元，中央企业海外投资约占我国非金融类对外直接投资的70%。此外，还有大量地方国企和国有控股金融机构的境外资产。虽然自2013年以来，国有大型企业监事会每年会委托第三方机构摸底海外国有资产状况，但都是局部的、小范围的。绝大多数国有企业的境外资产没有进行过审计，存在大量监管空白。

部分国企高管窥见这一监管漏洞，侵蚀国有资产，中饱私囊。巡视组查出多家央企境外资产监管存在隐患，包括：海外投资决策不规范、对海

外项目缺乏监管、部分投资涉嫌利益输送和交换、一些项目在并购或处置过程中贵买贱卖，造成了国有资产流失。

此外，由于并未严格执行问责机制，做大做强的政绩激励、预算软约束以及暗藏的市场寻租行为，使得部分国有企业在尽职调查不到位的情况下就草率做出数十亿、上百亿美元的投资决策，一开始就为巨额亏损埋下了伏笔。最后实际运行效果和预期差距较大；资产投资回报率较低，有的多年没有产出。

◇ 四 贸易摩擦下，企业不宜草率外迁

2018年10月，中国社会科学院世界经济与政治研究所国际投资研究室赴越南胡志明市就中国企业对越南的直接投资状况进行了调研。我们走访了中国制造型企业、物流型企业、中资金融机构、中国商会、中国使领馆，也与越南相关智库的学者进行了座谈。以下是几点主要体会。

1. 中国对越南的三波投资浪潮都具有典型的贸易壁垒规避特征

中国是继韩国、日本、新加坡和中国台湾之后的越南第五大外资来源地。从行业分布来看，韩国和日本企业在越南的产业布局相对比较高端；中国台湾在越南的投资仍以代工（OEM）为主；而中国内地企业对越南的投资主要集中于纺织、服装、鞋类、农业等行业。中国内地企业对越南的直接投资，要比韩国、日本的同行至少晚5年以上。并且相当一部分企业是被迫转移至越南。

迄今为止，中国企业对越南的投资浪潮大致有三波。第一波浪潮发生

在十年前，当时美国对一些中国出口产品（例如钢管）实施了反倾销、反补贴的双反调查；第二波浪潮发生在三四年前，这与当时跨太平洋伙伴关系协定（TPP）谈判不断推进有关（如耐克与阿迪达斯均把企业从中国大陆转移至越南）；第三波浪潮则发生在当前，这与2019年以来中美贸易摩擦不断加剧相关。例如，近期受贸易摩擦影响，中国家具行业对越南的相关投资明显增加。而此前，中国的家具企业主要是从越南进口原材料，回国加工，再出口至海外。

因此，中国企业对越南的直接投资具有很强的订单转移性质，主要目的在于规避发达国家的对华贸易壁垒。

2. 越南有潜力成为全球范围内中美贸易摩擦的最大受益国之一

除了部分中国企业因为贸易摩擦转移至越南外，很多在华外资企业也都在考虑把制造基地从中国大陆转移至越南。虽然目前中国电子行业对越南的投资依然较少，但包括日本、韩国、美国等国家在内的电子企业，均已在越南大规模建厂。2017年，越南手机出口额达到450亿美元，占全球智能手机产量的1/10。手机和电子产品已经超过原油，成为越南的最大出口产品。河内与胡志明市，都正在成为全球电子行业成品的加工中心。

大量国内外企业将生产基地转移至越南，主要在于越南具有如下显著优势。

首先，截至2018年，越南与其他国家签署了16个自贸协定（FTA），尤其是与欧盟、日本、韩国等发达国家均签署了FTA。尽管越南与美国之间尚未签署FTA，但美国对越南的纺织品进口配额逐年增加。另外，从美国企业愿意为从越南进口的订单支付更高的价格来看，美国对越南可能有关税减免和其他通关便利。此外，越南也是 TPP 以及《全面进步的跨太平洋伙伴关系协定》（CPTPP）的成员国。在全球贸易体系碎片化、发达国家贸易保护主义显著加剧的背景下，在越南投资建厂，可以有效地规避发达国家的贸易壁垒。

其次，综合越南工人的平均成本与工作效率，越南劳动力在劳动密集型行业的性价比还是相对较高的。越南的国土面积约为 33 万平方公里，略低于中国云南省。截至目前，越南的人口约为 9650 万人，很快就会突破 1 亿。越南人口的年龄结构非常年轻，目前 65 岁以上人口占比仅为 5.5%，15—64 岁人口占比约为 69.3%，15 岁之下人口占比为 25.2%。与中国相比，越南的人口年龄结构要年轻很多，这意味着越南既是一个劳动力丰富的国家，也有着潜力无限的国内市场。2016 年，越南的人均 GDP 为 2186 亿美元，仅为中国的 1/4 左右，这就意味着越南的劳动力成本相较中国，依然要便宜得多。而相较柬埔寨的工会，越南工会的力量较弱，在劳资谈判方面更容易与企业、政府达成和解。

同时，2013—2017 年这五年间，中国 GDP 增速的均值为 7.1%，而越南 GDP 增速的均值也高达 6.2%。2018 年，越南 GDP 增速可能在近 30 年来首次超过中国（上一次越南 GDP 增速超过中国还是在 1989 年与 1990 年）。如此高的经济增速，使得越南成为东盟地区增长最快、也最富活力的经济体之一。

以上因素都使得越南有潜力成为全球范围内中美贸易战的最大受益国之一（可以与墨西哥相提并论）。不过越南人也很担心，如果大量中国企业将越南作为规避中美贸易战的"第三方通道"，可能会引发美国人的反感与政策调整。

3. 中国企业仍要重视在越南投资经营面临的潜在政治风险

尽管越南具有以上良好的投资吸引力，但对于中国企业而言，更要重视潜在的政治风险。越南民众并没有很强的反华仇华情绪。2014年的5·13事件，受损最重的其实是台资企业，而背后的一个重要背景，是越南员工不太适应台资企业的管理模式与等级文化。来自中国大陆的企业，整体上受到的冲击非常有限。

但考虑到长期以来的边境问题、历史上的战争、当前在南海问题上的矛盾等因素，越南政府、媒体与学者对中国有较强的防范心理，不希望国内有很多中国元素，希望尽量减少中国经济对越南的影响。例如，一些越南人不太接受"一带一路"的提法，对来自中国的贷款还心存警惕。又如，炒作中国的负面问题（例如一些中国企业的产品质量不过关）在越南的媒体上很有市场。再如，中国国企对越南的投资相对有限，目前主要集中在工程建设、电力领域。中国国企对港口、采矿等行业的投资很有兴趣，但在越南很难推动。

中资企业在越南投资经营一定要合法合规。迄今为止，越南政府对FDI企业依然有着较为严格的监管。例如，之前越南政府不允许外资设立独资贸易企业，这个限制在2017年才刚刚放开。又如，越南政府严格限制外资企业雇佣的外籍岗位数量，且刻意对境外员工的工作签证保留着烦琐的审批程序。各类涉及外资的行政审批手续也非常复杂，都需要去首府河内办理。国内的法律法规变化也很大。尽管如此，一些国内企业试图在越南使用不正当的经营手段（例如对某些官员行贿、没有办理正式的生产经营许可等），这些手段事后往往被证明行不通，甚至导致企业血本无归。

第九章

中国对外直接投资在宏观国际层面的风险

中国企业在加快对外直接投资脚步的同时，也面临着越来越多来自国际上的文化、监管、法律、政治、金融等各方面的风险。对外直接投资是一个利益与挑战并存的经济活动，尽管对外直接投资能给企业更大的市场、更多的资源、更先进的技术和更低的成本，但是企业资本输出也要面对来自本地和其他跨国企业的挑战，建立良好的国际形象来获取更多的潜在客户。

实际上，无论哪个国家的企业，对外直接投资时都面临各种各样由东道国带来的风险和挑战。但是相比发达国家的跨国企业，发展中国家的跨国企业受到的质疑与排斥更多。这主要是因为，通常发达国家的企业才是对外直接投资的主力，发达国家掌握着更先进的技术、更庞大的资金和更优秀的管理团队；而发展中国家拥有廉价的劳动力、廉价的资源和相对宽松的监管环境，往往是资本输入国。

中国企业对外直接投资走得比其他发展中国家更为艰难。造成这一现象的原因是多方面的。其一，中国实行的是不同于全球大部分国家的社会主义市场经济制度，实行资本主义制度的发达国家对中国的排斥更甚于对其他资本主义制度的发展中国家。其二，国有企业在中国企业对外直接投资中仍然扮演着重要角色，但东道国并未彻底认可中国国有企业的投资模式，怀疑这背后可能存在着中国政府的某些意图或者不公平竞争。

中国经济的发展、企业的转型，需要不断扩大对外直接投资。但是企业在对外直接投资时，需要做足准备来面对可能的风险与挑战。

◇ 一 日益严苛的国家安全审查

在部分发达国家，虽然政治和法律制度稳定，政策可预期性较强，但部分国家受政治和社会等因素影响，对来自中国的投资怀有警惕，导致中国投资者面临较高的进入门槛，尤其是更为严苛的国家安全审查。对于国家安全，目前大多数国家并没有在法律层面上做严格的定义，一般是以个案处理为原则。以美国为例，美国的2007年《外商投资与国家安全法》中规定了在国家安全审查案件中应考虑的十项具体因素以及"其他总统或外国投资委员会认为适当、普遍和与特定审查和调查程序有关的因素"。由于国家安全的定义存在较大的模糊性，因此中国企业在对外直接投资时面临了较大不确定性，容易遭受不公正对待。

事实上，美国是以威胁国家安全为由拒绝中国企业直接投资最多的国家。早在1990年中国航空技术进出口公司对西雅图飞机零件制造商的并购就被当时的美国总统老布什以"涉嫌威胁美国国家安全"拒绝。2005年中海油收购美国优尼科（Unocal）石油公司遭遇了强烈的政治反弹，美国国会声称优尼科的海底地形测绘技术可能会对中国潜艇有帮助。美国众议院更是以398对15的绝对多数通过了抗议法案，敦促小布什总统利用CFIUS（在美投资委员会）机制好好审查中海油的投标。尽管有西方教育和工作经验的傅成玉按照西方的做法在《华尔街日报》发文"美国为何担忧"坦陈并购的单纯动机，并承诺优尼科在美国境内出产的石油和天然气只在美国销售，但最终在压力下撤销投资。2008—2012年华为在美国的5笔投资，均被美国政府以"华为与中国军方存在深厚的关系"为由

第九章　中国对外直接投资在宏观国际层面的风险

拒绝。① 中国企业为了打消美国政府对"威胁国家安全"的顾虑，也进行了积极的沟通和配合，但很多时候仍然被拒。例如，三一重工2012年试图通过其在美国的关联企业罗尔斯（Ralls）公司收购毗邻美国一个军事基地禁飞区的四座风电场。为了让收购顺利进行，三一重工及其关联公司向美国外国投资委员会（CFIUS）提交了自愿审查申请与迁址计划，但仍被时任总统奥巴马否决了此次交易。此外，中兴在配合了美国对外投资委员会一年的安全审查之后，仍被拒绝参加美国2013年网络招标。事实上，即便是那些成功完成的交易，其背后也不乏曲折的经历。联想在2005年收购国际商业机器公司（简称IBM）的PC业务时，美国国会议员以"威胁国家安全"为由加以阻挠。最后是双方高管组建的交涉团队花了1个多月的时间，去拜访和说服了13个美国政府部门，交易才得以完成。这样的投资阻力近年来有愈演愈烈的趋势。

除了美国外，近年来中国企业对欧投资大幅增长，尤其是重量级收购项目的出现，引起欧洲部分国家有关方面的担忧和不安，"买空欧洲论""买断技术论"等恶意炒作现象不时见诸报端。欧盟一些官员也担心出售核心技术可能对欧洲的工业基础构成风险。在这种情况下，2017年德国联邦政府通过了一项加强监管、限制外国投资的新政令，扩大了政府在某些情况下使用否决权的权限。德国还积极与法国、意大利合作，推动在欧盟进行了类似修法。同时，英国政府也公布了加强对外商投资进行国家安全审查力度的提案。2012年华为与英国最大的电信运营商英国电信集团

---

① 这五次受阻案例分别为：2008年贝恩与华为因无法与CFIUS达成改进协议，宣布放弃对3Com的收购。2010年华为并购2Wire公司时并购目标公司因为担心审查风险而导致华为并购失败。同年华为并购摩托罗拉无线业务时摩托罗拉担心审查风险而导致华为并购失败。2011年华为购买3Leaf公司云计算技术，交易达成后被CFIUS叫停。2012年，作为华为的网络软件安全开发的合作伙伴塞门铁克（Symantec）因为担心与华为的合作关系会影响到公司未来从政府部门获取网络安全机密信息的权利，终止了与华为的合资关系，将持有的49%的合资股份以5.3亿美元的价格出售给华为。

（BT Group）签署网络升级合同受到了英国情报与安全监管机构的调查。而中铝2008年投资力拓公司也遭受澳大利亚外商投资审核委员会的审查，最后力拓公司单方面违约。

国家安全审查风险不单单存在于发达国家，中国企业在对发展中国家进行直接投资时也面临了较大的投资阻力。中国企业在发展中国家因为"可能威胁国家安全"而受阻的投资主要集中于资源类投资。例如，2009年中石油放弃以4.6亿美元收购以利比亚业务为主的加拿大小型石油公司Verenex Energy Inc.，主要原因是收购过程受到利比亚方面的阻挠。2011年神华集团投资的蒙古塔本陶勒盖煤矿的开发方案也被蒙古国总统额勒贝格道尔吉重审。

对于中国企业而言，由于东道国的国家安全审查机制并不透明和公开，其成为中国企业单凭自身努力无法消除的不确定性因素。2010年华为曾为了顺利收购美国摩托罗拉无线网络设备业务，聘请美国知名谈判专家、游说者和律师，但仍没改变美国政府眼中华为的"军方背景"身份。

1. 安全审查对中国赴美投资阻碍的现状

1975年，根据《第11858号行政命令》，美国外国投资委员会（CFIUS）成立，成为美国财政部下属的一个跨部门的委员会，主要成员来自美国财政部、国土安全部、国防部、商务部、司法部、能源部等多个部门。最初CFIUS只执行监督外国投资的职能，并不具有交易的审批权，但随着美国国家安全审查法律体系的逐步完善和发展，美国总统通过签署《第12661号行政命令》《第13456号行政命令》，将在外国投资进入情况下保护美国国家安全的相关法案的执行权，交由CFIUS。CFIUS作为监督外资在美投资、行使相关法案执行权及相关交易审批权的机构，能够直接上报并建议总统是否停止交易，是外国在美直接投资安全审查的重要关卡，对中国企业在美直接投资形成不可忽视的阻力。

2007年以来，中企收购美企的被审查案例和失败案例逐年递增。据2017年9月美国外国投资委员会（CFIUS）公布的2015年年度审议报告（有1—2年滞后期），2015年CFIUS的审查交易数达143起，其中涉及中国企业的交易达29起（2014年为24起，同比增长20.83%），占比超过20%，已连续4年成为CFIUS安全审查案件数最多的国家（2015年29起，2014年24起，2013年21起，2012年23起）。

自1988年国会通过法案赋予总统阻止威胁美国国家安全交易的决定权以来，截至目前，美国总统亲自下令阻止外国企业对美投资共5起，除最近2018年3月一起收购案外，其余4起对象均为中国企业，分别为1990年中国航空技术进出口公司收购飞机零件制造商MAMCO公司，2012年三一集团关联公司罗尔斯公司在俄勒冈海军基地附近的风电场项目，2016年中国福建宏芯投资基金拟收购德国半导体制造商爱思强，2017年中国私募投资基金峡谷桥资本收购美国芯片制造商莱迪思。而3月阻止的这起博通对高通的收购案，虽然没有中国资本参与，但CFIUS提交给美国总统特朗普建议终止交易的原因是CFIUS认为，被收购后的高通可能会减少大量的研发支出，从而丧失在5G无线技术上的领导地位，并为华为在该技术上获得主导地位打开大门，从根本上终止交易的原因还是中国。

除美国总统决定层面的终止交易外，更多的案例则是在安全审查初期，直接遭到CFIUS劝退，或出于舆论影响、无法接受CFIUS的缓解条件、为了避免审查导致的潜在损失不得不主动撤回并购要约。根据晨哨并购报告及公开新闻报道整理统计，2015—2017年较为重要的受阻交易（含总统决定交易）达14起，累计金额达436.16亿美元；2018年上半年共7起（仅第一季度就有5起）中国企业在美投资案被CFIUS阻止，涉及金融、半导体、新材料、汽车、食品加工等多个行业，累计交易金额达

22亿美元。2018年6月荣鼎咨询发布报告显示,由于受到美国国内政策的打压,中国赴美直接投资在2018年1—5月流量只有18亿美元,同比下降92%。表9.1展示了2015年以来中国企业对美直接投资受CFIUS安全审查而受阻的交易。

表9.1　　　　2015年至今中国企业对美直接投资失败的重要交易

年份	投资方	被投资方及事项	金额（百万美元）
2018	新纶科技	收购美国新材料公司Akron 45%股权	9.9
2018	海航集团	收购美国天桥对冲基金	n.a.①
2018	中国重型汽车集团有限公司	收购科罗拉多公司UQM Technologies 24%股权	12.4
2018	昌农有限公司	收购美国种猪育种企业Waldo Farms	16.5
2018	半导体投资基金湖北鑫炎	收购美国半导体测试设备商Xcerra	580
2018	蓝色光标	收购数字营销服务公司Cogint 63%股权	382
2018	蚂蚁金服	收购速汇金	1200
2017	中国华信能源	收购纽约投行考恩集团Cowen 19.9%股权	275
2017	东方弘泰	收购美国移动营销平台AppLovin大部分股权	14.2②
2017	中国忠旺集团	收购美国爱励铝业	2330
2017	峡谷桥资本	收购美国芯片制造商莱迪思	1300
2017	中国海航集团	收购全球鹰娱乐有限公司51%股权	416
2017	四维图新等	收购HERE 10%股权	120③
2017	TCL	收购Novatel Wireless旗下MIFI业务	50
2016	福建宏芯基金	收购德国半导体制造商爱思强65%股权	830
2016	安邦	收购酒店Hotel del Coronado	1000
2016	中联重科	收购制造业企业Terex全部流通股	3300
2016	华润和华创组成的中资财团	收购仙童半导体	2500
2016	紫光股份	收购美国存储公司西部数据15%股权	3775

续表

年份	投资方	被投资方及事项	金额（百万美元）
2016	金沙江创投财团	收购制造业企业 Lumileds 80.1% 股份	3300
2015	紫光股份	收购美光科技	23000

注：①收购标的估值为 200 亿美元，未找到准确的并购交易股权与金额。②CFIUS 拒绝了 14.2 亿美元的股权交易，AppLovin 接受了东方弘泰 8.41 亿美元的债券性投资。③四维图新、腾讯、新加坡政府投资基金联合出资成立合资公司 SIWAY（其中新加坡政府投资公司拟投资不超过 1.02 亿欧元，在 SIWAY 的股权占比最高，达 42%，四维图新出资预计不超过 9700 万欧元，占 40% 权益，腾讯出资金额不超过 4400 万欧元，占比 18%），之后通过 SIWAY 收购 HERE 10% 的股权。以 HERE 的企业价值 31 亿欧元为基础根据结合负债等指标确定最终股权价值。

资料来源：笔者整理自晨哨并购及相关公开新闻报道。

2. 安全审查对中国赴美投资形成的阻碍和风险

（1）"国家安全"内涵模糊

美国于 1988 年 8 月通过了《1988 年综合贸易与竞争法》，该法将之前保护国家安全的《1950 年国防生产法》的第 721 节纳入，形成《埃克森—弗罗里奥修正案》。法案规定，只要有足够的证据证明外国并购会危及美国国家安全，总统就有权暂停或者中止交易。之后的法案规定，只要是"1988 年 8 月 23 日之后提议或待决的，可能导致外国人控制美国商业的任何交易"均可成为 CFIUS 的审查对象。

2007 年《外商投资与国家安全法案》（FINSA）及实施细则均没有规定"国家安全"的明确定义，只解释说明"国家安全"为与国内安全相关，涉及的因素包括关键基础设施、关键技术、受外国政府控制、能源相关等以及总统认为应当考虑的其他因素。美国财政部声明审查将会通过个案具体分析的方式进行，并通过发布《美国外国投资委员会国家安全审查指南》，使用"举例但不仅限于"的方式列举了属于"受管辖交易"的部分情况。

"国家安全"的定义不明，给了CFIUS足够的自由裁量权来对交易进行选择，任何交易若被认为是"受管辖的交易"则会被列入审查名单。

中国企业因为政治因素在海外投资受阻与投资时机有很大关系。在2005年中海油收购优尼科受阻时，中美经贸关系十分紧张，美国围绕着人民币升值问题展开了空前强劲的对华施压，贸易争端日益激烈，针对中国兑现入世承诺的责难更是接二连三。于是中海油的案例充当了导火索，掀起了美国国内的反华鼓噪。2010年华为收购美国私有宽带互联网软件提供商2Wire受阻正值美国的中期选举，同时国际上对网络安全的担忧日趋强烈。华为首席营销官余承东在接受媒体采访时曾坦言，在过去受政治因素影响相对较小时，华为在北美市场没有抓住宝贵的时间点，如果当时抓住了，华为现在可能已经成为北美市场的主要供应商。

(2) 受外国政府控制的交易纳入安全审查范围

1992年，为了加强对外国政府参与并购交易的审查和控制，美国国会通过了第一次对《埃克森—弗罗里奥修正案》的修订即《拜德修正案》。该次修订首次增加了受"外国政府控制"的并购美国基础企业或敏感企业的交易必须接受美国外国投资委员会的强制调查。从此，"外国政府控制"的并购就被强制性纳入了安全审查范围。"外国政府控制"的交易，主要包括受到外国政府直接控制的国有企业、其他直接受控实体（如国家主权基金）、代表外国政府的个人在美国进行的投资。但在某些情况下，"外国政府控制"也不局限于此，华为在美国的投资，就曾因控制人任正非的曾经军人身份，引发美国国会和CFIUS对该交易实为受到中国政府控制的军事间谍行为的担忧和过度解读，而遭到CFIUS拒绝。因此，CFIUS判定一项投资是否受到"外国政府控制"，其标准也并非一成不变。

(3) 非公开的个案审查过程

美国的国家安全审查法律体系目前已臻完整，但由于实际操作过程中，相关法案并未对CFIUS的审查标准和实际审查内容有进一步的个案细

第九章　中国对外直接投资在宏观国际层面的风险

节公开的透明度要求，因此 CFIUS 是否真实地考虑对美国国家安全的影响且从何种因素或指标对交易进行选择和甄别，外界无从得知。同时，个案审查意味着不排除 CFIUS 对于每次交易有不同的评判因素和标准，因此无法完全通过过去类似的交易经验来保证新的交易一定能够获得批准。这就给中国企业赴美投资在前期评估交易是否触及美国国家安全审查、能否通过外国投资委员会审批造成了难度和障碍。

"国家安全"的担忧、遭遇的政治阻力其实是针对特定国家的。2009 年西色国际打算以 2600 万美元收购美国优金矿业公司（Firstgold）51% 的股份遭到 CFIUS 的劝退，理由是优金公司在内华达州的四项资产靠近法伦海军航空站，此外还有一些涉及敏感性、安全机密性的资产和军事资产。之后美国合作方加拿大人林奇总裁直指不公平，因为在那附近外国采矿公司云集，加拿大的巴里克、澳大利亚的力拓等均有作业，有的比优金公司离军事基地更近。

为了克服因为涉及"国家安全"而造成的投资受阻，有建议中国企业应当聘请政府游说中介搞定国会议员。事实上 2005 年中海油收购美国优尼科石油公司时也曾聘请艾金岗波国际律师事务所（Akin Gump）游说美国政府试图消除政治敌意。而 2008 年华为联合贝恩收购美国通信设备商 3Com 公司时也曾聘请华盛顿 K 街的专业机构为其展开涉及法律、政策等一系列游说。2010 年华为收购美国摩托罗拉的无线网络设备业务时也聘请了苏利文·克伦威尔、世达等几家在电信并购和争取联邦政府批准等敏感国际并购交易上"长袖善舞"的美国知名律师事务所。但这些努力并没有使得这些投资得以顺利进行。在全球前 50 大电信运营商中，华为已与 45 家取得了合作，但就是没能拿下威瑞森电信（Verizon Wireless）、美国电话电报公司（AT&T）、Sprint 和 T-Mobile 四家美国运营商的合同。

"国家安全"的背后很多实际上是商业利益在作祟，是商业竞争政治化的表现。在 2005 年中海油收购美国优尼科石油公司时，来自加州的众议员查德·庞勃（Richard Pombo）还提交了法案要对所有中国对美石油公司收购案都至少拖延120天，但仔细研究此人却发现，与中海油竞标的竞争对手雪佛龙（Chevron）公司的总部就在他的选区。华为在美国投资的种种受阻背后也有美国电信企业阻挠华为进入美国市场的动作。2008年华为联合贝恩收购美国通信设备商3Com公司时，为了使交易获得批准，消除美国当局对"国家安全"的忧虑，贝恩向美国政府做出了多项让步，包括对3Com公司中主要开发国防安全软件的TippingPoint部门进行分拆，保证华为不会获得敏感的美国技术或美国政府订单，也不具有该公司的运营控制权和最终决策权，但即便如此，交易依然没能完成。同样是电信业务，华为顺利进入欧洲市场则与美国的遭遇形成强烈反差。

（4）长期追溯和重新审查权

即使交易通过初次国家安全审查，CFIUS还存在长期跟踪追溯制度。由于CFIUS对交易拥有无限追溯期和重新审查权，因此在后续跟踪过程中，一旦发现存在可能威胁美国国家安全的行为、之前提交的材料存在遗漏或误导、故意严重违反缓解协议或条件等，CFIUS仍有权在获得证据后，结束已达成的交易并剥离美国相关资产，同时还会处以民事罚款。

3. CFIUS改革进一步增加了中国赴美投资障碍

在倡导"美国利益第一"的特朗普总统上台后，2017年11月8日，美国参议院提出《外国投资风险评估现代化法案》（FIRRMA），对《2007年外商投资与国家安全法案》（FINSA）进行修订，旨在通过增强CFIUS授权、扩大审查范围等措施，以继续维持美国的技术与产业优势，进一步维护美国的国家安全和企业竞争力，遏制以中国、俄罗斯为首的可能给美国国家安全和技术领先地位带来挑战和威胁的国家在经济和科技等方面崛起。通过援引法案，CFIUS将严格控制相关国家在美国的直接投资。该法案由28部分组成（远多于FINSA的12部分），在审查范围、审查程序等方面均进行了改革。FIRRMA已于2018年8月1日先后通过了美国参众议院的表决，并在美国东部时间13日下午，由美国总统特朗普正式签署了《2019财年国防授权法案》（The National Defense Authorization Act, NDAA），《外国投资风险评估现代化法案》（FIRRMA）作为其中一部分也已正式成文。该法案给予了CFIUS更大的权力，中国企业在美国直接投资将会遇到更多的阻碍和风险。

（1）"涵盖交易"范围扩大

FIRRMA扩大了CFIUS的审查范围，明确增加了4种新类型的"涵盖交易"：外国在美进行的与国家安全相关的、涉及关键基础设施、关键技术、敏感公民信息的任何非被动投资；外国投资者在涉及美国业务中权利发生的任何变化；任何旨在规避CFIUS的交易或安排；外国在军事或其他敏感的涉及国家安全设施附近的房地产的购买、租赁或转让。

除明确新增的4种交易类型外，法案还要求对交易的以下因素进行考虑以判断是否属于"涵盖交易"：是否涉及有战略目的的特别关注国家，对于影响美国在相关领域技术领先地位的关键技术或关键基础设施的获得或购买；是否涉及外国人和外国政府，对于任何关键基础设施、能源资源、关键材料或关键技术的交易；交易相关方是否存在不遵守美国法律法规的历史；交易批准后，外国人对于美国工业和商业的控制，是否影响美国因国家安全需要的人力资源、商品、技术、原材料和其他服务的供应等；是否可能直接或间接地，将美国公民身份信息、遗传信息或其他敏感数据，泄露给外国政府或个人，从而对美国国家安全产生威胁；是否可能形成新的网络安全漏洞，从而便于外国政府发动对美的网络恶意攻击行动，包括影响选举活动结果等。

（2）新增敏感行业与关键技术

FIRRMA法案通过后，美国国家安全审查中敏感行业的范围有所扩大。

在此之前，房地产行业一直被都排除在敏感行业之外，但考虑到港口或包括军事设施在内的敏感设施附近的房地产项目（含购买或租赁行为）可能存在国家安全方面的隐患，因此此次改革也将其纳入CFIUS的审查范围。

法案对于"关键技术"进行了重新定义，大致包括美国军需物品清单中的国防技术或服务，以及出口管制清单（CCL）中的技术，提出并纳入了"新兴和基础技术"这一新概念，但并未给出明确定义，从而给予CFIUS更大自由裁量权，以此保证美方在国防、情报或其他国家安全领域对特别关注国维持或扩大技术优势至关重要的其他新兴技术不被相关国家获取，以维持美国在关键技术领域的世界领先地位。近年来，中国在人工智能、机器人、自动汽车和互联网领域等高技术行业的对美投资已经引起了CFIUS的关注，在此次CFIUS改革法案中，美国国会要求CFIUS对于中国在美投资，尤其是此类新兴技术的投资，是否与"中国制造2025"计划目标相符进行单独报告。

（3）定期汇报中国在美投资情况

在此次CFIUS改革法案中，新增了专门针对中国投资报告的部分，要求从法案生效起至2026年，CFIUS应当每两年提交一份关于中国在美的直接投资报告。要求根据投资价值、行业、是否来自中国政府投资等因素，对所有交易进行分类；报告由中国政府投资购买的企业名单，中国在美直接投资企业及附属机构的数量、员工总数和估值等信息，并考察投资是否符合"中国制造2025"计划目标，以及中国在美直接投资与其他国家之间的对比。可以明确看出，美国对于来自中国的投资是重点关注并区别对待的。自特朗普总统上台以来，CFIUS已经阻止了多项来自中国的投资交易。在目前双方国家外交进展、贸易谈判紧张的情况下，中国的赴美直接投资可能会受到特殊的对待和来自多方的阻力。

（4）审查周期变长

在现有CFIUS审查流程中，有意向在敏感领域投资的中国企业在与被投资方商议后,可在正式调查前与 CFIUS 进行非正式磋商以初步了解交易是否可能被批准的情况。在正式提交完备材料的书面申请后,CFIUS 必须在 30 天限期内完成审查阶段,针对有问题的交易进行缓解程序。若在 30 天内未达成缓解协议或涉及外国政府控制交易的特殊情况,则需进入为期不超过 45 天的调查阶段。若最终委员会内部存在争执意见,可将材料及理由上报总统,由总统综合考虑多项因素在 15 天内给出批复。

CFIUS 改革法案中,将初步审查时间从 30 天延长至 45 天,以方便美国国家情报总监(DNI)进行国家安全威胁评估;并可在"特殊情况下",应牵头机构负责人要求,将正式调查时间在原有 45 天的基础上再延长 15—60 天。若交易最终进入不超过 15 天的总统决定期,则整个审查周期最多可扩展至 120 天。延长的审查周期方便了 CFIUS 对细节进一步确认,但对于投资企业而言却是巨额的时间成本和潜在损失。这将给赴美投资的中国企业带来较大的投资风险和不确定性。

◇◇ 二　美国的出口管制制度对中国企业的限制

1. 美国的出口管制制度

美国目前的出口管制制度主要可分为军用品的出口管制和军民两用品的出口管制。由于中国企业对美直接投资若涉及军用核心技术的转移会触及美国外国投资委员会(CFIUS)的国家安全审查,交易将受到拒绝。所以对于中国企业赴美直接投资而言,可能涉及美国出口管制的商品或服务多集中在军民两用项目。

美国军民两用项目的出口受到美国《出口管理条例》(Export Administration Regulations,EAR)的管制。《出口管理条例》由美国商务部工业和安全局（BIS）根据国会通过的《出口管理法》（Export Administration Act，EAA）颁布和执行。其管制的对象，原则上并不限于军民两用项目，还包括"纯民用及恐怖主义或潜在的大规模杀伤性武器相关，以及专门用于军事用途但不受《国际武器贸易条例》管制的物品"[①] EAR 监控、审查、限制受管制项目的出口和再出口活动，防止由于以上行为，导致美国限定的商品或技术扩散至对美国国家安全或技术领先地位有威胁的国家，从而保证美国本国的利益。

美国的出口管制政策遵循三条基本原则，国家安全原则、外交政策原则、短缺供应与控制通货膨胀的原则。国家安全原则，是指通过出口管制防止本国军事武器或技术等外泄，从而导致其他国家军事能力提升，进而威胁到美国国家安全；外交政策原则，是指通过出口管制来达到美国对其他国家的外交政策目标或履行相应的国际义务；短缺供应与控制通货膨胀原则，是指通过出口管制，限制国内市场供应不足的商品出口，防止国内物资供应不足和物价上涨导致的通货膨胀。美国通过控制产品和技术的出口，不仅达到了保护国内稀缺资源和商品的目的，还保护了其高科技技术资料及相关产业，尤其是军事设备武器等，有利于维持自身的科技领先和经济优势的世界地位；对于某些认为对美国国家安全有重大威胁的国家，如伊朗、古巴、叙利亚等，美国可以通过出口管制和相关商品或技术的许可审批，对某些国家进行经济制裁，从而遏制该国的生存发展。

2. 美国出口管制对中国企业对美直接投资的阻碍和风险

（1）国别分类级别低

美国的《出口管理条例》将与世界 196 个国家和地区按照与美国关系

[①]《美国联邦法规数据库》（CFR）第 15 篇。

第九章　中国对外直接投资在宏观国际层面的风险

的友好与紧密程度和对美国国家安全、科技领先地位、利益等是否存在威胁等因素分为 A、B、D、E 四个等级。其中 A 组为与美国亲近友好互惠互利的战略合作伙伴，如加拿大、澳大利亚、德国、法国等；B 组主要为商品、技术等扩散风险较小，因此受限较小的国家和地区；D 组为受到美国出口管制重点关注和防范的国家；E 组为美国列为的禁运和制裁国家，其中伊朗、古巴和叙利亚为美国目前的全面禁运国家。在美国商务部的国别分类中，中国被列入重要关注对象的 D 组，由于生化武器（CB）、犯罪控制（CC）、导弹技术（MT）、国家安全（NS）、核不扩散（NP）、区域稳定性（RS）的原因，在对应商品和技术出口时受到管制，在同组的国别列表中也处于受限原因较多的情况。

表 9.2　　　　　中国受限实体清单（2018 年 8 月 1 日前）

企业名单			个人名单
成都天奥信息科技有限公司	国家超级计算广州中心	西安森美电子有限公司	Qu Chen
中国运载火箭技术研究院13所	中国空气动力研究与发展中心	国家超级计算天津中心	Edward Fan
郑州向东机械装备厂	北京自动控制设备研究所	华北光电技术研究所	Fang Yu
国防科技大学	兴和兴永碳素有限公司	北京华航无线电测量研究所	Fuyuan Huang
中国西南电子设备研究所	NEL Electronics Pte Ltd	烟台杰瑞石油服务集团股份有限公司	Gala Wang
中国电子科技集团公司第54研究所	中国新时代科技有限公司	深圳市隽锋电子科技有限公司	YongNam Lim
义乌天鹰光学仪器公司	A. C. International	中国工程物理研究院	Jie Luo
西北核技术研究所	Asia International Trading Company	驰创电子有限公司	Sharon Yang
西北工业大学	中核包头光华化学工业公司	Comsum Technologies (Group) Ltd.	Lirong Shi
熊猫（北京）国际信息技术有限公司	Beijing 8 Star International Co.	Corezing International Group Company	Bin Su

续表

企业名单			个人名单
中国保利集团公司	北京航空制造工程研究所	大连理工安全装备有限公司	Wei Tan
PRC Lode Technology Company	Beijing Aeronautics Yangpu Technology Investment Company（BAYTIC）	中国运载火箭技术研究院第一部	Wei Wang
庆安国际贸易集团公司	北京航天自动控制研究所	Foang Tech Inc.	YungFai Wong
山东神戎电子股份有限公司	北京富吉瑞光电科技有限公司	抚顺金利石化炭素有限公司	Xianfa Lin
上海航天技术研究院	北京强度与环境研究所	北京华力创通科技股份有限公司	Yin Zhao
上海空间电源研究所	Beijing Lion Heart International Trading Company	香港嘉盛	Zhenyong Zhou
四川大学	北京雷生强式科技有限责任公司	香港嘉盛科技公司	Kuibao Zhu
Sky Rise Technology Ltd.	北京动力机械研究所	杰瑞集团	
西南电子技术研究所	北京航天科技有限责任公司	Jiangsu Leidian Technology Company（JLTC）	
Tenfine Ltd.	北京航空航天大学	Jinan Tongbaolai Oilfield Equipment Co. Ltd	
TiMi Technologies Co.	北京波谱华光科技有限公司	Kinglead Electronics Co.，Ltd.	
Toptics，Inc.	BVI Electronics	辽阳炭素有限公司	
中国电子科技大学	成都 GaStone 科技有限公司	北京朗迪锋科技有限公司	
西安导航技术研究院	成都雷思特电子科技有限责任公司	国家超级计算长沙中心	
西安翔宇航空科技集团			

注：表中英文名企业未找到合适对应企业的中文名称。

资料来源：笔者自制。

由于美国商务部工业和安全局在制定《商品管制清单》（CCL）时，并不会根据每个国家单独制定清单，而是直接根据国别分类情况中的受控原因，对应控制出口的商品和技术等。因此中国受到管控的原因越多，在清单中受到出口管制的产品和技术范围也越大，直接影响了很多对美直接投资的企业，在商品购入和再出售、技术的学习和引进方面受到极大限制。

（2）负面清单企业多

中国不仅受到出口管制的产品较多，而且在美国针对出口受限企业的"负面清单"中"上榜"企业数量也较多。

"负面清单"是"在与美国国家安全或外交政策利益相悖的活动中被认为参与或构成重大风险的企业或个人"，是美国商务部认定曾经、正在或未来可能危害美国国家安全、利益，或阻碍工业和安全局（BIS）及其他执法部门调查的实体名单（Entity List）。《出口管理条例》中详细列明了所有国家和地区的受限实体名单，包括具体企业或个人名称和地址、受限清单范围等。

表 9.3　　2018 年 8 月 1 日新增 44 个中国受限实体清单

中国航天科工集团第二研究院（及13所附属机构）	283 厂	Micro Electronic Technology	ECU Electronic Industrial
第二总体设计部	284 厂	石家庄麦特达电子科技有限公司	合肥华耀电子工业有限公司
第二十三研究所	699 厂	河北美泰电子科技有限公司	安徽博微广成信息科技有限公司
第二十五研究所	中国电子科技集团公司第十三研究所（及12所附属机构）	North China Integrated Circuit Corporation	芜湖博微瑞达电子科技有限公司
201 所	河北博威集成电路有限公司	同辉电子科技股份有限公司	安徽博微太赫兹信息科技有限公司
203 所	河北英沃泰电子科技有限公司	中国电子科技集团公司第十四研究所（及2所附属机构）	中国电子科技集团公司第五十五研究所（及2所附属机构）

续表

204 所	河北中瓷电子科技有限公司	南京日海工业总公司	南京国盛电子有限公司
206 所	河北兴业恒通国际贸易有限公司	南京无线电技术研究所	南京国博电子科技有限公司
207 所	Hebei Medicines Health	中国电子科技集团公司第三十八研究所（及7所附属机构）	中国技术进出口集团有限公司
208 所	河北普兴电子科技股份有限公司	安徽四创电子股份有限公司	中国华腾工业有限公司
210 所	河北普兴电子科技股份有限公司	安徽博微长安电子有限公司	河北远东通信系统工程有限公司

注：表中英文名企业未找到合适对应企业的中文名称。

资料来源：笔者自制。

截至2018年8月1日，中国共134家企业和个人被列入实体名单，主要集中在航天航空、光电等高科技技术行业中的国有企业、研究所和相关大学，其中44家（含8个实体和36个附属机构）于2018年8月1日，由美国商务部工业和安全局以国家安全和外交利益为由，新增列入实体清单。此次新增的名单实体主要涉及微波射频行业，大多为中国电子科技集团公司下属的研究院及其附属机构。列入负面清单的企业在其各自的受限产品清单中均为"推定拒绝"，即除非能自证用途是不违背条例的，否则BIS就会拒发许可。

美国针对中国的出口管制，主要集中在技术出口的限制，防止美国军用或军民两用产品的关键技术外溢，尤其关注技术外溢带来中国军事能力的实质性贡献，从而导致中国的军事活动威胁美国国家安全和利益的行为。在《出口管理条例》中744条21款单独列明"对中华人民共和国（PRC）的某些'军事最终用途'或俄罗斯或委内瑞拉的'军事最终用户'或'军事最终用户'的限制"，指出若产品或技术的出口最终用于受限国的军事目的,最终用户为国家武装部队、政府情报或侦查组织等,并可能导致军事能力的实质性提高,则该出口许可不予批准。

(3) 出口管制内涵广

《出口管制条例》不仅涉及众多受管制的商品和技术清单,同时"出口"和"再出口"活动的本身含义也远远超出一般的理解和内涵。《出口管制条例》第730条第5款中提及,"条款中对'出口'一词具有广泛的定义,适用于美国境外的交易,或适用于出口以外的活动",不仅仅局限于美国生产的商品或拥有的技术从美国境内销售或出口至境外,对于出口管制的对象、物项和交易链都有广泛的延伸。

《出口管制条例》的作用对象为美国出口商,包括国籍上的美国自然人和法人,以及在美国境内成立的企业实体、外国企业的分支机构等。而出口管制物项,不仅包括美国国内生产的商品还包括在美国境内的所有外国产品、境外含有美国制造达一定价值比例的外国产品、未达一定价值比例但直接使用美国产品作为核心部件生产的外国产品、美国发布或转让的技术或源代码等。因此,所有在美投资的中国企业都受到美国法典、法规的限制,即使是企业自身研发生产的产品和技术,也不得轻易将受管制的产品和技术在未经许可的前提下"出口或再出口"给受管制对象。

同时,美国出口管制的范围是产品追踪式的,考量的是最终使用客户和使用目的,即使美国境内的出口商将产品或技术出口给了合规的企业,而该企业将产品和技术再出口/转让给受管制的国家或实体,也触犯了美国《出口管制条例》。同时《出口管制条例》第730和734条规定"通过亲身示范或口头介绍的方式向美国境内的外国公民提供技术,在美国境内修理后将外国设备退回原产国,从美国外贸区运输,以及在国外接收的非公开数据的电子传输"都视同出口。

(4) 一旦惩罚损失严重

违反美国出口管制法及条例,会受到刑事或民事处罚。刑事处罚为不超过100万美元的罚款和个人不超过20年的有期徒刑；民事处罚为双倍的交易价值，以30万美元为上限，同时撤销已颁发的许可证，并将其加入管制的负面清单。而已经发生的事件和判决，已经向中国企业和美国出口商展示了违规出口需要承担多大的责任和损失。以最近的中兴通讯事件为例，要求中兴退回员工发放奖金、被拉入管制"黑名单"、缴纳上亿罚金、管理层大幅变动等。由此看来，美国对中国的出口和再出口管制十分关注，同时也借此向中国政府施压，以达到美国的其他目的。处于时刻关注下的中国赴美投资企业，应当谨言慎行，以免将把柄亲手交出，陷入不利境地。

3. 中兴公司的案例

由于中兴通讯违反了与美国政府2017年就遵循美国出口管制条例达成的和解协议，4月16日，美国商务部宣布在七年期限内，禁止美国企业向中兴公司出售任何电子技术或通信元件。并且美国已明确表示当前对于中兴的禁令没有扭转的余地或协商的空间，如果争取不到美方缓解或放宽禁令，中兴将面临灭顶之灾。中兴通讯设备中25%—30%的核心组件来自美国，禁令所带来的供应链中断将导致中兴几乎无法出售任何产品。除了核心组件外，禁令还涵盖从美国出口的软件或技术，这意味着谷歌也无法跟中兴发生业务关系，中兴手机不能被安卓（Android）认证，不仅进不了美国市场，其他市场也从此无缘。在美国的全面封杀下，中兴不仅短期财务损失严重，更可能从此一蹶不振。作为中国第二大、全球第四大电信供应商，中兴还是产业内众多公司的下游客户，中兴被制裁直接影响上游企业，从而对产业链产生深远影响。此外，由于直接雇用员工10万人，中兴事件也将带来相当大的社会负面影响。

中兴受制裁诚然是由于其违规在先，未按照2017年就出口管制与美国政府达成的和解协议的要求对某些员工扣减奖金和发出惩戒信，并在提交给美国政府的两份函件中进行了虚假陈述。但美国对中兴的制裁过于严厉，毕竟上述两份信函中的问题是中兴公司自查发现、主动通报，并已聘请权威美国律所展开了独立调查。在相关调查尚未结束之前，美国执意对中兴公司施以最严厉的制裁，这背后不排除美国有通过制裁中兴而向中国施压，借此争取更多谈判筹码的意图。在中美贸易摩擦的敏感期，中兴公司被美国抓到把柄严厉制裁，给正在与美国博弈的中方带来了突发的不利因素。中兴事件已经超越公司层面能力范围，需要靠两国政府协商解决。

中国已经是全球第二大经济体，但大而不强的问题仍然突出。中国已经充分意识到，进一步的发展需要靠创新引领和驱动。中国的科技创新能力正进入从量的积累向质的转变，从点的突破向面的提升，从科技大国迈向科技强国的攻坚阶段。这一阶段不仅漫长和艰难，而且受到以美国为代表的全球主要大国的阻击和压力。

"中国制造2025"十大领域中的第一个就是新一代信息技术产业，关系国家信息与网络安全。中兴通讯就是突破第五代移动通信（5G）技术的主力公司之一。中兴已经发布了5G全系列预商用基站，启动了欧洲首个5G预商用网络，与日本、西班牙、德国、马来西亚、韩国、比利时等国的全球顶级运营商达成了5G深度合作关系，在技术、标准、市场等多个维度处于领先地位。美国此次挑起贸易争端，直指中国制造2025。而对中兴的严厉制裁则瞄准了中国的5G发展战略。

◇◇ 三 《301调查报告》对中国国际投资的指责与反驳

301条款是美国《1974年贸易法》第301条款的简称。根据此条款，美国贸易代表可以采取强制行动和斟酌行动。强制行动基于条约与国际法权利义务发起调查，斟酌行动不基于条约与国际法权利义务发起调查。调查内容是针对外国政府的以下三类法律法规、政策或措施：（1）违反贸易协定；（2）对美国商业造成负担或限制的不公正的法律法规、政策或措施，所谓"不公正"是指与国际法赋予美国的权利不一致；（3）对美国商业造成负担或限制的不合理或歧视性的法律法规、政策或措施。

美国总统特朗普在2017年8月指令美国贸易代表动用所有可用的政策选项，全面调查中国有哪些法律、政策、实践不合理或者具有歧视性，对美国的知识产权、创新或者技术发展造成损害。2017年8月18日，美国贸易代表对中国发起"301调查"。2018年3月22日，美国贸易代表办公室发布《基于1974年贸易法301条款对中国关于技术转移、知识产权和创新相关的法律、政策和实践的调查结果》（以下简称《301调查报告》）。该报告介绍了以《中国制造2025》为代表的中国产业政策架构和目标，指责中国政府如何通过投资审批限制外商投资并迫使美国企业转让技术，以及鼓励对外并购高技术资产等措施来帮助中国企业获取技术等。

1.《301调查报告》中对中国对外投资的批评

中国的对外投资受到非市场因素驱动，通过投入大量资金支持对美国公司和资产的系统投资和收购，帮助其获取尖端技术，服务于中国的产业政策，给美国商业带来显著负担。

（1）中国鼓励和影响企业通过对外投资获取技术的渠道

a. 行政审批程序和外汇管控

商务部和国家发展改革委会分别对境外投资进行审批和审查，其标准包括符合"产业政策"。2006年发布的《境外投资产业指导政策》显示，获得并后续使用技术是鼓励类境外投资的核心内容。2017年发布的《关于进一步引导和规范境外投资方向的指导意见》重新定义了"鼓励"投资的广泛类别,其中技术的获取和利用是决定一个部门是否受到鼓励的关键因素。

除了符合"产业政策"外,还需要符合"国家利益"和"国家安全"。而中国政府对"国家安全""国家利益"和"敏感行业"的宽泛定义,在对外投资审批决策时,给政府部门留下了相当大的自由裁量权。

控制外汇的使用是政府影响对外投资的重要工具。2016年中国政府针对外汇使用出台了多种限制,这些限制采用非正式的方式实施,即未通过政府的官方文件加以规定,对政府不鼓励的对外投资形式加以限制。

随着国家加强对对外投资的控制,更多的中国企业会寻求通过各种方式,根据《中国制造2025》中列出的政府重点或"一带一路"倡议中所列重点制订投资计划,因为这类投资获得审批通过的概率更高。

b. 国家支持的基金和投资公司

中国为实施对外投资战略,依靠了一系列与政府有关系的行动者。这些行动者通常包括非金融国有企业和最大的国有政策和商业银行。但最近,这些行动者已经成长为名义上的私人企业和金融实体。

自2007年以来,国家支持的基金和投资公司蓬勃发展,目前这些实体构成了中国技术收购战略的核心特征。虽然这些基金及其管理层经常以私营企业的身份出现,但中国政府的积极作用隐藏在不透明的所有权和融资结构网络之后。

最大的国家支持基金之一是国家集成电路基金。此外,自2014年9月以来,多个省市还成立了自己的集成电路投资基金,或从国家集成电路基金获得投资来成立其他集成电路相关的基金。2016年,中国设立了全国首个军民融合产业发展基金,资助国内项目和"海外收购"。军民融合实现了中国在国防背景下利用其经济规模更有效地捕捉和应用商业领域的技术创新。中国还针对"中国制造2025"的通知和技术路线图中确定的所有高科技行业开发了一系列其他基金。

（2）政策和实施措施对中国在美投资的影响

a. 中国对美技术投资显著增长，并与产业扶持措施相吻合

中国对美直接投资在国家产业政策扶持的技术和创新领域有显著增长。尤其在汽车、航空、电子、能源、健康和生物技术、工业机械（包括机器人技术）和信息通信技术这七个行业，中国对美总体投资增幅较大。

中国对美技术投资的增长与一系列旨在促进技术转让的政策声明和实施措施相吻合。自2009年以来，这种明显的时间关系在某些部门和行业（如半导体）尤其明显。中国政府在2014年宣布了半导体等集成电路产业的发展政策。在此政策宣布之前，中国对半导体制造业的对外投资额每年不超过10亿美元。2014年，中国公布的跨国并购投资额增至30亿美元，2015年该投资额激增至350亿美元。

b. 通过硅谷利用"国际创新资源"，将"走出去"与"引进来"相结合

中国在硅谷和波士顿等美国技术中心的投资活动异常活跃。自2012年以来，中国投资者在美国开展了641笔各类交易的技术投资（即企业投资、风险投资、天使投资、私募股权等），主要集中在人工智能、机器人技术和增强与虚拟现实领域。中国实体在硅谷建立了研究中心和"人才基地"，直接资助学术研究机构和与其合作（如联合实验室），并积极通过政府计划招募顶尖人才。甚至还有一些新的孵化器试图与创业企业建立更密切的合作关系。反过来，这些公司正在与中国政府合作，通常采取地方政府措施的形式，在中国境内建立技术中心，专注于新兴技术和军民两用用途技术。

（3）中国的法规、政策和实践给美国商业造成负担

在以市场为基础的交易中，经济行为者通常希望将制定对外投资和收购决策方面的投资回报最大化。然而，以市场为基础的考量似乎并未成为

中国产业政策目标区域对外投资和收购活动的主要动力。相反，中国指导和支持其企业寻求在各个战略部门增强中国发展目标的技术，这些法规、政策和实践给美国商业带来三大负担。

第一，威胁了美国工业的竞争力。中国寻求利用海外投资来升级其国内产业并最终降低、削弱或取代美国在关键领域的竞争力。政府补贴和其他支持中国对外投资的政策和实践，给中国企业获得国外技术资产带来了不公平的优势，从而削弱了美国企业在全球市场上公平竞争的能力。

第二，削弱了美国公司保持创新的能力。在真正的市场竞争中，外国公司往往会在为本地经济带来技术和知识的同时，带动创新和生产率溢出。然而，"几乎所有中国公司的生产力都不及他们的美国同行"。将技术从高效多产的美国公司转移到创新程度和生产效率较低的中国公司，不利于创新，进而损害全球福利。

第三，对在知识产权密集领域市场投资的估价造成了扭曲。中国政府在外资收购方面为其公司提供了广泛支持。这种支持通过人为抬高潜在收购目标的价格，使美国竞争对手处于劣势。换言之，关键资产并未在真正的市场条件下出售和定价——这是可能扭曲整个知识产权市场的事实。因此，美国科技企业在竞争中处于直接劣势，因为他们要被迫与中国政府广泛的支持和干预竞争。

2. 反驳《301 调查报告》中对中国对外投资的批评

（1）获取先进技术是企业正常的市场需求，中国政府并未通过行政审批程序和外汇管控来要求企业对外投资以获取技术为目的

美国在《301 调查报告》中指出，中国商务部和国家发展改革委会分别对境外投资进行审批和审查，其中技术的获取和利用是决定一个部门是否受到鼓励的关键因素。此外，控制外汇的使用是中国政府影响对外投资

的重要工具。2016年中国政府针对外汇使用出台了多种限制，这些限制采用非正式的方式实施，对政府不鼓励的对外投资形式加以限制。

以上的说法并不符合事实。

首先，获取先进技术是企业正常的市场需求。

众多发展中国家企业期望通过对外投资来发展和提高自身实力，克服自身的竞争劣势。这一现象背后的原因是知识的扩散具有地理局限性，毕竟研发行为高度集中于发达经济体。多个研究发现获取技术是巴西、中国台湾、波兰、墨西哥、罗马尼亚等国家和地区企业国际化的重要驱动因素，并且较多以美国为目的地的投资都受到技术获取型动机的驱动。

中国企业也不例外，获取先进技术是企业正常的市场需求。虽然被誉为"世界工厂"，但中国的主要贡献是组装和加工。事实上，超过半数"中国制造"依赖的是国外的核心技术和零配件。中国企业大多利润微薄，产品附加值低。绝大部分利润被那些提供技术、设计、零配件和其他服务的外资企业拿走。因此，中国企业有足够的市场动机，向价值链更高端移动，以面临日益融合和竞争的世界经济，以及更为自由和开放的国内经济。

其次，中国对海外投资的管制实际上是不断放松的。

中国企业对外投资的自主需求与中国政府放松对外投资的管制相辅相成。2000年之前，中国主要处于引入资本阶段，对外直接投资面临诸多限制和障碍。2004年，对外直接投资由审批制转为核准制。随后在2009年、2011年，国家主管部门进一步放松了对企业境外直接投资的限制，逐步下放了审核权限、简化审核手续并且提高审核效率。2014年，监管体制进入以备案制为主的阶段。政府只进行真实性、合规性审核，企业自主决策，自负盈亏。

最后，2016年年底以来，中国政府加强了对外投资真实性和合规性审核主要是出于防止资本外逃的目的。

2016年在全球国际投资直接投资下降了2%的情况下，中国对外直接投资大幅增长了34.7%，非金融类对外投资更是增长了49.3%，而部分行业增长超过100%（例如住宿和餐饮业增长124.8%，文化、体育和娱乐业增长121.4%）。对外投资的泡沫和非理性问题已经凸显。于是，中国政府将房地产、酒店、影城、娱乐、体育俱乐部等境外投资以及没有具体实业项目的股权投资基金或投资平台的项目纳入了限制类对外投资。政策的效果立竿见影，2017年中国非金融类对外直接投资同比下降了29.4%。

从以上分析不难发现，中国政府21世纪以来，不断放松对外投资管控，明确企业主体地位。获取技术是包括中国企业在内的发展中国家企业国际化的重要驱动因素，是企业正常的市场需求。中国政府并未通过行政审批程序和外汇管控来要求企业对外投资以获取技术为目的。

（2）中国的基金和投资公司也是进行市场化运作，需要寻求优质的投资标的

美国在《报告》中指出，自2007年以来，中国国家支持的基金和投资公司蓬勃发展，目前这些实体构成了中国技术收购战略的核心特征。美国在《报告》中还点名批评了"军民融合产业发展基金""国家集成电路基金"、北京亦庄国际投资发展有限公司（"亦庄国投"）、"丝路基金"等基金和投资公司。

事实上，以上美国点名批评的基金和投资公司都是采用市场化方式进行运作。例如，中国首个军民融合产业发展基金国华基金，其团队构成大多采用市场化招聘的方式，还建立了投资决策机制、风险控制机制和激励约束机制等。而北京集成电路股权投资基金在全国范围内公开遴选具有丰富经验的专业市场化基金管理机构。又如，"亦庄国投"一个重要的投资手段，是将资金投入社会化基金之中，用母基金的形式进行资本放大。这种形式的优势在于，通过选择具有丰富行业经验的GP进行投资，有更大概率选中优质项目，从而有效分散投资风险。

此外，"丝路基金"虽然由外汇储备、中投、国家开发银行和中国进

出口银行共同出资注册成立,但其实是一个市场化、专业化程度很高的股权投资机构。"丝路基金"遵循市场化运作投资基金的投资原则,投资地域和行业具有大跨度、多元化的特点。"丝路基金"还利用国际多边机构成熟的管理经验、项目资源和国际影响力,与其他国际多边机构合作,投资于其发起设立的联合基金,并且参与投资成熟的商业基金。

中国的基金和投资公司进行市场化运作的一个重要原因,在于主要资金来源的市场化,因此需要给社会投资人带来良好的投资回报。北京集成电路股权投资基金总规模300亿元,其中社会募资210亿元,占比70%。"亦庄国投"在市场上挑选优质基金进行投资,在基金中通常只占10%—20%的份额,其他资金都是社会化资本。截至2018年2月底,"亦庄国投"共参与设立基金超过50支,基金总规模超2200亿元,亦庄国投认缴规模超270亿元,撬动社会资本的杠杆率超过8倍。

正是由于社会资本的广泛参与,投资回报成为重要的考量。如果投资到劳动密集型、缺乏技术含量的项目中去,投资回报将会有较大的问题。因此,投向主要是战略新兴产业、高技术产业等,这些行业规模增速普遍较快,增加值和利润率较高,投资回报也较为可观。

因此,中国并非如美国在《报告》中所述利用国家支持的基金和投资公司来实施对外投资的技术收购战略。事实上,所谓的"国家支持的基金和投资公司"主要资金来源于市场主体,遵循的是市场化决策和运营,为了追求投资回报,投资到增加值和利润率较高的战略新兴产业和高技术产业。并且绝大部分资金都投资在了国内。

3. 反驳《301调查报告》中对美国在华投资企业不公平待遇的批评

《报告》指责中国政府以履行技术转让要求为前提审批或备案外商投

第九章　中国对外直接投资在宏观国际层面的风险

资。《报告》还认为，中国对外商投资的所有权限制，如合资要求和外国股权比例限制，是中国强制技术转让制度的基石。

（1）《报告》对中国强制技术转让的指责缺乏实质性证据

对投资附加技术转让条件并未被世界贸易组织《与贸易有关的投资措施协议》（TRIMs）列为明确禁止的措施，但中国在加入世界贸易组织时仍然明确承诺，不以技术转让为前提对外商投资企业进行审批。中国政府也一直坚守这个承诺，在出台的相关外资法律规定中均未要求外商投资的审批或备案要以技术转让为前提。相反，中国在《国务院关于积极有效利用外资推动经济高质量发展若干措施的通知》中明确要求"各级人民政府工作人员不得利用行政手段强制技术转让"。

《报告》承认中国在书面上并没有包括强制技术转让的要求，其指责依据主要是："在与许多公司多次私下接洽后，我们没有发现有哪一家公司未曾感受到过这一压力，多数情况下公司只能屈于压力而转让技术""中国的大部分技术转让制度都是幕后操作的，通过匿名调查这一重要的信息来源，我们了解这些制度在实践中是如何运作的"。

可见，美国通过"私下"接触部分企业、"匿名调查"的形式，在没有任何实质性证据的情况下，指责中国"强制性技术转让"政策通过"口头指示"或"幕后操作"实现。这样的指责难以令人信服。

而在2018年7月24—25日美国政府举行的听证会上，数家美国企业均明确表示"没有被强制技术转让"。例如，K2公司总裁马克·布拉德里（Mark Bradley）表示"美国公司没有受到压力向中国公司提供技术"。来自自行车和自行车产品供应商协会的罗伯特·伯恩斯（Robert Burns）也证明"消费品公司并未被要求转让与塑料薄膜有关的敏感技术或知识产权"。Impak公司业务总监Ed Jenkins指出："我们公司或消费者也未被中国制造商要求共享知识产权或被迫转让技术，或是被迫设立合资企业。"以上实例是对《报告》指责的直接反驳。

(2)《报告》将中国企业行为和国家行为混为一谈

中国企业与外国投资者在开展资本、资源、技术、管理、品牌等多方面合作和交易过程中，依据契约，通过适当对价，一个愿意转让，另一个愿意接受转让，这些都属于交易双方自主自愿达成的正常商业行为，中国政府无权干涉。

跨国企业是当代技术创新的主力军，通过授予对创新成果的独占权利使其获得经济回报，有利于激励全球创新活动，从而推动人类知识进步。但如果跨国企业在许可他人使用创新成果时，采取设置不合理的限制条件等种种滥用知识产权的行为来维持垄断地位，将阻碍技术的转移和扩散，从而有违知识产权制度激励知识创新、促进技术扩散的宗旨。

事实上，这些情况大量存在，并被称为限制性商业惯例。早在1980年，联合国就通过了《联合国关于控制限制性商业惯例的公平原则和规则》的多边协议，对部分限制性商业惯例进行了约束。但由于其并不具有强制性和约束性，只是作为推荐和建议供各国政府使用和参考，效力甚微。

(3) 中国对外资在部分行业和领域的股权比例限制与强制技术转让无关

中国对外资在部分行业和领域的股权比例限制，是出于对资源、环境、文化以及部分对国民经济稳定具有重大影响的产业发展和军事安全的考虑。这些都与强制技术转让无关，是多数国家都采用的做法，也是中国和美国等世界贸易组织成员谈判的结果，完全符合世界贸易组织规则和中国加入世界贸易组织的承诺。

而且，中国在不断放宽对外资在部分行业和领域的股权比例限制，推出了一系列扩大对外资开放的措施。例如，刚颁布的《外商投资准入特别管理措施（负面清单）》（2018版），全面放宽第一、第二、第三产业市场准入，涉及金融、交通运输、商贸流通、专业服务、制造、基础设施、能源、资源、农业等各领域，共 22 项开放措施。《清单》保留 48 条特别管理措施，比 2017 年版的 63 条减少了 15 条。

◇◇ 四　部分海外中国企业社会责任缺失造成的不利影响

企业社会责任（CSR）是指企业在创造利润、对股东承担法律责任的同时，还要承担对员工、消费者、社区和环境的责任。在 20 世纪 80 年代以前，全球的企业以股东利润最大化为第一目标。20 世纪 80 年代开始，企业社会责任运动在欧美发达国家逐渐兴起：消费者开始关心产品质量、环境、职业健康和劳动保障，一些非政府组织也呼吁绿色和平环保。21 世纪初企业社会责任才得到中国政府与学术界的广泛关注。

伴随着企业"走出去"的除了中国资本和市场外，还有对当地社会和环境的影响力。在这一过程中，部分中国企业存在社会责任缺失问题，受到了当地社会的揭露、批评和指责。这些问题对中国企业和产品的声誉以及国家形象造成了不利影响，阻碍了中国企业进一步的对外直接投资。具体而言，部分企业社会责任缺失问题主要表现在以下三个方面。

首先，劳资纠纷和劳动者权益保障不足问题。

安全生产意识缺失，对从事危险行业员工的安全保护不足。2005 年 4 月，由中国有色金属建设股份有限公司控股的赞比亚谦比希铜矿发生大规模爆炸，造成 46 人死亡。据赞比亚全国矿业联合工会推测，事故一个重要原因是矿厂雇用不具备相关技术的临时工和廉价工人。2005 年 6 月，赞比亚关闭了由中国人控股的科蓝（Collum）煤炭开采实业公司，原因是该公司缺乏对工作人员的安全保护，让工人在没有穿防护服和防护靴的情况下到井下作业。2010 年 9 月，上海电气股份有限公司在埃塞俄比亚总承包、吉林送变电工程公司分包的电力建设项目发生输电线铁塔坍塌事故，造成5人死亡。2012年12月，大唐集团在建柬埔寨水电站大坝发生开裂，有3名柬埔寨员工失踪，5人轻伤。

在员工的工资和福利待遇方面投入不足。在非洲等欠发达国家，部分中国企业套用国内经验，用金钱刺激鼓励加班、提高劳动强度和延长工时，无视当地法律，雇工不签合同，随意解雇劳工。2011年南非纺织业协会向劳工法庭投诉，要求劳工法庭对那些违反工人最低薪资规定的工厂执行处罚。由于给工人支付的薪酬低于合法水平，南非纽卡索（Newcastle）大部分华人制衣厂都收到了巨额罚单。据非洲制衣和纺织工会统计，2011年年初，南非全国1058家中资制衣企业中，共有562家未达到法定薪酬标准，支付给工人的工资低于当地的最低工资。

其次，缺乏诚信和企业伦理。

生产、销售假冒伪劣、质量低下产品。某些在海外经营的中国企业依赖超常规的低价战略，为了维持低价优势，不时以次充好或降低产品质量标准。有的产品并不符合国外的技术标准、安全标准、质量标准和环保标准。例如，不少越南民众将中国商品作为"低质量、不安全"的代名词。越南人一开始使用的摩托车大都产自中国，后来发现中国摩托车不及日本的耐用，而且经常出故障。

恶性竞争、不重视合约。追求双赢或多赢才是现代企业的竞争理念，但中国企业之间缺乏相互合作，不严格履行合同和恶意竞争的现象时有发生。中国企业在海外有较多的工程承包，但部分中国企业常常在工程竞标时以超低报价赢得承建权，但在实际操作中却以高于竞标价来结算或者以偷工减料等明显违反合同的方式降低成本。中国海外建设集团在波兰A2高速公路的经历就是一个教训。

最后，对当地环境保护重视不够。

20世纪70年代以来，经济发展带来的污染成为发达国家面临的严峻

第九章　中国对外直接投资在宏观国际层面的风险

环境问题，比如"美国拉夫运河事件""日本富山骨痛病事件"等，发达国家因此建立了环境保护相关的条例，让污染环境的行业在发达国家的成本越来越高，于是发达国家都将污染企业搬迁至对环境问题不太重视的发展中国家。目前中国也面临着经济发展带来的环境问题，但是全球的环保意识在不断增强，中国在对外直接投资过程中，却对当地环境保护重视不够。

2004年5月，中国企业作为投资者之一的五指山集团在柬埔寨原住民地区开展伐木业务，对于规划的20万公顷的松树植物园没有进行任何环境影响评估。由于项目的实施会影响到当地的牧区、森林、墓地和生物保护区，当地居民举行了大规模的抗议行动，最终公司不得不中断正在开展的业务。2007年，中冶公司取得阿富汗艾娜克地区的采矿权，开采铜矿将破坏2600年的古迹和6个村落，造成毒物污染。2009年，中电投集团投资兴建的密松水电站由于可能对下游生态环境和居住环境造成破坏而被叫停。2013年5月，国际河流组织发布《新的长城——中国海外水坝行业指南》，在肯定中国企业在全球水坝建设中担任越来越重要的角色的同时，呼吁中国水电企业和银行更积极地采纳与国际标准接轨的海外投资环境影响准则，重视对当地环境的保护。2014年3月28日秘鲁环保机构认定中铝秘鲁特罗莫克（Toromocho）铜矿的废弃物污染当地湖泊，临时叫停了中铝的铜矿作业。2015年7月17日中海油在尼克森油场的输油管发生泄漏造成了当地环境问题，是近30年来北美地区陆上最严重的漏油事件之一。对于外国的绿色组织而言，中国企业的多次污染事件是很好的"危机营销"，让他们有机会进一步表达对中国企业入驻当地的担忧与不满。

第 十 章

哪些中国对外直接投资更容易遭受政治阻力[*]

本章的研究对象是那些因为东道国政治因素而受阻的中国对外直接投资。这里首先阐明两个概念。其一,什么是"受阻"?本章研究的投资受阻指的是那些因为各种原因而没能完成的中国对外直接投资项目,并不针对那些已经完成但绩效表现不佳的项目(投资亏损或失败)。其二,什么是"东道国政治因素"?即与东道国政府行为相关的、能对外国投资企业产生影响的因素,包括东道国国家安全审查、政府换届、政权更迭、政策反复、国有化、政府违约、外资政策变动、国际关系恶化等。

中国企业海外投资受阻的教训亟须得到总结,从而将巨额的花费转化成珍贵的经验。本章从理论上分析了外商直接投资对东道国的政治影响及其反作用。同时,利用2005—2015年22个因为东道国政治因素受阻的中国对外直接投资案例,再结合同期432个成功完成的投资样本,试图通过实证的方式分析受阻投资背后的重要影响因素,并相应提出应对建议。

---

[*] 本章部分内容已发表于王碧珺、肖河《哪些中国对外直接投资更容易遭受政治阻力?》,《世界经济与政治》2017年第4期。

◇ 一 东道国政治风险与对外直接投资的研究现状

一般而言，对外直接投资通常面临三大政治风险：投资被东道国政府征收、难以将投资从东道国本币兑换成外币并转移出境、东道国发生政治动乱。由于传统上对外直接投资的主体是发达国家，因此早期学术界多关注发达国家对发展中国家的直接投资，并认为东道国较高的政治风险不利于吸引国际直接投资。[1] 然而，随着发展中国家对外直接投资的蓬勃兴起，也有研究发现，由于适应了母国制度的不完善，东道国同样不完善的政治制度反而能够吸引来自发展中国家的直接投资。[2] 也就是说，除了绝对制度质量之外，母国和东道国的制度差距也会对两国之间的直接投资产生显著影响。

东道国政治风险对中国海外直接投资的影响在文献中并没有得到一致的结论。例如，同样使用国际国别风险指南（International Country Risk Guide，ICRG）的政治风险指数，有的文献发现东道国政治风险与中国对外直接投资显著正相关，即中国企业反而偏好到政治风险更高的国家进行直接投资，这主要是由于以政府主导的国有企业作为 ODI 主体，利润最大化并非其投资行为的唯一目标，其背后具有一定的政治意图。[3] 有的文献

---

[1] William Easterly, "National Policies and Economic Growth: A Reappraisal", Center for Global Development, 2003, pp. 1015 – 1059.

[2] Tarun Khanna and Krishna G. Palepu, "Emerging Giants: Building World-Class Companies in Developing Countries", *Harvard Business Review*, Vol. 84, No. 10, 2006, pp. 60 – 72.

[3] Peter J. Buckley, L. Jeremy Clegg, Adam R. Cross, Xin Liu, Hinrich Voss and Ping Zheng, "The Determinants of Chinese Outward Foreign Direct Investment", *Journal of International Business Studies*, Vol. 38, No. 4, 2007, pp. 499 – 518; Jing Lin Duanmu, "Firm Heterogeneity and Location Choice of Chinese Multinational Enterprises", *Journal of World Business*, Vol. 47, No. 1, 2012, pp. 64 – 72.

却发现东道国政治风险与中国对外直接投资两者之间并无显著相关关系。由于风险意识不强,东道国的政治风险并未对中国企业对外直接投资产生显著影响。① 还有的文献发现,东道国政治风险与中国对外直接投资显著负相关,即东道国政治风险对中国海外直接投资具有显著的抑制效应。②

这些不一致的结论使得学者开始探讨是否存在某些中间变量来调节东道国政治风险对中国海外直接投资的影响。其中一个中间变量是自然资源丰富程度,有学者发现中国 ODI 更加偏好自然资源丰富但是制度质量差的国家。③ 除了受到获取自然资源的动机影响外,由于中国企业对经济发展水平更低的经济体投资存在比较优势,也使得中国 ODI 表现出的风险偏好特性实际上是一个假象。④ 除了经济因素外,ODI 企业对政治风险的关注程度还取决于中国与东道国的双边关系。具体而言,在与中国友好国家投资时,企业并不关注东道国政治风险;但在非友好国家投资时,企业表现出较为明显的风险规避倾向。⑤ 而双边外交活动能够帮助中国企业克服东道国制度不完善对投资带来的不利影响。⑥

---

① Yin-Wong Cheung and Xingwang Qian, "Empirics of China's Outward Direct Investment", *Pacific Economic Review*, Vol. 14, No. 3, 2009, pp. 312 – 341; Diego Quer, Enrique Claver and Laura Rienda Quer, "Political Risk, Cultural Distance, and Outward Foreign Direct Investment: Empirical Evidence from Large Chinese Firms", *Asia Pacific Journal of Management*, Vol. 29, No. 4, 2012, pp. 1089 – 1104.

② 韦军亮、陈漓高:《政治风险对中国对外直接投资的影响——基于动态面板模型的实证研究》,《经济评论》2009 年第 4 期;王海军:《政治风险与中国企业对外直接投资——基于东道国与母国两个维度的实证分析》,《财贸研究》2012 年第 1 期。

③ Ivar Kolstad and Arne Wiig, "What Determines Chinese Outward FDI?", *Journal of World Business*, Vol. 47, No. 4, 2012, pp. 26 – 34.

④ 杨娇辉、王伟、王曦:《我国对外直接投资区位分布的风险偏好:悖论还是假象》,《国际贸易问题》2015 年第 5 期。

⑤ 孟醒、董有德:《社会政治风险与我国企业对外直接投资的区位选择》,《国际贸易问题》2015 年第 4 期。

⑥ 张建红、姜建刚:《双边政治关系对中国对外直接投资的影响研究》,《世界经济与政治》2012 年第 12 期。

第十章 哪些中国对外直接投资更容易遭受政治阻力

以上文献的一个共同缺陷是,研究的对象是"已完成"的对外直接投资,被解释变量是以流量或者存量衡量的 ODI 规模。而针对"受阻"的对外直接投资的研究相对较少。为什么东道国会反对外商直接投资?早期的文献大多关注发展中国家对来自发达经济体外资流入的反应。其中,发展中国家最主要的担心是对发达国家及其企业的过度依赖。[1]

近年来,伴随着以中国为代表的发展中国家对外直接投资的大幅增加,发达国家对来自发展中经济体外资流入的反应成为热点研究问题。由于美国联邦政府阻止外国企业并购美国企业的唯一法律依据是该交易可能威胁到美国国家安全。因此,相当多的研究围绕 CFIUS 展开。但大多数文献主要关注单个案例和事件,并且以定性阐述为主。[2] 对 CFIUS 审查进行定量研究的学者有保罗·康奈尔(Paul Connell)。康奈尔先用事件分析方法研究 5 个被 CFIUS 阻止的并购交易,发现 CFIUS 的阻止导致数十亿美元的财富转移给美国本土企业。康奈尔进一步利用 76 个遭受 CFIUS 调查的案例进行回归分析,发现 CFIUS 的决策似乎并无歧视性,并没有针对特定国家。[3]

针对"受阻"的中国对外直接投资的研究同样非常有限,主要是媒体报道,学术期刊文章较少。少数研究包括王启洋和任荣明构建了一个

---

[1] Theodore H. Moran, "Multinational Corporations and Dependency: A Dialogue for Dependentistas and Non-Dependentistas", *International Organization*, Vol. 32, No. 1, 1978, pp. 79 – 100; Tony Smith, "The Underdevelopment of Development Literature: The Case of Dependency Theory", *World Politics*, Vol. 31, No. 2, 1979, pp. 247 – 288.

[2] Deborah M. Mostaghel, "Dubai Ports World Under Exon-Florio: A Threat to National Security or a Tempest in a Seaport?", *Albany Law Review*, 583, 2007; Kam-Ming Wan and Ka-fu Wong, "Economic Impact of Political Barriers to Cross-Border Acquisitions: An Empirical Study of CNOOC's Unsuccessful Takeover of Unocal", *Journal of Corporate Finance*, Vol. 15, No. 4, 2009, pp. 447 – 468.

[3] Paul Connell and Tian Huang, "An Empirical Analysis of CFIUS: Examining Foreign Investment Regulation in the United States", *Yale Journal of International Law*, Vol. 39, No. 1, 2013, pp. 131 – 163.

东道国与外资企业的利益博弈分析框架,其中一个均衡结果是外资企业如果能主动将自己的部分收益转移给东道国,会使得东道国由设立投资壁垒转向不设立投资壁垒。但作者并未用数据进行实证检验。① 还有一些研究针对的是特定案例、行业和国家。② 这些研究同样缺乏用实证方法进行检验,也没有从理论上系统地阐述对外直接投资屡屡遭遇政治阻力的机理。

将理论与实证较好结合的研究代表是达斯汀·廷利(Dustin Tingley)等人。廷利等认为三大因素使得中国在美并购更容易遭受政治反对,包括国家安全方面的考虑、对美国国内不景气行业的保护以及对等开放的诉求。廷利等进一步使用1999—2014年569个交易样本进行回归分析证实了其理论假设。③ 值得注意的是,廷利的文章样本中遭受政治反对的中国对美并购并不一定最后"受阻"。事实上,即使遭受政治反对也得以完成的交易,甚至在并购完成之后才遭遇政治反对的案例都在样本之中。

本章试图弥补现有文献的不足。一方面,从理论上系统分析外商直接投资对东道国的政治影响机制。正是由于这些影响的存在,外商直接投资必然要面对其所引发的政治反作用。另一方面,本章较为全面地归纳了中国海外直接投资受阻的案例,并结合同期"已完成"的ODI,通过实证的方式分析受阻投资背后的重要影响因素。

---

① 王启洋、任荣明:《投资壁垒的博弈分析及我国企业的应对策略研究》,《国际贸易问题》2013年第3期。

② 潘晓明:《从墨西哥高铁投资受阻看中国对外基础设施投资的政治风险管控》,《国际经济合作》2015年第3期;刘德健:《中国对澳矿业领域投资受阻分析与思考》,《中国矿业》2014年第7期;郭春梅:《中国在澳投资受阻的原因及其启示》,《现代国际关系》2014年第10期。

③ Dustin Tingley, Christopher Xu, Adam Chilton and Helen V. Milner, "The Political Economy of Inward FDI: Opposition to Chinese Mergers and Acquisitions", *The Chinese Journal of International Politics*, Vol. 8, No. 1, 2015, pp. 27–57.

第十章　哪些中国对外直接投资更容易遭受政治阻力 | **189**

◇ 二　对外直接投资对东道国的政治影响及其反作用

对外直接投资之所以会屡屡遭遇"政治化"问题，就在于其本身确实会对东道国的国内政治产生多种影响。其一，出于有意或者无意，投资国通过 ODI 可能获得威胁东道国"国家安全"的能力，并且东道国身处的国际环境越复杂，ODI 带来的潜在风险也就越高；其二，ODI 会带来新的企业运作规则和惯例，这往往会在东道国引起"市场行为规范"的政治争论；其三，ODI 还可能导致东道国社会各阶层收入的结构变化，冲击既有利益格局，重塑其国内政治联盟。① 总而言之，既然 ODI 会增加国家安全风险、带来商业规范争论、引起东道国的收入及政治结构变化，那就必然要面对其所引发的政治反作用。

1. ODI 与国家安全

ODI 很容易与国家安全问题纠缠在一起。因此，ODI 在东道国会面临国家安全审查这一直接的政治反作用。虽然经济合作与发展组织（OECD）一直致力于确定国家安全的明确范围，并为安全审查提供了包括"非歧视""透明和可预见""适度"和"可追责"在内的各项原则，但是这一程序仍然相当不透明。② 即使不少国家会为触发该类审查设定投

---

① Andrew Kerner, "What We Talk About When We Talk About Foreign Direct Investment", *International Studies Quarterly*, Vol. 58, No. 4, 2014, pp. 804 – 815.
② "Guidelines for Recipient Country Investment Policies Relating to National Security", Recommendation adopted by the OECD Council, 25 May, 2009, pp. 1 – 4.

资数额和行业门槛，但是审查进程本身并不公开，几乎完全取决于东道国相关部门的自由裁量。①

ODI 之所以会带来国家安全风险，是因为投资国和东道国在国家政策和目标上存在差异，并且前者能通过在能源、通信、基础设施等领域的直接投资来控制东道国的战略性资产，以此获得损害东道国实现政策目标的能力。② 从历史看，这种风险确实存在。20 世纪 70 年代，中东产油国就曾利用石油这一经济产品向西方各国施压，试图改变后者对以色列的政策。此举使得美国对产油国在美拥有的大量直接投资空前警惕。因此，美国才在 1975 年设立了 CFIUS，当时其主要任务就是审查欧佩克（OPEC）国家对美国的投资。9·11 恐怖袭击后，迪拜港口世界公司（Dubai Ports World）试图收购拥有六家美国港口经营权的世界航运业巨头英国铁行轮船公司。这一交易又促使美国政府强化了国家安全审查机制，并在国会的呼吁下界定了关键性基础设施的明确标准，同时在相关问题上采用举证责任倒置的原则。值得注意的是，国家安全审查与国家政策分歧之间的相关性也不是绝对的。即使政策分歧并不明显，发达国家在某些重要基础设施领域同样可能以国家安全为由限制来自盟国的投资。例如，里根政府就在 1988 年下令禁止富士通（Fujitsu）收购仙童半导体公司（Fairchild Semiconductor），而日本也曾利用这一机制阻止英国公司进入本国电信业。③

支持国际直接投资自由化的学者和国际组织一直在推动国家安全审查机制的透明化。例如，明确"敏感行业"的范围、以确保核心技术人员

---

① Stephen Kirchner, "Foreign Direct Investment in Australia Following the Australia-US Free Trade Agreement", *The Australian Economic Review*, Vol. 45, No. 4, 2012, pp. 410 – 421.

② Thomas A. Hemphill, "Sovereign Wealth Funds: National Security Risks in a Global Free Trade Environment", *Thunderbird International Business Review*, Vol. 51, No. 6, 2009, pp. 551 – 566.

③ Rikako Watai, "US and Japanese National Security Regulation on Foreign Direct Investment", *Asia Pacific Bulletin*, East-West Center, July 2, 2013.

的安全性来代替中止并购以及制订统一的国际审查程序等。① 但是，包括美国在内的各国政府更愿意维持当前灵活自主的安全审查机制。从 ODI 输出国和相关企业的角度来说，当前各国普遍由行政部门主导的国家安全审查机制也具有两面性。由于掌握了最终裁量权，政府既可以利用这一机制来抵挡国内利益集团的施压，又可以利用其不透明性为这些集团服务。

2. ODI 引起的市场规则之争

除了国家安全问题以外，不断涌入东道国的 ODI 还会带来输出国的经济活动规范和惯例的扩散。一旦两者处于不同的发展阶段或者具备迥异的社会结构，并因此在经济活动中奉行不同的原则，就会产生规则冲突。这一点在发展中国家和发达国家之间表现得尤为明显。

ODI 对东道国带来的"规则震荡"最初主要影响的是发展中国家。在这些国家运作的外资企业，会依靠经济力量或者本国政府，向东道国直接或间接施压，要求改变当地的既有制度。发展中东道国的法律、习惯和规范往往被看成是影响现代经济活动的政治风险来源，因而被不断要求在制度上向发达国家靠拢，或者说"提高政治制度质量"。② 尽管这类冲突至今仍然存在，但是由于特定的制度环境确实能够吸引更多发达国家的 ODI，因此作为东道国的发展中国家在大部分情况下还是会选择接纳"新规则"，以满足资本输出国的要求。③ 近年来，虽然发展中国家间相互投

---

① Edward M. Graham and David M. Marchick，"U. S. National Security and Foreign Directive Investment"，Peterson Institute，May 2006.

② Kazunobu Hayakawa，Fukunari Kimura，and Hyun-Hoon Lee，"How Does Country Risk Matter for Foreign Directive Investment"，*The Developing Economies*，Vol. 51，No. 1，2013，pp. 60 – 78.

③ Shannon Lindsey Blanton and Robert G. Blanton，"What Attracts Foreign Investors: An Examination of Human Rights and Foreign Direct Investment"，*The Journal of Politics*，Vol. 69，No. 1，2007，pp. 143 – 155.

资的迅速增长似乎也说明了并不存在某种吸引 ODI 的绝对标准和环境，而是两国间的"制度距离"（institutional distance）越小越有利于 ODI 在东道国的运作。① 但在实践中，发达国家的主导地位决定了其青睐的规则能够在争议中不断持续扩散。

然而，伴随着新兴市场国家对外直接投资的大幅增长，发达国家也开始面临逆向的"规范震荡"。一方面，在诸如非洲这样的发展中东道国，来自新兴市场的 ODI 往往对于当地的腐败或者"不良治理"有更高的容忍度，这在一定程度上对冲了发达国家 ODI 在扩散本国规范上的效果。② 另一方面，以中国为代表的新兴市场国家跨国企业，还在包括发达国家在内的世界范围内致力于获取战略性资源。③ 这引起了当地企业和政府对于其"不计成本"的"非市场行为"的怨言和对此类 ODI 意图的疑虑。在发达国家看来，由于遵循不同的运作逻辑，新兴市场国家的 ODI 给在东道国运营的其他企业带来了不正当竞争的压力。只有完善现有的市场竞争规则，并对拥有国家支持的企业进行相应限制才能重新恢复平衡。

目前，为了减少部分新兴市场国家跨国企业所享有的国家支持优势，发达国家已将实现"竞争中立（competitive neutrality）"作为现阶段规则竞争的重点，要求限制乃至取消国有和私营企业所享受的国家特殊优待。④ 在美欧等国看来，包括中国政府在内的新兴市场国家，不仅赋予本

---

① Agnès Bénassy-Quéré, Maylis Coupet and Thierry Mayer, "Institutional Determinants of Foreign Direct Investment", *The World Economy*, Vol. 30, No. 5, 2007, pp. 764 – 782.

② Geoffrey Wood, Khelifa Mazouz, Shuxing Yin and Jeremyeng-Tuck Cheah, "Foreign Direct Investment from Emerging Markets to Africa: The HRM Context", *Human Resource Management*, Vol. 53, No. 1, 2014, pp. 179 – 201.

③ Jiangyong Lu, Xiaohui Liu and Hongling Wang, "Motives for Outward ODI of Chinese Private Firms: Firm Resources, Industry Dynamics, and Government Policies", *Management and Organization Review*, Vol. 7, No. 2, 2010, pp. 223 – 248.

④ Antonio Capobianco and Hans Christiansen, "Competitive Neutrality and State-Owned Enterprises: Challenges and Policy Options", OECD Corporate Governance Working Papers, No. 1, OECD Publishing, 2011, pp. 11 – 12.

国企业多种政策支持，还会对本国企业的海外运作做出具体指示，因此亟须制订规则来予以矫正。① 在跨太平洋伙伴关系协定（TPP）和跨大西洋贸易与投资伙伴协定（TTIP）谈判中，欧盟已经表达了强烈反对"国家诱使和命令国有企业（SOE）或者特权企业（SER）采取反竞争行为、颁布有利于某些企业的管理措施、向其提供补贴或者采取其他能产生类似效果的做法"的立场。② 美国也表达了对国有企业和服从国家指令的私人企业享受不正当政策支持或者以"非经济"方式进行活动的担忧。③

无论是输入还是输出 ODI，发展中国家都会面临两种规则所带来的紧张和冲突，并且在这两类斗争中往往都处于相对被动的劣势地位。如果说发达国家在 ODI 输出的第一阶段是要推广自由贸易原则，并在竞争性的国际体系中将各国塑造成强调跨国企业效率和国家吸引外资能力的"竞争力国家（competition state）"，④ 那么当前新一轮的国际经贸规则博弈无疑指向切断国家和企业间的直接联系，消除新兴国家 ODI 的优势，确保自由主义市场经济原则的继续扩散。

3. ODI 的分配效应与国内政治

除了国家安全问题和异质经济模式所引起的规则之争外，改变社会各

---

① 荣大聂、提洛·赫恩曼：《中国对发达经济体的直接投资：欧洲和美国的案例》，《国际经济评论》2013 年第 1 期。

② *Initial Position Papers for 1ˢᵗ Round Negotiations*, European Commission Directorate-General for Trade, Directorate E, Unit E1, Trade relations with the United States and Canada, Brussels, TIPP Rules Group, Anti-Trust & Mergers, Government Influence and Subsidies, June 19, 2013.

③ "Establishing Rules of the Road: Commercial SOEs and Private Actors, U. S. Chamber of Commerce and National Foreign Trade Council", SOE Presentation, March 4, 2012, Melbourne.

④ Tore Fougner, "The State, International Competitiveness and Neoliberal Globalisation: Is There a Future Beyond the Competition State?", *Review of International Studies*, Vol. 32, No. 1, 2006, pp. 165 – 185.

集团间的收入分配是ODI所能造成的最直接影响,这种利益得失的变化还会进而重塑东道国国内政治联盟。不过,当前学界对于ODI究竟会带来何种政治影响依然存在分歧。积极派认为,ODI会显著提高东道国对劳动力的需求,有助于改善劳工待遇;而本地的资本所有者则会遭遇成本上升和更激烈的市场竞争。因而,民主化程度越高的政府就会越欢迎ODI。[1] 消极派则认为,无论是以市场为目标的横向ODI、以效率为目标的纵向ODI、还是知识资本模式(knowledge-capital model)的综合型ODI,都会加剧劳工间工资收入差距,恶化低技能群体的经济状况。[2] 在某些极端案例中,ODI甚至无法提高任何一个劳工群体的工资收入,只有本地的资本所有者能够从中获利。[3] 在现实政治中,执政集团也会对ODI进行区别对待。例如,亲劳工的政府会鼓励有利于提高劳工待遇的ODI流入,而亲资本的政府则会鼓励降低劳工成本的ODI流入。[4] 因此,ODI会遭遇何种东道国的政治障碍与其对该国再分配状况的影响密切相关。

在与ODI相关的诸多指标中,就业安全(employment security)最具政治动员力。但是现有研究难以确定ODI对整体就业安全是否具有长期的正面效应。大部分学者在承认ODI企业一般具备竞争优势、能够提供更高工资和更稳定工作的同时,也会强调这并不一定意味着社会总福利的增加。[5]

---

[1] Sonal S. Pandya, "Democratization and Foreign Direct Investment Liberalization, 1970 – 2000", *International Studies Quarterly*, Vol. 58, No. 3, 2014, pp. 475 – 488.

[2] Maureen Lankhuizen, "The (Im) possibility of Distinguishing Horizontal and Vertical Motivations for ODI", *Review of Development Economics*, Vol. 18, No. 1, 2014, pp. 139 – 151.

[3] Andreas Waldkirch, "The Effects of Foreign Direct Investment in Mexico Since NAFTA", *The World Economy*, Vol. 33, No. 5, 2010, pp. 710 – 745.

[4] Pablo M. Pinto and Santiago M. Pinto, "The Politics of Investment Partisanship and the Sectoral Allocation of Foreign Direct Investment", *Economics & Politics*, Vol. 20, No. 2, 2008, pp. 216 – 254.

[5] Sourafel Girma and Holger Görg, "Evaluating the Foreign Ownership Wage Premium Using a Difference-In-Differences Matching Approach", *Journal of International Economics*, Vol. 72, No. 1, 2007, pp. 97 – 112.

第十章 哪些中国对外直接投资更容易遭受政治阻力

原因是 ODI 的流入,尤其是新进入国内市场(extensive margin)的 ODI 会对该行业中低技术工人的就业产生负面冲击。① 此外,也并非所有外资企业都具备竞争优势。有些来自私人企业、投入非出口部门的小规模 ODI 反倒会因为缺少本地经营网络而危及就业安全。② 研究发现,那些收购出口企业的纵向 ODI 有利于长期就业安全和整体就业率增长。③

除了就业安全之外,收入差距同样是重要的政治因素。横向比较显示,东道国技术水平越先进,ODI 对其国内收入差距的影响就越小。这意味着同一性质的 ODI 在发达国家和发展中国家对收入差距的影响程度并不相同。对于前者来说,ODI 在收入差距上的扩大效应往往并不明显。这是因为在经济发达、技术先进的国家,外资企业通常扮演着技术的接受者而非传授者的角色,所以并不会显著提高对技术工人的需求,也不会进而导致收入分化。④ 这一点在美国表现得尤为明显。日本 20 世纪 80 年代在美国的大量直接投资并没有促进美国的产业升级、增加高技术工人的收入,相反还扩大了对相对低技术劳工的需求,降低了收入差距。⑤

因此,ODI 对东道国不同社会集团间收入分配的影响,主要取决于

---

① Ronald Bachmann, Daniel Baumgarten and Joel Stiebale, "Foreign Direct Investment, Heterogeneous Workers and Employment Security: Evidence from Germany", *Canadian Journal of Economics*, Vol. 47, No. 3, 2014, pp. 720 – 757.

② Martyn Andrews, Lutz Bellmann, Thorsten Schank and Richard Upward, "Foreign-Owned Plants and Job Security", *Review of World Economics*, Vol. 148, No. 1, 2012, pp. 89 – 117.

③ Roger Bandick and Holger Gorg, "Foreign Acquisition, Plant Survival and Employment Growth", *Canadian Journal of Economics*, Vol. 43, No. 2, 2010, pp. 547 – 573.

④ Eckhardt Bode and Peter Nunnenkamp, "Does Foreign Direct Investment Promote Regional Development in Developed Countries? A Markov Chain Approach for U. S. States", *Review of World Economics*, Vol. 147, No. 2, 2011, pp. 351 – 383.

⑤ Bruce A. Blonigen and Matthew J. Slaughter, "Foreign-Affiliate Activity and U. S. Skill Upgrading", *Review of Economics and Statistics*, Vol. 83, No. 2, 2001, pp. 362 – 376.

ODI 本身的性质和东道国的发展程度。而可能或者已经在这一过程中受损的群体，就会通过已有的政治机制来阻碍相关 ODI 的进入和运营。需要强调的是，单就美国而言，其技术领先地位实际上为 ODI 的进入提供了更为有利的国内政治环境：一方面，ODI 往往并不意味着更强的竞争力，通常不会导致国内市场竞争明显加剧；另一方面，外国在美投资的目的一般不是基于效率驱动，通常不会采取减少工作岗位或者降低工资之类的措施，对本地劳工的福利威胁较小。因此，ODI 在美国这样的发达国家所遭遇的"政治化"挑战，主要来自资本收购上的直接竞争对手和联邦政府层面，而不是本地选民或者州政府层面。

以上分析说明了 ODI 对东道国国内政治影响的三个主要方面及其反作用。在大多数情况下，商业对手也正是利用以上理由与政治环境来阻碍竞争性 ODI 的流入。在理论梳理之后，本章接下来将从实际案例着手进行分析。

三　中国海外直接投资受阻的案例分析

本节研究的投资受阻案例针对的是那些因为东道国政治原因而没能完成的对外直接投资。由于并没有机构和学者详尽统计过中国对外直接投资的受阻情况，本节利用《全球并购交易分析库》（BVD-ZEPHYR）中状态为"撤回（withdraw）"的交易信息以及美国企业研究所（AEI）和传统基金会（The Heritage Foundation）发布的"中国全球投资追踪"（China-Global-Investment-Tracker）中"遇到麻烦的交易（Troubled Transactions）"数据，结合财信、路透、彭博、《金融时报》等国内外媒体的报道以及《中国证券报》、相关公司网站的信息披露等途径，共收集了 2005—2015 年 22 个受阻的中国对外直接投资案例（见表 10.1）。

表 10.1　　　　　中国对外直接投资受阻案例一览

序号	年份	案例
1	2005	五矿收购加拿大诺兰达矿业
2	2005	中海油收购美国石油公司优尼科（Unocal）
3	2008	华为收购美国 3Com
4	2009	中铝增持澳大利亚力拓公司股权
5	2009	西色国际投资有限公司收购美国优金矿业公司部分股权
6	2009	中石油收购加拿大 VERENEX 能源公司
7	2010	华为收购摩托罗拉的无线网络设备业务
8	2010	华为收购美国私有宽带互联网软件提供商 2Wire
9	2010	唐山市曹妃甸投资有限公司收购美国埃默克公司部分股权
10	2011	华为收购美国三叶系统公司（3Leaf Systems）
11	2011	神华集团收购蒙古塔本陶勒盖煤矿部分股权
12	2012	中铝收购加拿大南戈壁公司部分股权
13	2012	中坤集团冰岛旅游开发项目
14	2013	中国北方工业公司投资万宝矿产（缅甸）铜业有限公司
15	2014	中国工艺集团公司收购南非宝瓶座铂业（Aquarius Platinum）旗下两座铂金矿的项目
16	2014	中国中铁投资中缅皎漂—昆明铁路项目
17	2015	烟台市台海集团收购英国谢菲尔德铸锻公司
18	2015	中资财团（金沙江创投与橡树投资伙伴联合组成的基金）收购美国飞利浦 Lumileds 照明
19	2015	清华紫光集团收购美国芯片存储巨头美光科技公司
20	2015	中国交通建设集团有限公司斯里兰卡科伦坡港城项目
21	2015	上海鹏欣（集团）有限公司收购澳大利亚 S. Kidman 养牛场
22	2015	中国铁建墨西哥高铁项目中标结果被撤销

资料来源：笔者自制。

1. 受阻案例特征

这些受阻案例呈现如下特征（见表10.2）。

第一，受阻案例以国有企业为主。在这22个受阻案例中，14个是国有企业，占受阻数量的63.64%、受阻金额的88.1%。其中，10个受阻项目的投资者是央企。另外，在受阻的22个案例中仍然有8个属于民营企业，其中华为有4项投资受阻，全部发生在美国，分别为2008年收购3Com公司、2010年收购美国私有宽带互联网软件提供商2Wire和摩托罗拉的无线网络设备业务以及2011年收购3Leaf公司。

第二，采矿业、通信业和建筑业是投资受阻较为集中的三大行业。40.91%的受阻项目投资于海外采矿业，占受阻金额的75.22%，其中2个是煤炭项目、2个是油气项目、5个是铁铝铜金等矿物项目。通信设备、计算机及其他电子设备制造是仅次于采矿业的投资受阻重灾区，在项目数量上占比22.73%、在受阻金额上占比9.92%。此外，样本中还有3例投资受阻发生在建筑业，占投资受阻总金额的9.23%。

表10.2　　中国对外直接投资受阻案例统计特征

	数目	占比(%)	投资额（百万美元）	占比(%)
所有制结构				
民营企业	8	36.36	7590.15	11.90
国有企业	14	63.64	56196.81	88.10
行业结构				
农、林、牧、渔业	1	4.55	250	0.39
采矿业	9	40.91	47979.01	75.22
制造业	8	36.36	9659.95	15.14
其中：通信设备、计算机及其他电子设备制造	5	22.73	6324.5	9.92
建筑业	3	13.64	5890	9.23
文化、体育和娱乐业	1	4.55	8	0.01

第十章 哪些中国对外直接投资更容易遭受政治阻力

续表

	数目 (%)	占比 (%)	投资额（百万美元）	占比 (%)
国家分布				
发展中国家	8	36.36	10497	16.46
其中：蒙古国	2	9.09	3800	5.96
缅甸	2	9.09	1070	1.68
墨西哥	1	4.55	3700	5.80
斯里兰卡	1	4.55	1430	2.24
利比亚	1	4.55	460	0.72
南非	1	4.55	37	0.06
发达国家	14	63.64	53289.96	83.54
其中：美国	9	40.91	28178.3	44.18
澳大利亚	2	9.09	19750	30.96
加拿大	1	4.55	5346.01	8.38
冰岛	1	4.55	8	0.01
英国	1	4.55	7.65	0.01

资料来源：笔者根据文中所列信息源资料自制。

第三，受阻投资绝大多数发生在发达国家，尤其是美国。83.54%的受阻投资发生在发达国家，其中尤以美国为主，有9项受阻投资，占中国在发达国家受阻投资项目数的64.29%、项目金额的52.88%。除了美国以外的发达国家中，中国企业在澳大利亚有2项受阻投资，在加拿大、冰岛和英国各有1项受阻投资。中国在发展中国家遭遇的投资受阻则相对少一些，占总受阻投资项目数的36.36%、受阻投资金额的16.46%。其中，蒙古国和缅甸各有2起受阻投资，墨西哥、斯里兰卡、利比亚和南非各有1起受阻投资。

2. 受阻原因分析

从中国这22个具体案例来看，国家安全、规则冲突和分配效应这三类因素均有所涉及。其中，国家安全是阻碍中国企业海外投资的最突出因素,同时存在于对发达国家和发展中国家的投资中;市场规则引起的投资受阻集中于发达国家,并基本融入了国家安全审查之中;分配效应方面,中国投资在发展中国家会遭遇直接的国内政治阻碍,而在发达国家该效应往往会通过国家安全来发挥作用

(1) 国家安全

如前所述,国家安全是一个较为模糊的概念,各国在审查中有不同的解释与适用。以美国 CFIUS 制度为例,国家安全涉及4个关键项:①关键性基础设施,包括农业和食品、国防工业、能源、公共健康和保健业、银行和金融、水务、化学品、商业设施、水坝、信息技术、电信、邮政和运输等;②关键技术,主要是与国防密切相关的关键技术;③关键地点,邻近美国关键基础设施的区域;④有外国政府背景的企业和资本。CFIUS的分类具有相当程度的代表性,在中国投资受阻的案例中,第2项和第3项能够单独构成拒绝理由,第1项和第4项则通常被同时提及。

关键技术。在案例2中,中海油在2005年对美国石油公司优尼科(Unocal)发出收购要约后引发了美国政坛的强烈反对。众议院以398对15的绝对多数票数通过了抗议法案,要求时任美国总统小布什运用CFIUS国家安全审查机制,严查中海油收购案。其主要担心优尼科公司拥有的先进海底地形测绘技术被中海油获得后会有助于中国潜艇技术的发展。案例17中,烟台市台海集团收购谢菲尔德铸锻公司被英国当局阻止。谢菲尔德铸锻公司为欧洲军用战机的发动机锻造精密部件,同时也是欧洲水面舰艇重型锻造部件的供应商。英国担忧向中国企业出售该公司控股权会最终导致某些关键军事技术的变相转让。

地理位置。在案例5中,西北有色地质勘查局下属全资子公司西色国际2009年计划收购美国优金(Firstgold)矿业公司,但CFIUS建议西色国际撤销这一投资计划,理由是优金在美国内达华州的部分资产靠近法伦海军航空站,也就是涉及"关键地点"。与之类似,在案例21中,上海鹏

欣（集团）有限公司收购澳大利亚 S. Kidman 养牛场的提议被澳大利亚外国投资审查委员会（FIRB）驳回。其中一个重要原因是该养牛场的一半土地位于澳大利亚南部乌美拉沙漠实验场武器试验范围之内。

敏感产业部门与外国政府背景。在案例 2 中，中海油 2005 年对美国石油公司优尼科（Unocal）发起收购。当时，一方面，中美经贸关系紧张，双边贸易争端激烈，美国围绕人民币升值、中国兑现"入世"承诺等问题不断对华施压；另一方面，美国国内正处于重视能源安全的高峰期。中海油收购案就如同一个导火索，引爆了美国政坛的对华疑虑情绪，国会甚至投票要求政府调查中方的收购动机。在案例 8 中，华为收购美国私有宽带互联网软件提供商 2Wire 时，正值美国国内和国际对网络安全高度重视的时期，同时还有一系列有关中国黑客攻击他国政府和企业网络、窃取信息的指责。华为首席营销官余承东在接受媒体采访时曾坦言，在过去受政治因素影响相对较小的时候，华为没有在北美市场及时抓住机遇。如果当时抓住了，华为现在可能已经成为北美的主要供应商，许多问题反而好解决了。[①] 在案例 10 中，华为在收购美国三叶系统公司（3Leaf Systems）时虽然没有遭遇关键技术问题的阻挠，但是 CFIUS 最终仍以其与中国军方存在联系为由建议撤回收购。在案例 4 中，中铝增持澳大利亚力拓公司股权也遭遇到了"中铝受到中国政府的控制""不能让中国拥有澳大利亚"等国家安全指控。澳洲政府迫于压力，一再推迟审批。最后，力拓单方面取消了与中铝的协议，并宣布与必和必拓成立铁矿石合资公司。

归根到底，国家安全是一个政治概念，因而国家安全审查也必然具有歧视性。例如，案例 5 中在法伦海军航空站附近还有加拿大的巴里克、澳大利亚的力拓等其他外国采矿公司在作业，有的甚至比优金公司离得更

---

① 《华为放弃收购 3Leaf 再度受制"安全问题"》，《南方都市报》2011 年 2 月 22 日。

近。实践中,各国针对外国投资的国家安全审查过程并无统一标准,主要仍取决于东道国行政部门的自由裁量。

除美国、加拿大、澳大利亚等发达国家外,中国企业在发展中国家投资也遭遇了来自国家安全上的阻碍。在案例6中,中石油拟收购加拿大 VERENEX 能源公司,该公司主要业务在利比亚,其石油产量的86.3%归利比亚政府所有,但利比亚政府出于"过度依赖中国"的担忧,拒绝批准这桩收购提案。在案例12中,中铝拟收购加拿大南戈壁公司部分股权,该公司的主要资产在蒙古国。但蒙古国当局以威胁国家安全为由暂停了南戈壁公司拥有的若干勘探及开采活动许可证,中铝只得放弃投资。

(2) 市场规则

当前,虽然发达国家对"市场中立原则"日益重视,针对中国国有企业"享有特权"的批评也在不断增加,但是尚未出现单纯因为"竞争优势"而导致投资受阻的案例。相反,对中国企业进行"非商业行为"的怀疑是导致中国海外投资受阻的重要因素。例如,案例2中海油收购优尼科、案例4中铝增持力拓公司股权、案例8华为收购2Wire、案例10华为收购3Leaf虽然均是因国家安全因素而导致投资搁浅,但是之所以涉及国家安全就在于美国、澳大利亚等发达国家的东道国政府、社会怀疑中国企业进行相关投资的动机是出于影响东道国外交政策,进行战略布局、获取国家资源保障等非商业目的。在包括限制国有企业和特权企业条款在内的竞争中立原则在审查海外投资中发挥更明显作用前,暂时可以认为市场规则因素已经被国家安全因素所吸纳。

(3) 分配效应与国内政治

中国海外投资的巨大体量往往会对发展中国家,特别是治理问题突出、社会分裂严重的中小国家的国内产业发展和财富分配产生重大影响,进而引发激烈的国内政治斗争。在发达国家,中国以技术、市场和品牌为主要导向的投资通常不会对社会的整体利益分配和政治格局产生显著影响。它们要面对的是利益受损的少数竞争对手的阻挠，后者会利用甚至操纵特定政治议题来妨碍中国的海外投资。

在发展中国家，中国的海外投资项目经常被视为对现政权的政治和经济支持，容易招致反对力量的激烈抗议，中国对缅甸的投资就是典型代表。案例14和案例16均是中国与军政府签署的投资项目，在缅甸启动民主化进程后，也相继被叫停。在投资过程中，由于注重走"上层路线"，对缅甸社会变局和公民诉求缺乏了解和重视，中方企业还遭遇了缅甸当地政治组织和民众的持续抗议。在案例20中，由于中国与马欣达·拉贾帕克萨（Mahinda Rajapaksa）政权关系亲密，在斯里兰卡经历了政府更迭后，新上任的迈特里帕拉·西里塞纳（Maithripala Sirisena）政府立即宣布中止中国交通建设集团承建的科伦坡港口城项目并予以审查。早在竞选过程中，西里塞纳和反对派就指责这一项目贷款利率高、危害环境等，只有拉贾帕克萨的少数支持者从中受益，这使得港口城项目一直处于舆论的风口浪尖。在案例22中，中铁建牵头的国际联合体中标了墨西哥城至克雷塔罗州的高速铁路项目，但3天后中标结果即被撤销。其中的重要原因是与中国企业合作的四家公司都与墨西哥执政党"过分亲密"，被反对派指责涉嫌不公正交易。由利益分配引发斗争的现象也不局限于发展中国家。在案例13中，中坤集团原本应冰岛总理和政府邀请进行投资，拟收购300平方公里土地用于旅游和生态开发。但是由于冰岛内部的党派分歧，最终以程序问题为由遭到冰岛内政部长否决。

在发达国家，竞争对手往往会利用选举政治来阻挠中国企业的投资收购。以澳大利亚为例，其国内主要存在两大政治力量，分别为工党和联盟党（由自由党与国家党组成），每三年举行一次大选。如此紧凑的选举节奏使得执政党一方面要顾及社会舆论和民意，另一方面还要全力应对反对党的抨击或执政联盟内部的分歧。在案例4中，中铝的竞争对手必和必拓不仅是全球第二大矿业集团,也是澳大利亚境内最大的企业,对澳各界有较大影响,曾有澳前官员声称"澳对华政策,必和必拓做主"。① 正是必和必拓操作和利用了针对中铝的负面宣传,渲染其威胁到澳国家安全,使得这一收购成为澳大利亚反对党攻击执政党工党的靶子。反对党指责中铝背后是中国政府,工党和中国政府关系暧昧。在此压力下,为了与中国"撇清关系",执政党对中国投资审查格外谨慎。最后,导致中铝的投资审批遭到拖延,使得力拓转而与必和必拓合作。

此外,发达国家的国家安全审查也容易被竞争对手加以利用。通过商业竞争政治化来设置投资壁垒,阻挠中国企业的海外投资。在案例2中,美国议员理查德·庞勃(Richard Pombo)提案对所有中国企业投资美国石油公司的审批都至少拖延120天。值得关注的是庞勃来自加州选区,而中海油的竞标对手雪佛龙(Chevron)公司的总部就在该选区。此外,华为在美国的一系列投资受阻背后,也有思科等美国电信企业阻挠华为进入美国市场而进行游说的影子。

◇◇ 四 投资受阻影响因素的实证分析

在理论梳理和案例分析之后,本部分利用Probit概率模型来估计决定中国企业ODI是否受阻的显著影响因素。

1. 数据和变量

分析中国海外投资受阻的影响因素需要同时纳入"受阻"(未完成投

---

① John Garnaut, "Rudd Policy on China 'Set by BHP'", *The Age*, October 15, 2009.

资）样本和"成功"（已完成投资）样本。受阻样本共有22个，发生在2005—2015年。同时期"成功"样本包括432个投资项目，获取的方法是我们首先从国家发展改革委核准对外直接投资项目列表中获得基本信息，包括投资企业、投资目的国、投资标的等。然后通过企业信息披露和媒体报道，我们对于公布了投资额、披露了投资内容、中国投资者股权占比超过10%的项目信息予以保留。对于投资者和被投资者都是中国企业、项目是"返程投资"即项目的最终目的地是中国大陆的项目信息予以删除。

本节的实证分析纳入如下可能对投资受阻产生影响的变量。

国有企业。该变量是虚拟变量，1表示国有企业；0表示非国有企业。具有政府背景的企业和资本容易受到东道国监管当局的关注。以CFIUS为例，其审查对象包括：（1）外国政府能对该企业施加实际影响，命令其收购拥有关键技术的美国企业；（2）外国政府提供针对性的、过分慷慨的激励，例如赠款、贷款优惠、税收优惠等。中国的国有企业由于具有政策和资源优势，容易被指责威胁东道国国家安全和妨碍市场公平竞争，因此更可能遭遇投资阻碍。

投资额。单位为百万美元。投资规模较大的项目可能对当地产生更大的影响，更容易受到东道国的监管当局、社会和媒体的关注。

政治风险和制度距离。遵循现有文献，采用政治风险服务集团（Political Risk Service Group，PRS）发布的ICRG中的政治风险指数来衡量东道国政治风险。该指标为定性变量，涵盖东道国政局稳定性、军事干预政治、内外部冲突、腐败、法制和行政效率等12个方面，数值越大表示政治风险越小。如第二部分文献回顾所述，东道国政治风险对中国对外直接投资的影响在文献中并没有得到一致的结论。除了绝对制度质量（这里指的是东道国政治风险）之外，母国和东道国的制度距离可能也会对企业是否遭遇投资阻力产生影响。因此我们也纳入制度距离变量，定义为东道国政治风险指数与中国政治风险指数之差值。

双边政治关系。采用中国社会科学院发布的《中国海外投资国家风险评级报告》中的双边政治关系指标。良好的双边政治关系有利于直接投资的发展，成为企业在东道国投资经营的润滑剂，从而降低东道国社会政治风险对国际投资产生的负面影响。但也有研究发现，由于沉没成本的存在，国际关系的恶化不会对跨国企业的投资决策产生显著的负面影响。[1]

自然资源。基于联合国贸易和发展会议数据库（United Nations Conference on Trade and Development，UNCTAD）中商品贸易矩阵数据计算，以东道国燃料和矿石总出口占国内生产总值（GDP）的比重来衡量。作为世界工厂和人口最多的国家，中国对自然资源有极大的需求。为了获得稳定的原材料来源，资源导向型ODI是中国对外直接投资的主要动因之一。然而，包括矿石、煤和石油在内的大量资源属于不可再生资源。同时，资源开采还容易引发环境问题，滋生腐败，从而激起当地民众不满。

专利。每百万人口申请专利数，数据来源于世界知识产权组织（World Intellectual Property Organization，WIPO）数据库（专利所属国以申请人国籍划分）。尽管专利数据并不能完全反映一国的技术水平，但能在一定程度上反映出一国的技术研发投入—产出水平以及可公开的技术知识水平，在文献中作为技术水平的指示指标得到较为广泛的使用。获取技术、品牌等战略性资产有助于中国企业提高自身竞争力、向价值链更高端迁移，而对外直接投资成为实现这一目的的重要渠道之一。然而，随着中国企业加强在发达国家进行技术获取型直接投资，东道国对于关键技术流失的担忧日益增长。

投资行业。企业ODI因为政治因素受阻还可能与行业性质有关。例

---

[1] Christina L. Davis and Sophie Meunier, "Business as Usual? Economic Response to Political Tensions", *American Journal of Political Science*, Vol. 55, No. 3, 2011, pp. 628 - 646.

如，《法国货币及金融法》明确规定，在11个行业中，如果外国投资者获得特定股权，应该受到基于公共秩序、安全和国防利益的审查。① 美国2007年《外国投资和国家安全法》中也列出了若干属于"重要基础设施"范畴的经济部门。我们依据国家统计局公布的国民经济行业分类与代码中的大类进行行业标识。受阻案例在农林牧渔业、采矿业、通信业、建筑业、文化体育和娱乐业中都有涉及，我们将这些行业设置成虚拟变量。如果投资行业为该行业，则此变量为1；否则为0。

表10.3　　　　　　回归各变量的方差膨胀因子（VIF）

变量	VIF
专利	3.03
政治风险	2.25
自然资源	2.07
经济增长率	1.74
采矿业	1.52
双边政治关系	1.28
投资年份	1.22
两国距离	1.20
国有企业	1.19
投资额	1.09
电信业	1.09
农林牧渔业	1.06
建筑业	1.06
Mean VIF	1.52

资料来源：笔者依据相关数据计算得出。

---

① "United States Govenrment Accountability Office（GAO）", *Law and Policies Regarding Foreign Investment in 10 Countries*, GAO-08-320 Foreign Investment.

其他控制变量。我们还控制了东道国经济增长率、两国（首都之间的）距离和投资年份。

在计量回归之前，为了检查是否存在严重的多重共线性问题，我们计算了回归各变量的方差膨胀因子（Variance Inflation Factor，VIF）。由表10.3可见，VIF最大值为3.03，均值为1.52，都小于10，可以认为不存在严重的多重共线性问题。①

2. 计量模型和回归结果

基于以上分析，我们将估计前述因素对中国企业对外直接投资是否受阻的影响。由于是否受阻是一离散选择，因此估计方程可写为如下Probit概率模型的形式：

$$\Pr(Failure_{ODI_i} = 1 \mid X_i) = \psi(X_i\beta)$$

上式中，因变量表示投资受阻的概率，即如果投资受阻则为1；投资完成则为0。下标i表示特定的企业；X为所有解释变量的集合；β为相应变量的系数；ψ为标准正态分布的累积分布函数。除了Probit概率模型外，我们还使用线性概率模型（LPM）进行回归分析。LPM采用OLS方法来估计二元选择模型，由于存在一些问题，并不如Probit概率模型准确。② 这里引入LPM回归作为Probit概率模型估计的对照。

表10.4给出了Probit和LPM的回归结果。可以发现，企业所有制性质并非投资受阻的显著影响因素，但投资规模越大，中国企业在海外直接

---

① Michael H. Kutner, Chris Nachtsheim and John Neter, *Applied Linear Regression Models* (4th ed.), New York: McGraw-Hill Irwin, 2004.

② 例如：(1) LPM假定自变量与Y=1的概率之间存在线性关系，但此关系往往不是线性的；(2) LPM拟合值可能小于0或者大于1，但概率值必须位于0和1的闭区间内；(3) 扰动项服从二项分布而不是正态分布等。

投资中受阻的概率越高。尽管受阻案例以国有企业为主。但回归结果显示，企业的所有制性质并无显著影响。这主要是由于在样本期间，中国对外直接投资的主体同样是国有企业（2006—2014年，央企非金融类对外直接投资占中国全部非金融类对外直接投资存量的77%）。这说明已经有很多国有企业完成了海外直接投资，于是"国有企业"变量在统计上不显著。但是，"投资额"变量通过了1%显著性水平检验是中国企业对外直接投资受阻的显著影响因素。具体而言，投资额越大，企业在海外直接投资中受阻的概率越高。这可能是由于"树大招风"，投资规模较大的项目更容易惹人注意，成为被攻击和被利用的目标。

东道国政治风险和制度距离并非投资受阻的显著影响因素，但双边政治关系越好，中国企业在当地投资受阻的概率越低。不管是绝对制度指标（东道国"政治风险"）还是相对制度指标（"制度距离"）都在统计上不显著，但"双边政治关系"变量显著为负，且通过了1%显著性水平检验。可见，良好的双边政治关系有利于中国企业进入当地，降低投资阻力。

表10.4　　　　　　　　投资受阻影响因素的回归结果

	(1) Probit	(2) LPM	(3) Probit	(4) LPM	(5) Probit	(6) LPM
国有企业	0.41	-0.00446	0.537	-0.00621	0.536	-0.00659
	(0.43200)	(0.02330)	(0.47700)	(0.02310)	(0.47800)	(0.02310)
投资额	0.000406***	5.33e-05***	0.000451***	5.25e-05***	0.000448***	5.24e-05***
	(0.00013)	(0.00001)	(0.00014)	(0.00001)	(0.00014)	(0.00001)
政治风险	0.00667	-0.000213	-0.0199	-0.00164		
	(0.01840)	(0.00105)	(0.02430)	(0.00129)		
制度距离					-0.0214	-0.00171
					(0.02430)	(0.00128)
双边政治关系	-6.681***	-0.275**	-6.597***	-0.307***	-6.621***	-0.306***
	(2.37100)	(0.11100)	(2.39000)	(0.11500)	(2.40100)	(0.11500)

续表

	（1）	（2）	（3）	（4）	（5）	（6）
	Probit	LPM	Probit	LPM	Probit	LPM
自然资源			0.0131	0.000235	0.0132	0.000218
			(0.03670)	(0.00175)	(0.03660)	(0.00174)
专利			0.262*	0.0124*	0.269*	0.0128*
			(0.13800)	(0.00667)	(0.14000)	(0.00672)
农林牧渔业	2.080**	0.119*	2.745***	0.127**	2.750***	0.126**
	(0.89200)	(0.06060)	(0.97800)	(0.06030)	(0.97700)	(0.06030)
采矿业	1.478***	0.0408	1.862***	0.0623**	1.870***	0.0618**
	(0.55900)	(0.02720)	(0.62900)	(0.02950)	(0.63300)	(0.02920)
建筑业	1.991**	0.485***	2.085**	0.397***	2.099**	0.399***
	(0.79500)	(0.08980)	(0.98200)	(0.09860)	(0.98300)	(0.09850)
电信业	2.615***	0.309***	2.601***	0.295***	2.604***	0.295***
	(0.66100)	(0.05270)	(0.68200)	(0.05250)	(0.68200)	(0.05250)
经济增长率	-0.00834	0.00112	0.0272	0.003	0.032	0.00302
	(0.06440)	(0.00368)	(0.07310)	(0.00394)	(0.07350)	(0.00393)
两国距离	0.139	0.0165	0.0825	0.0161	0.0836	0.0161
	(0.30300)	(0.01940)	(0.31400)	(0.01940)	(0.31400)	(0.01940)
投资年份	0.222***	0.00685**	0.207***	0.00619*	0.224***	0.00737**
	(0.07990)	(0.00325)	(0.07740)	(0.00326)	(0.07680)	(0.00327)
R^2	0.5222	0.3246	0.5465	0.3079	0.5473	0.3083

注：*** $p<0.01$，** $p<0.05$，* $p<0.1$；括号内的值为标准误；Probit 回归中 R2 为 Pseudo R^2；LPM 回归中 R^2 是 Adjusted R^2。

资料来源：笔者依据相关数据利用 Stata 计量软件进行回归分析得出。

东道国丰富的自然资源并非投资受阻的显著影响因素，但东道国技术水平越高，中国企业更容易在当地遭受阻力。"自然资源"变量的符号为正，但并不显著。"专利"变量的符号同样为正，且通过了10%显著性水平检验。"专利"变量是技术水平的指示指标，该结果说明，东道国技术水平越高，中国企业在当地投资受阻的概率越高。这反映出拥有较高技术水平的东道国，担忧中国企业进入可能会"偷走"其关键技术，削弱其经济竞争力，因此增加了对中国企业进入的阻碍。

部分行业更容易遭受投资阻力。"电信业"变量显著为正，并且在所有回归中都通过了1%显著性水平检验。"农林牧渔业""采矿业"和"建筑业"变量同样显著为正，但显著度有所降低，部分回归通过了5%显著性水平检验。这说明，中国企业投资海外电信业、农林牧渔业、采矿业和建筑业更可能遭遇投资阻力。

此外，"投资年份"的系数显著为正，说明中国企业海外直接投资受阻的概率近年来有增加趋势。

第十一章

风险应对策略

◇ 一 应对微观企业层面的风险

1. 注重国际化管理人才的培养和吸纳

从企业层面而言,一方面,企业要明确国际投资环境下对不同人才类型的需求,不仅需要高技术、高研发能力的专业人才,更要注重对拥有跨文化和海外企业管理经验的人才的培养与吸纳,从而在复杂多变的国际环境中,深入了解东道国情况,把握企业投资的整体布局与战略规划,进行市场开拓和属地化管理,实现投资目标。另一方面,企业也应加强对海外人才市场人才供需情况、薪酬制度等方面的了解,制定最能满足员工诉求的激励制度,建设让员工有认同感、归属感的企业文化,防止人才外流。

从政府层面而言,由政府相关部门牵头,举办经验交流会,邀请政府部门相关人员、行业研究人员、对外投资经验丰富的企业家分享理论知识和实践经验,促进人才的广泛交流与互相学习,让知识得以充分传播。此外,一些国有企业在对外投资的过程中,过度依赖行政保护和优惠政策。久而久之,在企业的管理运营以及技术创新方面容易懈怠。

2. 灵活投资模式，拓宽信息渠道

企业对外直接投资的领域及项目不仅要与国内业务及自身能力相契合，也应与东道国目标市场的需求协调一致。东道国的投资环境和风险类别不尽相同，企业在制定投资策略和风险防范措施时应因地制宜，并对具体实施方案进行动态调整，以应对投资环境的变化。同时，应积极促进投资主体的多元化，包括与东道国企业、世界知名跨国公司的合作，从而实现风险共担。

化整为零，尽量避免规模过大的投资。投资规模庞大的项目更容易受到东道国当地政府、社区和媒体的关注。中国企业普遍缺乏海外投资经验，大多不知道怎样与当地社区和媒体打交道。同时，中国企业自身的透明度也不高，缺乏信息披露，这使得当地社会很难了解中国企业的投资动机和发展思路。此外，投资规模庞大的项目需要较大的资金投入，企业常常大量依靠外部融资，尤其是国内银行的支持。而国内银行提供的低廉资金容易引起东道国"不公平竞争"的指责。因此，中国企业应该尽量避免进行规模过大的ODI。如果实在需要，应化整为零，分批次逐渐增加投资，从非控股或者少数股权控股做起，或者与当地企业进行联合投资，实现利益绑定。

从审查相对宽松的行业进入，尽量避免直接到敏感行业去投资。通信、航空航天、能源、基础设施是较为敏感的投资领域，涉及国家安全、地缘政治和国家竞争力。外国企业投资这些领域时，可能遭遇东道国的政府干预。因此，中国企业海外投资应尽量避开关键领域和敏感行业，可以从审查相对宽松的行业进入，循序渐进，逐步建立良好的记录和口碑，再进行敏感行业并购，从而降低东道国政府和民众的疑虑。

完善知识产权保护机制，继续增加在当地的研发投入。针对东道国对于关键技术流失的担忧，中国企业应重视和加大对被投资企业的品牌和知识产权的保护力度，并设立隔离防范协议以保证被投资企业的商业机密和客户数据安全。同时，中国企业应支持被投资企业增加研发人员、扩展科研设施以及增加研发投入，建立相关制度以维持和加强被投资企业的业务独立性、管理团队稳定性以及技术先进性。

深入了解东道国的投资环境、政策法律、民族宗教、文化风俗等方面的情况，是精确投资并做好风险防范的重要前提。企业不仅需要通过自己内部调研机构的考查分析，获得一手数据，了解东道国的实地情况；还要善于借助专业的国际投资咨询公司、市场调研机构等中介，依据其丰富的项目经验、完善的数据库、多样化的投资工具，获取东道国宏观环境、行业背景、市场动态以及风险评估等更深层次的信息，并结合中介机构对相关利益方的考察调研结果，制定具有针对性的切实可行的投资方略。此外，也应实时与本国政府、研究机构、新闻媒体、行业协会和商会等保持紧密联系，做到多方位多角度地获取相关投资信息。在政府层面上，应引导对外投资企业成立行业协会，支持行业自律与内部管理，促进企业之间信息的沟通与共享。同时，鼓励海外投资中介服务机构的发展。

最后，充分发挥中国香港在内地企业"走出去"过程中的中介和平台作用。在中国过去四十多年的开放过程中，在商品转口贸易和吸引外商投资方面，中国香港成功扮演了内地与外部世界的桥梁和中介的角色。在国内企业大规模"走出去"的新时期，中国香港在内地扩大对外开放中的桥梁和窗口地位虽有所下降，但其仍然可发挥不可替代的中介和平台功能。

在缓解内地企业海外投资风险方面，中国香港具有明显的优势。首先，中国香港中介服务体系完善，会计师事务所、律师事务所和咨询公司等多种服务机构高度聚集，且熟悉大陆和海外市场的法律和商业文化，能够为内地企业提供国际高水准的专业化服务，帮助内地企业克服会计准则和商业文化的差异所带来的投资障碍,降低内地企业海外投资的风险;其次,中国香港中介机构有着广泛的国际网络,加上中国香港高度发达的信息资讯系统,能通过其广泛的国际网络为内地企业提供国别形势和投资项目的详细信息,能为内地企业提供全面的尽职调查、风险评估和法律咨询服务;最后,中国香港良好的商业环境、制度和法律环境及其中西文化高度交融的传统,使其能帮助内地企业有效缓解在对外投资过程中所遭遇的文明和制度冲突。鉴此,中国政府可考虑从避免双重征税安排、税收减免、财政支持、适度放松内地香港两地资本流动管制等角度,出台相应措施鼓励内地企业与香港企业联合"走出去"。

3. 注重跨国并购后的整合治理,积极承担社会责任

在推进跨国并购的过程中,企业目标要清晰明确,并购方案更需要审慎。企业不仅要在并购前认真了解东道国的法律法规、风俗习惯、产业竞争力等基本情况,更要注意并购后的企业整合。一方面,一些并购前较难发现或量化难度较大的财务信息与投资信息会在并购后逐渐暴露,这就要求企业的管理层有较强的危机应对能力对其进行妥善处理。另一方面,要重视跨文化管理与文化整合,认真考虑股东、工会、上下游企业、竞争对手等利益相关者的需求,保持被并购方的核心人员稳定,完善企业的合规经营体系,保障企业长期稳定运行。此外,在技术寻求型的对外直接投资过程中,投资企业能通过跨国并购获得国外先进的管理与技术,但让这些技术适应国内市场,帮助企业实现产业升级是一个循序渐进的过程,不能一蹴而就。

首先,企业在对外直接投资过程中,不仅要注意环境保护和资源节约,更应关注东道国居民的切身需要和利益诉求。尊重当地的用工制度,通过投资为当地居民提供更多的就业机会。适当参加当地的慈善公益活

动,为当地居民带来帮助的同时获得良好的口碑。企业应树立"双赢""多赢"的理念,在进行海外投资时,不仅要自己盈利,也要尽可能地拉动当地经济增长,尽量雇佣当地员工,增加本土就业。企业还可以在项目合作之初,控制成本的情况下,对东道国提供一定的技术支持,如对工人进行技术培训,传授技能等。在进行投资之余,企业积极参与当地社区建设。通过这些方式,企业更容易获得东道国的好感,降低进入当地市场的阻力。

其次,与当地政府、公共媒体、民间社团等社会各阶层保持顺畅良好的关系,能够及时、正面地应对突发的公关危机,最大限度地消除舆论偏见,树立良好的企业形象。在整个海外运营过程中,如果企业遭遇东道国国家安全威胁论的指责时,一定要进行有利并且有力的反击,不可听之任之,任其事态发展。在国外,部分媒体为了博得眼球、增加销量,容易将中国企业"走出去"歪曲为对当地资源的掠夺,将中国企业的投资歪曲成一种殖民主义的回归。这不利于当地舆论对中国形成客观真实的认识和印象。为防止这种状况的发生,企业应与当地媒体和社会团体积极合作、主动交流,营造有利的舆论环境。

最后,企业要强化与当地上下游企业间的纵向关联,实现互惠共赢。同时与当地同行业企业保持良性竞争,尽量避免过度挤压当地企业的生存空间,引起当地居民的不满。做到以上几点,企业不仅需要提高责任意识,还应建立内部责任机制进行系统规划和定期评估。而从政府层面来说,在多党制国家,政府应谨慎处理与多个党派之间的关系,尽量降低东道国政权更迭给企业带来的风险。

4. 建立有效的风险管理体系,提高危机应对能力

从企业层面来看,管理层在做出决策前需要有更多耐心,不能急功近

利，更不能为了"走出去"而走出去。中国企业应当客观评估自身条件和能力，并充分依托相关专业机构，对投资目标国的市场、法律、劳工等相关情况进行充分研究，部署好投资经营策略。企业对外直接投资的风险管理体系通常包括识别、评估、预警、防范四个部分，其正常运行离不开完备的组织机构和完善的内部控制制度。首先，企业的管理层要培养正确的风险管理理念，注意对员工风险识别意识的培养，将风险管理内化为企业的文化素养。其次，在借鉴欧美、日本等发达国家成熟的评估方法与预警机制的基础上，结合企业自身的管理经营状况，建立相互独立的风险管理组织框架，由专业部门对所有风险进行分类管理和实时监测，提高风险管理的效率。最后，针对东道国具体情况，提前设立风险应急预案和动态评定机制，以便企业在面临危机时能采取及时而适当的应对程序，将损失降至最低。

从国家层面来看，建议构建中国对外投资国家风险评级、预警和管理体系。政府和智库应从中国企业和主权财富的海外投资视角出发，设立专门的海外投资风险评估机构，全面评估中国海外投资所面临的战争风险、国有化风险、政党更迭风险、缺乏政府间协议保障风险、金融风险以及东道国安全审查等主要风险，并提供风险警示。加快海外投资风险分析师队伍建设，邀请国内退休外交官加入投资风险咨询行业，聘用优秀外籍留学生，以优惠条件吸引中国留学生特别是有发展中国家经历、会小语种的留学生回国发展。当中国海外投资利益受到实际损害或存在损害威胁时，中国政府要采取包括外交、情报部门，统一部署、及时沟通和综合应对。

建立和完善海外投资保险制度。目前，我国尚未出台海外投资保险制度方面的法律，这不能适应中国企业海外投资高速发展的时代需求，因此，相关政府部门应在总结实践经验的基础上，加快《海外投资保险法》的立法进程。同时，明确承保对外投资保险业务的机构。目前，中国出口信用保险公司是承保国内企业海外投资业务的主要保险机构，但该公司并非官方专设的承保对外投资业务的机构，其设立的初始目标是承保中国企业的出口业务，随着中国企业对外投资的快速发展，其逐步发展为国内企业的海外投资提供保险。为适应国内企业强劲增长的海外投资保险服务需求，中国政府应大幅提高中国出口信用保险公司的注册资金规模，显著强化其海外投资保险业务。

造成投资项目金融风险的首要原因就是筹资类原因。通常来讲企业一般通过股权和债权来进行筹资，并且大部分为债权融资，即企业通过银行等金融机构进行融资。而银行提供的项目融资一般为无追索权或有限追索权，即若贷款企业项目运行出现问题，公司的债务只能由该项目的收入和权益来偿还，这就使得项目贷款风险较大。因此，银行对此类贷款审核程序繁杂严苛，稍有差池，就可能导致项目融资协议无法签署，进而导致债务融资资金无法按时到位，影响项目的进行。因而在进行海外项目投资前，首先要在充分考虑各项预备费用的情况下，确定合理的资本结构和筹资方式，并不断完善资金筹措方案与计划。

同时，在决定海外投资项目最佳资本结构和筹资决策过程中，除了要满足资本成本最低的要求，也要注意由于债务资本的存在导致可能会发生资金无法准时到位的问题。在整个项目的筹资以及施工阶段，都应加强监控，对各项费用进行严格的控制和管理。一方面保证项目资金高效、安全地使用，另一方面，实时预测可能发生的各种状况，以便积极采取相应的防范措施。

另一个可能的金融风险来自汇率风险。对于此类风险，企业应当尽可能地争取融资、项目建设支出时采用同一种货币进行结算，并采用远期结售汇、汇率掉期等工具对汇率风险进行对冲。同时，在与东道国合作时，为避免由于汇率变动发生的挤兑现象，应积极争取该国中央银行出具购汇额度许可，准许项目在进行期间直接到中央银行按照正常汇率兑现美元，并争取尽快落实快速汇兑的机制。

在境外投资期间，可能发生由于地震、暴雨等自然灾害或暴动等社会因素导致项目无法继续建设和运营的情况，或是对项目施工人员的人身安全造成威胁。针对这类在海外投资过程中存在的安全风险，企业应充分发挥中国驻外机构的作用，积极与东道国政府沟通，在必要的时候向其寻求帮助。同时，企业应通过加强对项目员工及各个流程的监管、购买保险等方式来控制和转移安全风险。此外，企业自身也应当聘请专业的安保顾问对投资项目所面临的安全形势进行全面评估，制定高标准的安保方案。

5. 多层次解决企业"走出去"融资难问题

鼓励企业增加直接融资比例。直接融资有风险小、成本低的特点，是世界范围内公司融资的主要渠道，在这方面，中国的发展远远滞后于实际需要。应当鼓励大型企业通过海内外公司债市场进行融资，在降低融资成本的同时，减少企业经营的风险和压力。中小企业在进行境外投资的过程中，也可以通过中小企业集合债券进行融资。

建立中小企业海外投资基金，解决中小企业"走出去"长期经营所需的外汇资金需求。该基金规模可为100亿—500亿美元，根据具体海外投资项目情况分期注资。基金性质可为股权、债券混合型基金，投向为中小企业海外投资长期外汇贷款或者股权融资，重点支持有助于中国经济转型升级的中小企业海外投资项目。笔者同时建议，基金委托商业银行管理，遵循商业化运作原则，以减少东道国对于"竞争中性"的忧虑。

"走出去"和"引进来"相结合，减少企业境外投资的融资压力。鼓励企业在进行海外并购时，使用换股、相互投资等形式，即中国企业在收购境外企业股份时，允许境外被收购企业同时拥有一部分中国企业的股份比例，或者帮助境外企业拓展中国市场。这样既可以减少企业境外投资的资金压力，也可以降低中国企业境外并购中的阻力，还可以解决中国企业在境外投资中如何兼顾国内市场增量的问题。

丰富和扩大中国商业银行的海外业务。商业银行要提高服务境外中国企业的意识，逐步在境外形成覆盖面较广的服务网络，帮助中国企业在境外投资形成的国外资产用于"外保内贷"。同时要加大与企业之间的互动。将商业银行现有的金融产品，尤其是与境外投资相关的金融产品（如外汇风险对冲产品）向企业推广介绍。同时，根据境外投资企业的实际需求，开展金融产品和金融服务的创新。

加强国际合作，推动建立跨国征信体系。由于企业境外资产用于境内交易和抵押融资，涉及国家之间的抵押物登记、监管、法律相互适用等方面的问题，中国应通过一系列政府层面的合作协议来推动建立跨国征信体系，为金融服务的有效跟进建立配套基础。

6. 成立海外中资企业家智库，建立中国企业海外投资案例库

中国真正开展大规模的对外直接投资还是在 2008 年国际金融危机之后，这十多年大规模海外直接投资的历史中有很多的经验和教训值得总结。例如，2015 年中国化工收购轮胎制造商倍耐力曾在意大利毁誉参半，但随着并购完成两年后作为 2017 年欧洲资本市场最大、全球第二大的 IPO 项目，倍耐力重返米兰证券交易所挂牌上市，这一交易得到了意大利财经界的广泛认可。中国化工针对倍耐力的并购整合策略为其他中国企业在欧投资提供了重要经验。又如，柳工集团在谈判并购波兰 HSW 公司过程中，遭遇了强大的工会阻力。与工会谈判持续了大半年后，柳工最后终于得到了工会的认可，为之后的收购整合提供了极大的便利。这里面柳工与工会谈判的经验也值得分享。此外，开滦股份收购加拿大盖森煤田时与当地土著居民打交道的经验，以及上汽收购韩国双龙公司、中铁建沙特阿拉伯轻轨等巨额亏损项目的教训也需要总结。

虽然相关单位会不定期地举办不同形式的海外投资经验交流会，但效果较为有限。主要原因在于缺乏系统性、长期性和机制化。同时，企业参与这样具有较强正外部性的活动回报较少，还可能被怀疑经验分享的动机，于是企业积极性也不高。因此，目前我国十分缺乏海外投资经验分享的长效机制和平台，造成不少企业初次到海外投资，往往不得不找当地华侨牵线搭桥，但一些中介两头拿佣金，造成中方投资失误。

一直以来，有一个群体一直被忽视，那就是海外中资企业家群体。中国社会科学院世界经济与政治研究所国际投资研究室团队于2017年年底赴德国、法国、波兰和捷克进行调研，通过与十多家当地中资企业进行深入交流，我们了解到不少中资企业家在海外长期扎根，对当地情况和行业特征都非常熟悉。他们有的退居二线，有的尽管在一线经营，但海外较慢的生活节奏给了他们很多时间去观察和思考。海外中资企业家群体十分愿意去分享他们海外投资和经营的经验和教训，但现在缺乏这样的分享机制和平台。

为了更加及时以及更好地总结并推广中国企业海外投资的经验教训，中国政府应该牵头通过设立海外中资企业家智库、俱乐部或委员会等多种方式，解决企业间分享投资经验的信任问题，并且提供财务激励和针对海外企业家的特殊优待政策，将他们的优势充分利用起来，为我国的"一带一路"建设做出贡献，为更多中国企业更好地"走出去"铺平道路。

中国政府还可以通过设立自科基金、社科基金、教育部哲学社会科学研究课题等多种方式鼓励和支持高校、智库和相关单位建立中国企业海外投资案例库。为了充分分享案例中的经验和教训，相关部门可在企业核准或备案过程中积极推广和宣传企业海外投资案例库，向企业提供免费、公开的查询方式和专家咨询途径。

7. 推动海外中资企业商会改革

外国商会在最大化外资企业在华利益方面发挥了重要作用。而我国海外商会的设立、运营与发展延续了国内模式，主要承担统一战线和辅助行政的功能，缺乏对海外中资企业的有效服务。本章建议参考以法德为代表的大陆模式，在驻外使领馆的统一领导下，推动建立市场化导向、激励相容的海外中资企业商会，从而更有效地维护广大中资企业的海外投资利益。

（1）外国商会在最大化外资企业在华利益方面发挥了重要作用

首先，代表母国处理与中国政府的关系。

海外商会的一个重要职能是代表母国政府和企业协调与所在国政府之间的关系，要求所在国政府提供更加自由、开放的商业环境，完善法律以保护企业的财产权益，并提供一系列优惠政策等。中美商会作为美国在华企业的代表，每年都会定期拜访中国商务部、国资委、国家发展改革委、外交部等中央部委，了解中国政治经济形势，并就国民待遇、知识产权等美国企业关心的议题进行交流。从2005年开始，中美商会还定期进行"省市考察之旅"，让工商业代表拜访各省主政官员，以加强与地方政府之间的联系。此外，每年年底中美商会都会举办政府答谢宴会，通过晚宴的形式增进企业与中国政府的关系。

在华的外资商会也会通过白皮书等方式，对中国的政策环境进行分析与评价。这些白皮书表达了外资企业诉求，推动了中国政府改善外资企业在华投资经营环境。目前，中欧商会、中美商会、中日商会均会定期发布白皮书。

其次，为母国和中国搭建多层次交流平台。

海外商会通过为所在国与本国搭建交流平台，营造良好的双边关系与政策环境，从而为企业创造更多机会。中美商会多次邀请美国国会议员，包括持对华强硬态度的议员组成代表团赴华考察，以增进其对中美经贸关系的认识。中美商会与中国贸促会已就邀请美国州长访华建立了协调合作机制。州长尤其是保守州州长的访华，往往能为中美经贸关系带来突破。中美商会还积极推动中国官员访美。自1995年起，中美商会每年都支持约100名中国涉外部门工作人员赴美考察、留学，在潜移默化中促进中国官员对美国形成良好印象。

中美商会也为两国企业层面的交流提供便利。通过定期邀请美国各州的经贸代表团访华，举办相关研讨会、见面会、促进会，从而搭建交易平台。中美地方政府也可以借助这些平台，达成省—州之间的经济合作。商会为政府与企业之间的合作搭建桥梁，在帮助政府招商引资的同时，也帮助了企业开拓新的市场。

最后，为母国企业提供在中国投资经营的咨询服务。

海外商会由于其丰富的社会关系和信息优势，有时承担起智库和咨询公司的职责，为母国企业会员，尤其是小企业以及初次进入东道国市场的企业提供一系列信息和服务。中欧商会设有专门研究法律政策的事业部，将收集到的中国政治和法律方面的信息提供给会员企业作为参考。中欧商会也会定期组织行业内部例会，讨论最新的政策动向与企业的经营策略，研究同中国政府谈判的策略与技巧。

中欧商会主要为企业提供宏观政策方面的协助，而法国、德国等国的商会则会为企业提供更为微观具体的服务。中国法国商会为在华中小企业提供了交换信息与资源的论坛机制。德国工商总会的分支机构"大中华区中国工商大会"与"中国德国商会"则同"德中工商技术咨询服务有限公司"展开了三位一体的合作，派驻人员进驻咨询公司，帮助投资者了解中国市场。

（2）中国海外商会面临的主要问题

首先，主要执行统战和辅助行政的功能，缺乏对企业的有效服务。

我国的商会一般是统战机构，并非一般的社会团体。以我国最大的综合性商会全国工商业联合会及其分支机构为例，其章程规定："中华全国工商业联合会是中国共产党领导中国工商界组成的人民团体和商会组织，是党和政府联系非公有制经济人士的桥梁纽带，是政府管理非公有制经济的助手。"根据该章程，工商联是党领导下，以统战为目的的人民团体，是统战机构。在实际操作中，作为党的外围组织的工商联与代表企业界的商会由同一套班子运营，商会的地位并不明确。

我国海外商会的设立、运营与发展延续了国内的模式。我国的海外商会一般由我国驻外使领馆批准、组建，会长也由驻所在国使领馆任命，带有浓厚的官方色彩，主要承担统战和辅助行政的功能。以东南亚为例，接待国内代表团或官员、举行礼节性的庆典活动往往在当地中国商会活动中占据了很大比例。我国海外商在配合政府相关的工作多一些，在企业服务的提供上则较为匮乏；较少进行东道国政府公关，在交流经济信息、企业咨询等方面做得也不够；同所在国本地企业的联系也不足，未起到促进民间交流，协助公共外交的作用。

其次，主要成员是国有企业和大型民营企业，缺乏中小企业参与。

在会员组成方面，我国海外商会面临代表性不足，服务范围不广的问题。我国海外商会的主要成员是国有企业和大型民营企业，中小民营企业基本没有覆盖，不能充分地代表广大中资企业的利益。由于缺乏民间力量的参与管理，我国海外商会也很难针对在外中小企业提供相应的服务。

这背后归根结底在于大部分海外中资企业商会的经费来源于政府，而非会员企业。商会更多是作为自上而下传达指示的通道，而非自下而上反映意见的桥梁；是在边缘领域辅助政府的外围机构，而非市场监管、公共服务的参与者与提供者。在服务质量与覆盖范围方面，我国目前的海外商会既无法与欧美等发达国家在华商会相媲美，也无法与"中华总商会"等20世纪早期海外华人自发建立的商会相比。

（3）商会主要发展模式的国际经验

a. 英美模式：较强的自治性和独立性

在英美等适用普通法的国家，个人和市场的自由得到最大限度的尊重，因此，英美模式具有强烈的自由主义倾向，而商会也带有十分浓厚的自治性和独立性。英国和美国没有独立的商会法，政府没有通过法律对商会做出特别的规范。在英美模式下，商会的形式选择十分自由，本质上是公民的自由结社行为，与其他非营利性组织并无本质区别。任何个人或企业都可以自行决定是否加入、成立或者退出商会。

在英美模式下，商会具有最大的独立性，一般不会承担管理公共事务的职责，也不会获得政府的财政拨款。商会的职能由商会成立时的章程所规定，一般包括对会员提供技术和信息支持、对外代表企业参与公共事务、处理政府关系等。商会有时也会以委托—代理的形式承接政府的外包工作。商会的资金来源主要是向会员收取的服务费用，以及承接政府合同所获得的报酬。

b. 大陆模式：由政府组建并监管，承担一定公共职能

大陆模式指的是以法德为代表的欧洲大陆国家所广泛采用的商会发展模式。与英美相比，欧洲大陆国家具有"大政府"的特色，商会带有更多的公共性，与政府的关系也更加密切。

法德等国的法律有区分公法人和私法人的传统。公法人是指由政府为特定目的创立的、非营利且具有一定公权力的公共机构。在大陆模式下，商会属于公法人，与普通的民间团体有显著区别。为了规范商会的行为，采用大陆模式的国家一般会制定专门的商会法，对商会的职责范围、辖区、组织关系有详细的规定。而商会的建立一般都是依照商会法的要求，由政府组建并监管。

大陆模式下的商会是公法人，对其会员带有一定的强制性权力。比如在法国，所有企业都必须成为商会会员，接受商会的监督。同时，除了如

英美商会为企业提供服务、协调政商关系外，大陆模式下的商会还是市场的监管者、经营资格的授予者以及纠纷的仲裁者。

c. 混合模式：日本是主要代表

在一些国家，商会的形式综合了英美模式与大陆模式的特质，从而形成了介于两者之间的混合模式，日本为主要代表。

在混合模式下，政府也会对商会进行专门立法。比如，日本就有规范商会行为的《商工会议所法》与《商工会法》，确定了商会属于非营利性的特殊法人或特别认可法人。但与大陆模式的公法人不同，商会的设立与发起并非完全由政府直接管辖，成员也有退出的自由。

混合模式下，商会可以以接受政府委托的形式参与公共管理，因此也能够从政府处获得资金收入。其职责范围虽然不像大陆模式下涵盖商业活动的方方面面，但与英美模式相比，仍然带有更多的公共性。

（4）对策：参考大陆模式，推动海外中资企业商会改革

中国企业对外投资需要海外的"接应方"。海外中资企业商会如果运行良好，将对"走出去"的中国企业在立足、生存上提供最充分的帮助，有效地对接海内外不同的生存环境和文化差异，帮助在海外孤军奋战的中国企业凝聚成联合舰队，从而大大增强其生存和抗风险能力。海外中资企业商会相对中国官方能更妥善地向所在国政府为中国企业争取合法权益，与当地商会对话；而相对单个企业，商会又能站在比较高的立场，处理与当地政府和社会的关系。

鉴于目前中国海外商会的组建与运行仍然主要依照国内商会的思路，具有浓厚的统战性，缺乏民间性、服务性和经济性，无法有效地保护广大中资企业的海外利益，建议参考以法德为代表的大陆模式，在驻外使领馆的统一领导下，推动建立市场化导向、激励相容的海外中资企业商会，从而为本国的海外企业提供更实际、更有效的服务。建立的基本原则有三点可供参考：一是双轨制，海外商会的改革和发展不影响国内商会的现有模

式；二是以企业为中心，提高对企业的服务质量与覆盖范围，增强商会的自主性和经济性；三是公共性，由驻外使领馆组建并监管，性质是具有一定公权力的公共机构。

◇◇ 二 应对宏观国内层面的风险

1. 提高技术吸收能力，加强劳动力培训

为了充分吸收对外直接投资的逆向技术溢出效应，应鼓励企业提高自身的研发水平，并针对地区之间发展的不平衡采取差异化的政策措施。对于经济发展水平比较高、吸收能力比较强的地区，可以进一步加快技术获取型对外直接投资的步伐，充分吸收国外先进技术的溢出。而对于经济发展水平比较低、吸收能力比较弱的地区，应当通过提高人力资本投入、加强地区基础设施建设、对外开放程度等措施以提高地区的技术吸收能力，从而跨越"门槛效应"。

当前对外直接投资发展对中国国内总体就业的影响以正向为主，但由于地区间影响的差异性，仍然存在加剧地区间、不同个体间差距的风险。一方面，鼓励企业在加强对发达国家投资、获取更多技术溢出的同时，稳固对发展中国家的投资、扩大市场，避免对国内第一产业、第二产业原有劳动力就业形成过大冲击，实现国内市场与国外市场的合理分工。另一方面，通过对国内低技能劳动力群体加强技能水平培训，增强其应对劳动需求调整冲击的能力，避免不同技能劳动力供给与经济发展及产业结构需求的脱节，引导地区间协调发展，不断改善国内各地区的就业结构。

2. 构建高效的利润回流机制，提高企业海外融资能力

当前中国对外直接投资过程中资本大量流出，但投资收益的回流却存在不确定性和滞后性。应当提醒企业采取更加谨慎的对外直接投资策略，提高对外直接投资项目的回报率水平，同时构建高效率的对外直接投资利润回流机制，并鼓励企业海外直接投资采取多元化融资，降低对国内银行资金的依赖，反对高杠杆并购。

企业海外并购应量力而行，不应过于依赖国内银行资金的信贷支持，应采用多元化的融资渠道，降低杠杆率。鼓励企业增加直接融资比例，通过境内外上市、发行公司债和中小企业集合债券等方式进行融资。设立中小企业海外投资基金，投向为中小企业海外投资长期外汇贷款或者股权融资，鼓励商业银行丰富和扩大海外业务，逐步在境外形成覆盖面较广的服务网络。鼓励企业在进行海外并购时，使用换股、相互投资等形式，让境外被收购企业同时拥有一部分中国企业股权，将"走出去"和"引进来"相结合。

鼓励企业境内外上市，通过上市为海外投资融资。创业板启动以后，中国已经初步形成了多层次的证券市场，不同规模、类型的企业都有可能通过证券市场融资。除了国内的证券市场之外，中国企业也可以考虑在境外上市，包括中国香港证券交易所、纽约证券交易所、伦敦证券交易所和纳斯达克证券交易所在内的交易所，对中国企业到当地上市都持积极的态度，欢迎不同类型的中国企业（包括技术型的中小企业）到当地上市融资。

在扩大对外直接投资规模的过程中，既要提高企业的海外融资能力，也要完善产权保护制度，构建合理的外汇管理制度、灵活的金融环境，最大限度减少制度性因素带来的以对外直接投资方式存在的资本外逃，促进

企业对外直接投资健康发展。

3. 注重对外投资和对内投资的均衡发展

随着对外直接投资的发展，无论是技术逆向溢出效应的地区差异性，还是就业技能结构的产业差异性和区域差异性，都可能加剧产业发展的不平衡和产业空心化的风险，尤其是局部的产业空心化。由此可见，对外直接投资在国内宏观层面带来的风险主要体现在对产业结构的影响方面。而产业结构的调整、升级是一个长期的过程。一方面，在国内宏观经济发展的层面上，应当改善东部与中西部地区固有的不平衡现状，突出发展中西部地区的优势产业，加强中西部优势企业的技术吸收能力，充分发挥对外直接投资过程中带来的逆向技术溢出效应。另一方面，培育中大型骨干型企业的对外直接投资能力，遵循产业结构调整升级的一般规律，规范引导产业的梯度转移。

在开展对外直接投资的过程，应当高度注重对外投资和对内投资的均衡发展，通过培育新型支柱性产业，实现新旧产业的顺利接替。将有限的资源在国内、国外两个市场上进行有效配置，在将一部分产业转移到国外的同时，重点培育和发展国内的新型支柱性产业，避免产业断层现象的出现，实现新、旧产业的顺利接替，保证产业结构的合理性和经济的可持续发展。在国内重点发展产业的选择方面，可以参考美国、日本调整国内产业结构应对产业空心化问题的经验。美国立足自身在创新能力方面的优势，重点发展高新技术产业和信息产业；而日本基于自身技术优势，不断发展技术密集产业和高附加值的产业。

中国在经济发展过程中，也应当立足自身资源禀赋条件状况，发挥政府在产业结构布局和调整中的统筹作用，同时也应当相信市场在资源配置中的基础作用，合理看待产业空心化问题。在保证对外直接投资的产业选择与国内的产业结构优化升级方向一致的前提下，不断优化国内的产业结构和地区间的产业分工。遵循产业结构发展、升级的一般规律。在逐步提高对外直接投资层次的同时，不断带动国内的产业结构在更高层次上优化、升级，促进一国内部、不同区域之间产业结构布局的合理性，保证国内产业和整体经济的健康、长远发展。

4. 进一步推进个人投资者境外直接投资试点

目前在上海自贸区内原则上允许个人进行对外直接投资，但在实际操作层面还存在诸多障碍。例如，按照中国人民银行相关规定，个人投资者必须是"在区内就业并符合条件"。但由于区内各银行对中国人民银行指导性文件解读并不一致，所做出的规定限制也存在差异，将部分期望通过上海自贸区参与境外直接投资的个人挡在了门外。

笔者建议借"自贸区"之力，进一步探索个人境外投资的制度创新。将包括福建在内的更多自贸区列入个人境外投资试点区域。支持符合条件的自贸区内在个人限额内自主开展直接投资、并购、债务工具、金融类投资等交易，并逐步放宽对个人境外投资的外汇管制。尽管目前中国存在一定的资本流出压力，但与其让"灰色投资"肆掠，不如将其阳光化和规范化。而先行试点有助于防范和控制开放过程中短期资本大量外流的风险和洗钱等非法行为产生。

5. 增加数据披露透明度，掌握重要信息发布主动权

目前，关于中国企业海外直接投资的信息披露主要有三点：一是中国商务部披露每季度我国非金融类对外直接投资简明统计（以下简称"商务部数据"）；二是外管局披露金融机构直接投资季度流量数据（以下简

称"外管局数据");三是每年9月,商务部、国家统计局、国家外汇管理局联合发布上年度《中国对外直接投资统计公报》(以下简称"统计公报")。

这些信息披露存在显著缺陷:一是时效差,外管局数据滞后两个季度,统计公报滞后三个季度;二是信息缺失,商务部和外管局公布的季度数据,寥寥几句话,发布的是中国对外直接投资的金额,对于其中的重要组成部分中国海外并购涉及较少。

因此,我国应当增加中国海外并购数据披露的透明度和及时性,统筹国家发展改革委、商务部、外管局等不同来源的数据;有效区分已备案、正磋商、待审批、已完成等海外并购的不同状态;以及企业自有资金、境内银行贷款、境外融资等不同资金来源和构成。掌握重要信息发布的主动权,避免外媒用不同口径数据混淆视听,也有利于监管机构自身掌握中国企业海外并购状况。

◇◇ 三 应对宏观国际层面的风险

1. 以外交反哺,建立海外投资保护政府全面行动框架

增进与东道国的战略互信,用政治手段来化解政治风险。提升投资开放的互惠性是减少东道国政府和民众疑虑的关键因素。而要扩大在敏感领域投资的互惠性,核心还是要增强中国与东道国间的战略互信。正是中国与东道国在战略互信上存在较大缺口,才导致部分利益团体的"政治化"策略屡屡得手。当前,不论是在投资规模还是产业深度上,中国的海外直接投资都已经发展到需要政治关系为经济投资扫清障碍、进行"反哺"的阶段,不能再继续期望以经济关系作为各类双边关系的"压舱石"。中

国应该在多个传统和非传统安全领域与其他国家尤其是发达国家展开合作，正视和化解对方的安全疑虑，而不是被动地等待经贸关系的"外溢"效果来弥补在战略领域中的"负债"。

良好的外交关系既能缓解中国目前面临的险象环生的复杂国际格局，又能为中国企业对外直接投资提供更友好的环境和更坚强的后盾。未来中国应该继续发扬和平外交的优良传统，树立有责任感的大国形象，紧密联系发达国家，热情帮助发展中国家。但是，和平发展并不意味着软弱可欺。当外国威胁中国领土完整、损害中国利益的时候，中国应以强硬的态度维护我国正当利益。谦虚有礼的大国形象，将吸引更多外国企业与中国"走出去"企业合作；不卑不亢的外交态度，也能给试图侵占中国对外投资企业利益的外国企业以威慑。

减少对外直接投资的风险，也要依靠中国提高自身综合国力。中国要先用综合国力来支撑外交，才能用外交反哺经济。目前中国综合实力中，军事实力、科技实力与文化实力亟待提高。中国应在和平共处不争霸的前提下，大力发展自主研发设计的军事技术，同时向世界传达"中国梦"理念，大力建设社会主义核心价值体系，成为一个真正的军事大国、科技强国，才能得到世界其他国家的尊重和支持。

中国应制定海外投资保护的政府全面行动框架。这一框架应发挥政府、企业、社会组织、国际组织各自的作用，并增强它们之间的合作机制。除了运用外交途径外，中国还需要加强海外军事投放能力。当海外利益遭受实际损害或面临威胁时，中国应采取包括外交、情报部门统一部署和综合应对，必要时以武力干预和国际制裁等多种措施来进行维护，从而实现在政府、军队和民间的配合下，全方位有效地保护中国海外投资企业以及相关机构和人员的安全。以金融情报为纽带、以资金监测为手段、以数据信息共享为基础，规范跨境资金流转渠道，打击掩盖在对外投资外衣下的资本外逃行为，推动双多边合作，完善风险防范体制机制。

2. 规范企业海外经营行为、建立企业海外履行社会责任的激励机制

"走出去"企业是中国对外形象的展示窗口。中国政府应主动规范企业经营秩序，督促企业遵守东道国法律法规，积极履行社会和环境责任。鼓励企业与当地的政府、公共媒体、民间社团等社会各阶层保持顺畅良好的关系，积极化解东道国的社会舆论压力，树立良好的企业形象。研究针对海外中小民营企业合法合规经营的监管措施和奖惩机制。此外，中国需要加快国有企业改革，提高国有企业透明度，完善国有企业公司治理机制，向外界解释和澄清国有企业市场运营模式和机制，减少各国对中国国有企业特殊身份的猜忌。

针对中国企业"走出去"过程中暴露的诸多问题，自2016年年底开始，监管部门陆续出台相关的法律法规进行引导。2016年8月，国务院办公厅发布了《国务院办公厅关于建立国有企业违规经营投资责任追究制度的意见》（国办发〔2016〕63号），率先规范了国有企业的海外投资并购行为。2017年12月18日，国家发展改革委、商务部、中国人民银行、外交部、全国工商联五部门联合发布了《民营企业境外投资经营行为规范》（下称《行为规范》），重申支持民营企业"走出去"的引导原则，并从经营管理、合规诚信、社会责任、环境保护、风险防控五个方面对民营企业境外投资经营行为进行引导。此次发布的《行为规范》首先强调了"支持有条件的民营企业'走出去'，对民营企业'走出去'与国有企业'走出去'一视同仁"的指导原则，并指出民营企业在境外投资过程中应根据自身实力和条件量力而行、审慎而为。

《行为规范》有助于民营企业认识和防范风险，将对民营企业境外投资经营行为产生实质影响。未来，其主要的落地措施是信用记录和黑名单制度。《行为规范》明确指出，国家发改委将会同有关部门，加强对外经

济合作领域信用体系建设，违规的民营企业将被列入黑名单，纳入信用记录，而情节严重、影响恶劣的企业会被联合惩戒。虽然《行为规范》具体的惩戒内容并未公布，但有28个部委参与，被惩戒的民营企业将在金融、工商、质检、贸易和投资等方面受到全面的约束，在国内的生产经营将举步维艰。除了事后的惩戒外，对民营企业境外投资经营行为的规范要求也可能在事前管理中有所体现。下一步，为了落实《民营企业境外投资经营行为规范》，可能需要民营企业在备案材料中提供涉及境外投资决策、授权、财务、合规、社会责任、环保、风险防控等内容的内部规章制度和安排。

民营企业境外投资具有扩展国际市场、获取先进技术以及促进国内经济结构转型的重要作用。在我国企业"走出去"过程中，民营企业扮演了重要的角色，"走出去"的步伐越来越快。未来，在监管层的不断引导和规范下，预计非理性、过热的对外投资将得到有效遏制，不符合国家利益和国家安全的境外投资将被限制和禁止，民营企业境外投资的风险防范意识和能力有望不断提高，对外投资的健康有序发展也将成为普遍共识。

民心相通是"一带一路"建设的重要内容之一。目前中国的对外文化交流花销较大，但效果并不显著。然而，一直以来被忽视的是，海外中资企业在宣传中国形象和传播中国文化方面具有天然的优势。其一，海外中资企业分布广泛。截至2017年年末，中国境内投资者设立对外投资企业3.92万家，分布在全球189个国家（地区）。如果每一个海外中资企业都能成为中国形象和文化的传播点，其影响范围和传播半径非一般宣传机构和活动能比。

其二，海外中资企业扎根当地，能更充分地了解当地需求，从而产生持久的、潜移默化的影响。由海外中资企业在日常的生产经营和生活中通过点点滴滴的活动和行为来宣传中国形象和传播中国文化不会显得很刻意，更容易引起当地民众的好感。例如，在当地过节的时候，提供一些中国美食；在当地办社区活动的时候，资助一些活动设施等。同时，海外中资企业的当地员工成为中国的代言人更具有说服力。海外中资企业的本土化程度越来越高，当地员工更容易受到中国经营者的影响，感受到中国各方面的优势，从而将自身利益跟中国企业发展绑在一起，进而影响周围一批人。

让企业在宣传中国形象和传播中国文化方面发挥更大的作用需要一定的激励机制。虽然在这一过程中，企业自身的美誉度也会提高，从而有助于降低投资风险，提高经营业绩。但整体而言，对宣传中国国家形象和传播文化方面正的外部性非常明显。中国政府应当将财政、金融和税收资源进行适当倾斜，并建立相应基金来鼓励海外中资企业积极践行社会责任，宣传中国形象和传播中国文化。同时，奖罚分明，对于那些有损中国国家形象、败坏中国名声的海外中资企业和出口商，建立追溯和惩罚机制。

3. 积极应对美国的国家安全审查

国家安全审查机制应更有针对性，避免被"滥用"。中美两国对于自身国家安全的关切应该得到尊重和理解，但同时要避免以国家安全为由，将所有相关的外资企业一律拒之门外。在国家安全审查机制设计上，一是要有针对性，要清晰地界定哪些领域、哪些技术属于国家安全的范畴，避免过于宽泛或过于模糊；二是要有清晰的审查流程和审查标准，让外资企业对具体审查流程和标准做到心中有数；三是如果外资企业对安全审查结果持有异议，要保证其可以通过有效的申诉渠道进行申诉，并有补充材料和要求解释的权利。

提前进行专业咨询。中国企业在交易预备和协商阶段就应提早了解美国国家安全审查和准入资格的相关法律和要求，向在外国投资领域有经验的律师事务所及时咨询意见，并准备好申报必需的英文文件和应对策略，清楚了解该次交易是否涉及美方 CFIUS 所关注的关键技术知识产权的转移和敏感行业的投资，被投资方是否参与或拥有美国军用核心技术或需严格保密的交易销售信息。

诚然，国家安全概念的扩张与审查过程中政治因素的增加已经是明显的趋势，企业很难准确预测自己的投资行为是否会触发东道国的国家安全审查。① 除了东道国更加频繁地利用这一工具之外，国家安全审查本身普遍具有的不可诉性也使得中国企业更加难以应对。然而，根据三一公司成功在美国以程序问题为由对 CFIUS 判决展开诉讼这一案例可知，如果中国企业充分了解东道国的法律和政治规则，那么仍然有利用法律武器来保护权益的可能。

尽量避开敏感行业。由于在美直接投资最为关键和受到 CFIUS 重视的是投资方的投资动机和目的，因此避开敏感行业，如与国防科技有密切联系的民用技术、涉及"核心基础设施"、属于国家战略资源的能源产业等领域的投资，无疑是获准通过甚至免于安全审查的优势策略。

把握良好交易时机。把握好交易时机，不仅指要找到投资方能够从交易中获得可观利益的时点，更是指要选择母国与东道国双边关系良好的时期。若在被收购方处于急需投资注入的情况下，CFIUS 考虑到挽救美国国内企业减少失业的因素，也会使得并购交易更容易获得批准。

充分利用非正式磋商。在企业准备赴美投资，并且所涉及交易可能触及 CFIUS 的安全审查时，不应怀有侥幸心理，而应主动与 CFIUS 进行提交正式书面申请前的非正式磋商，提供完备且真实的材料来自证清白。前期有效的沟通，有利于获得 CFIUS 成员的理解和支持，并展示诚意，以免发生不必要的误会和猜疑，从而导致投资被否。

积极进行公关游说。在美国，公关是重大投资案所必要的消除舆论和

---

① 贺丹：《企业海外并购的国家安全审查风险及其法律对策》，《法学论坛》2012 年第 2 期。

民众偏见的手段，有助于展示中国企业真实的商业意图，消除误解与焦虑。中国企业可主动与国外主流媒体接触，建立起积极的品牌形象和舆论环境，从而大大降低中国企业赴美投资所面临的猜疑和障碍。

4. 积极应对美国的出口管制

企业要尽早了解相关法律和条例。美国的《出口管理条例》详细列出了投资企业和出口商如何一步步确认交易涉及的商品和技术是否受到出口管辖、是否需要申请出口许可证、是否存在许可例外情况等。可能涉及受限商品和技术交易的企业，应当尽早了解条例内容和具体操作，咨询有经验和资历的律师以及相关专业人员，避免因交易完成后被发现触犯法律和条例，而造成重大损失。同时，即使交易涉及受管制的国家和实体，也可以通过申请许可和许可例外的情况来达成交易，这就更需要企业全面了解《出口管理条例》中的具体细节，从而对自身交易情况进行判断，及早做出决定，提交申请。

企业内部做好出口管制的培训工作。中兴通讯事件深刻教导了中国所有赴美投资企业，将美国出口管制制度和操作纳入常规业务审核的重要性。中兴通讯在事件之后，任命了美国律师担任企业的首席出口合规官，并将出口管制清单纳入业务的自动识别系统，大力推进企业内部员工的出口管制培训，避免此类事件的再次发生。

企业与出口商进行良好的沟通。《出口管理条例》规定，出口许可证需要出口商进行申请，因此中国企业无论在国内或在美国境内设立分支机构时，如果想要获得可能受管制的产品和技术，都需要与美国出口商进行良好的沟通和交流。由于《出口管制条例》管制范围过宽，某些情况下，也导致相关行业的美国企业利益受损，因此应与美国出口商及时沟通，由出口商向美国商务部提供完整真实的产品和技术的最终使用目的和最终客户信息，以消除美国商务部的疑虑，使得产品或技术出口能获得许可，从而保证中国企业的正常运营与业绩增长。

企业要加强自主创新研发。2018年8月1日，美国出口管制名单新增中国实体一事，标志美国对中国进行技术封锁进一步升级，未来封锁范围只会不断扩大且程度不断加深。我国想要在相关高科技领域取得突破和进展，并争取世界科技地位和话语权，就必须要鼓励企业加强自主创新和研发，同时加强与美国之外的国家、地区的技术合作，保持我国在科技领域占有一席之地。

5. 为中欧投资协定谈判强力注入政治推动力，以国内市场为杠杆，将"走出去"与"引进来"充分结合

在坚持企业为对外投资主体的前提下，鼓励有能力、有条件的各类企业结合自身优势和发展战略，积极开展赴欧投资。机制化地举办各类对欧投资和中欧国际产能合作论坛和展会，为中欧企业开展投资合作搭建平台。

虽然目前欧洲的审查机制大大弱于美国CFIUS的国家安全审查机制，但也日益关注中国对欧高科技领域和重要基础设施的投资。因此，我国应引导企业充分考虑欧洲不同国家的国情和实际需求，尤其注重与当地政府和企业开展互利合作，充分利用中国不断扩大的消费市场潜力，将对欧投资与吸引欧洲对华投资进行深度融合，帮助欧洲投资伙伴建立与中国市场的联系，让中国投资为欧洲创造良好的经济社会效益。

进一步充实中欧共同投资基金的规模和扩大投资范围。目前中欧共同投资基金规模为5亿欧元，由丝路基金与欧洲投资基金等比例出资并共同进行投资决策。主要投资于欧洲私募基金和风险投资基金，投向对中欧合作具有促进作用、并且商业前景较好的中小企业。可考虑进一步充实中欧

共同投资基金的规模，并将投资范围扩大至具有长期性、战略性的新兴产业和关键技术领域。

为中欧投资协定谈判强力注入政治推动力。中欧投资协定谈判于 2013 年 11 月启动，至今已持续七年多。目前双方刚完成出价清单的交换，谈判进入更为困难的新阶段。欧盟在市场准入、环境保护、企业社会责任等方面提的要求较高，并希望看到一个尽可能短的负面清单，这对我国造成一定程度的挑战。我国应客观看待双方的分歧点，为中欧投资协定谈判强力注入政治推动力，以尽早达成一个高标准、现实的中欧投资协定，从而为提升双边经贸合作水平、释放双向投资潜力带来显著利好，并促进我国全面提升对外开放水平。

全面准备开展中英自由贸易协定谈判。英国已经正式脱离欧盟。为了减轻"脱欧"对英国经济造成的冲击，英国亟须深化与欧盟之外合作伙伴的经贸往来。同时，"脱欧"也使得英国摆脱欧盟的种种束缚，能更加机动灵活地进行全面开放。中英经济互补性较强，英国在基础设施领域具有较大的改善需求，其金融服务业、创意产业、节能环保、高端制造、高科技产业非常发达。我国应抓住机会，全面着手开展中英自由贸易协定谈判，提早理清我方的出价清单，为谈判的重点、难点和谈判策略做好沙盘推演。

6. 加强国有企业海外投资的规范和监管，防止国有资产流失

国有企业在我国对外直接投资中的重要地位，决定了国家应加强对国有企业海外资产的监管，建立适合本国国情的国有企业境外直接投资监管机制，防止国有资产流失。

一是建立国有企业海外投资项目的审计和巡查的常规机制。尽快对央企、各类国企的海外投资进行全面、彻底的审计，先把底子摸清，然

后以问题为导向，深挖侵吞海外国有资产的严重腐败问题，总结典型案例和经验教训。同时，国家审计应该与国资委出资聘请会计师事务所监督境外国有资产的第三方审计互为补充，避免审计流于形式，达不到预期目标。

二是加强海外国有资产管理立法。1995年修订的《境外国有资产产权登记管理暂行办法实施细则》以及1999年的《境外国有资产管理暂行办法》等规定早已无法满足当今的境外国有资产监管要求。虽然国资委在2011年和2012年相继出台了《中央企业境外国有资产监督管理暂行办法》《中央企业境外国有产权管理暂行办法》《中央企业境外投资监督管理暂行办法》，但都只是对央企的规定，缺乏对地方国企的管理。我国需要尽快出台诸如《国有企业海外投资管理办法》《海外国有资产监管条例》等类似法规，加强对国有企业海外投资的规范和监管，就投资论证、投资程序、投资责任、投资绩效、风险管控等做出相应规定，实行投资主体责任制（投资母公司对国有资产的境外转移、管理的责任约束）和投资项目法人责任制（对境外具体项目法人即子公司对母公司投资进行具体运营进而保值的责任约束），维护国有资产安全，防范国有资产流失。

三是推动国企完善公司治理结构。中国需要加快国有企业改革，提高国有企业透明度，完善国有企业公司治理机制，从体制上防止企业发生因决策失误或者恶意侵害等各种原因导致国有资产流失的情形。

四是中国企业尤其是国有企业应当按照国际标准提高自身的透明度，主动说明企业的内部结构、与政府部门的关系、投资试图达到的目标和实施政策以及未来的发展方向和计划等。同时，在国际投资活动中增强利润导向性，不能不顾资本利用效率和实际成本，以过高的价格、冒着重大的商业风险在敏感和重要部门进行投资，从而导致东道国政府和社会怀疑中方的投资动机，质疑中国企业的市场主体身份。

7. 稳妥推进"一带一路"建设

（1）针对一般项目

理清不同项目的不同性质，协调好政府、国有企业、民营企业和国外企业的关系。政府要在顶层设计、金融、外交等方面发挥更多的服务作用。对于长期基础设施建设这类投资，如果要引入私人资本，需要有超主权的机构进行协调和规范运作。

完善投资策略，扩展投资领域。目前，中国企业的重点投资领域仍集中在能源等少数垄断行业，这给不少"一带一路"东道国造成了中国企业倾向于投资资源和敏感行业的误判。再加上"一带一路"倡议有被泛化与虚化的问题，容易引起东道国社会团体和民众的误解。因此，中国企业不要盲目追求大规模的投资项目，多元化投资领域，减少因高曝光度引起不必要的政治风险和社会安全风险。

明确"一带一路"的内容和范围。最好能将"一带一路"的内容明确界定为经贸、金融、基础设施、第三方开发等经济领域。即使要囊括文化和社会领域，也应该进行分类，形成一个类别清晰、包含具体地带和重点行业的项目清单。同时，在出台这个项目清单之前，中国政府应与沿线国家进行充分的沟通与协调，并对"一带一路"的推进状况进行定期评估，客观透明地披露进度。

构建由政府主导的、各方参与的、以市场需求为导向的一带一路多边合作"一站式"服务平台。一是建立"一站式"联动机制。整合政府部门板块（外交部、国家发展改革委、财政部、商务部、外管局和各省市政府等）、商协会板块（贸促会、商会和行业协会等）、金融机构板块（出口信用保险公司、国家开发银行、进出口银行和商业银行等）、中介机构板块（律师事务所、会计师事务所、担保公司、评估公司和投资银行等)、涉外机构板块（驻外领事馆经商处、国际经贸组织和境外投资联络点等）、"一带一路"沿线国家板块（沿线国家的监管机构、金融机构和企业等）六大功能板块资源。逐步吸收充实各功能板块成员，通过建立联席会议制度、举办集中服务日活动、建立信息共享制度等一系列举措，建立联动机制，为"一带一路"提供全方位高水准的服务。

二是提供"一站式"专业服务。以企业需求为导向，充分发挥上述六大功能板块的资源优势，为"一带一路"海外投资提供投资环境咨询、备案管理、政策解读、金融支持、法律服务、财务服务、风险评估、应急事件处理等专业服务保障，解决企业在境外投资中遇到的困难和问题。同时，"一带一路"沿线国家也可以在这一平台上发布相关招商合作信息，进行项目推介，以协助有投资意向的企业进行项目对接。

上述多方"一站式"服务平台的构建，有助于促进各部委和省际的协调、"一带一路"海外投资公共产品的提供、企业之间成功经验和失败教训的交流、政策咨询服务与量身定制服务的结合，以及中国与"一带一路"沿线国家的相关合作。最后需要指出的是，上述平台得以成功构建的前提，是中国政府必须尽快强化"一带一路"的顶层设计与配套措施，以提高跨部委、跨省域、跨国别的协调和合作。

在南海区域形成各方均能接受的良好行为准则。在主权问题存在争议的情况下，争取在南海区域形成各方均能接受的良好行为准则，以避免南海问题擦枪走火，显著恶化。而推进南海合作是增强中国与东盟国家互信互惠，降低"一带一路"建设障碍的重要途径。中国应在中国—东盟"2+7"、中国—东盟海上合作基金、亚洲基础设施投资银行等现有框架下，让相关合作项目和倡议及早落地，从而为夯实与东南亚国家尤其是南海争端国的利益交汇点，打下基础。

(2) 针对重大项目

"一带一路"在建重大项目的总体风险可预期、可管理、可承受。

"一带一路"重大项目的建设，不能只讲经济利益，还要考虑政治意愿和安全需求。但也不能不考虑经济效益，最后给我国政府和企业背上巨大包袱。"一带一路"在建重大项目的推进，仍应循序渐进，注重效果，灵活调整。现在不少国有企业和地方政府有很大的冲动参与"一带一路"重大项目的建设之中，但项目启动有时容易，顺利完成却很难。项目推进过程中所在区域的地缘政治风险、参与国的"疑虑"和"摇摆"、恐怖主义威胁、资金风险都会给项目的顺利建设带来极大的不确定性。唯有保持冷静和清醒，进行积极稳妥的准备和应对，才能确保总体风险可预期、可管理、可承受。

加强战略制衡，实现利益捆绑。就大国博弈和地缘政治风险来看，通过在国际反恐合作、朝鲜半岛等问题上与美国进行沟通和制衡，同时充分利用美国政界和商界的不同态度以及政界内部的不同声音，可以减少美国对"一带一路"建设的妨碍。日本在中美贸易摩擦以来，态度出现了明显变化，应积极探索就联合开发第三方市场进行合作。对于其他国家，应加强战略磋商，增强战略互信，实现利益捆绑。

积极建设增信释疑的舆论和理论保障体系，增加透明度，让东道国各界成为合作共赢的代言人。用当地语言，针对不同国家、不同人群讲好"一带一路"的故事。提高项目透明度，通过主动、充分、客观的信息披露，让当地社会各界了解到"一带一路"重大项目建设给当地就业、民生、经济社会发展带来的良好效益。提高我国国有企业透明度，完善国有企业公司治理机制，主动向外界解释和澄清我国国有企业的市场运营模式和机制。提高招投标透明度，确保全球范围内各类企业能够公平公正地参与其中，从而分散财务风险，提高项目质量。

与东道国政府加强安全合作，同时充分发挥民间安保力量的补充作用。在安全领域加强与东道国各级政府、军方和情报部门的沟通与合作，形成机制化的内外联动管道，强化对重大在建项目的监控预警。对于因恐怖袭击造成的损失，及时做好善后工作，不做过多渲染和解读。同时，积极鼓励和支持民间安保力量的发展和"走出去"，促进其行为标准和行业规范的制定。针对部分企业存在海外安保支出比例远低于国际通行标准的问题，建议根据不同东道国的风险等级和行业类型，强制性要求海外建设项目保障一定比例的安保支出。

创新风险分担方式，构建多元投融资机制保障体系。鼓励金融机构加强产品创新，尤其是加强与人民币国际化相关的金融创新，将"一带一路"建设的远期红利转化为近期可持续获得的投资收益，帮助企业规避交易中的各类汇率和利率风险。鼓励金融机构创新风险分担方式，积极对接世界银行、亚洲开发银行、亚洲基础设施投资银行等多边机构，同时充分利用东道国的本土金融资源和网络，改变单打独斗、大包大揽的传统思维，从而在更大范围内分散和管理风险。鼓励企业境内外通过银团贷款、项目融资、股权融资、资产证券化等多渠道多方式进行融资。对于"一带一路"在建重大项目的资金出境，要给予优先支持，不搞一刀切的管理方式。

参考文献

中文文献

黄孟复:《中国小企业融资状况调查》，中国财政经济出版社2010年版。

厉以宁、曹凤岐:《中国企业的跨国经营》，中国计划出版社1996年版。

商务部、统计局和外汇管理局:《2009年度中国对外直接投资统计公报》，中国统计出版社2010年版。

商务部、统计局和外汇管理局:《2012年度中国对外直接投资统计公报》，中国统计出版社2014年版。

王碧珺:《国际直接投资形势回顾与展望》，载张宇燕主编《2018年世界经济形式分析与预测》，社会科学文献出版社2019年版。

张明、王永中:《中国海外投资国家风险评级报告（CROIC-IWEP）》，中国社会科学出版社2014年版。

中国社会科学院世界经济与政治研究所:《中国海外投资国家风险评级报告（2016）》，中国社会科学出版社2016年版。

中华人民共和国商务部、中华人民共和国国家统计局和国家外汇管理局:《2015年度中国对外直接投资统计公报》，中国统计出版社2016年版。

戴翔:《生产率与中国企业"走出去"：服务业和制造业有何不同?》，《数量经济技术经济研究》2014年第6期。

邓新明、熊会兵、李剑峰、侯俊东、吴锦峰:《政治关联、国际化战略与企业价值——来自中国民营上市公司面板数据的分析》，《南开管理评论》2014 年第 1 期。

樊纲：《关于我国宏观经济若干新问题的思考》，《宏观经济研究》2003 年第 4 期。

葛顺奇、刘晨、蒲红霞：《中国对美直接投资与安全审查——万向集团并购 A123 系统公司的启示》，《国际经济合作》2014 年第 5 期。

葛顺奇、罗伟：《中国制造业企业对外直接投资和母公司竞争优势》，《管理世界》2013 年第 6 期。

辜胜阻：《中国面临产业"空心化"风险》，《中国总会计师》2012 年第 3 期。

郭春梅：《中国在澳投资受阻的原因及其启示》，《现代国际关系》2014 年第 10 期。

贺丹：《企业海外并购的国家安全审查风险及其法律对策》，《法学论坛》2012 年第 2 期。

霍杰：《对外直接投资对全要素生产率的影响研究——基于中国省际面板数据的分析》，《山西财经大学学报》2011 年第 3 期。

贾英姿、于晓、郭昊、刘猛、胡振虎：《〈欧盟外商直接投资审查框架〉条例对中国的影响及应对策略》，《财政科学》2019 年第 5 期。

姜亚鹏、王飞：《中国对外直接投资母国就业效应的区域差异分析》，《上海经济研究》2012 年第 7 期。

蒋冠宏、蒋殿春、蒋昕桐：《我国技术研发型外向 FDI 的"生产率效应"——来自工业企业的证据》，《管理世界》2013 年第 9 期。

蒋冠宏、蒋殿春：《中国企业对外直接投资的"出口效应"》，《经济研究》2014 年第 5 期。

李磊、白道欢、冼国明：《对外直接投资如何影响了母国就业？——基于中国微观企业数据的研究》，《经济研究》2016 年第 8 期。

李良成：《吉利并购沃尔沃的风险与并购后整合战略分析》，《企业经济》

2011 年第 1 期。

李志远、余淼杰:《生产率、信贷约束与企业出口:基于中国企业层面的理论和实证分析》,《经济研究》2013 年第 6 期。

林毅夫、李志赟:《中国的国有企业与金融体制改革》,《经济学(季刊)》2005 年第 4 期。

刘德健:《中国对澳矿业领域投资受阻分析与思考》,《中国矿业》2014 年第 7 期。

刘明霞、王学军:《中国对外直接投资的逆向技术溢出效应研究》,《世界经济研究》2009 年第 9 期。

罗进辉:《"国进民退":好消息还是坏消息》,《金融研究》2013 年第 5 期。

罗丽英、黄娜:《我国对外直接投资对国内就业影响的实证分析》,《上海经济研究》2008 年第 6 期。

马淑琴、张晋:《中国 ODI 能导致产业空心化吗?——以浙江和广东为例》,《经济问题》2012 年第 7 期。

毛其淋、许家云:《中国对外直接投资促进抑或抑制了企业出口?》,《数量经济技术经济研究》2014 年第 9 期。

孟醒、董有德:《社会政治风险与我国企业对外直接投资的区位选择》,《国际贸易问题》2015 年第 4 期。

聂辉华、方明月、李涛:《增值税转型对企业行为和绩效的影响》,《管理世界》2009 年第 5 期。

潘晓明:《从墨西哥高铁投资受阻看中国对外基础设施投资的政治风险管控》,《国际经济合作》2015 年第 3 期。

彭韶辉、王建:《中国制造业技术获取型对外直接投资的母国就业效应》,《北京理工大学学报》(社会科学版)2016 年第 4 期。

邱立成、于李娜:《中国对外直接投资:理论分析与实证检验》,《南开学报》2005年第2期。

任琳、冯维江、王碧珺、吴国鼎：《"一带一路"：为改革全球治理体系提供平台和动力》，《世界知识》2019年第9期。

荣大聂、提洛·赫恩曼：《中国对发达经济体的直接投资：欧洲和美国的案例》，《国际经济评论》2013年第1期。

石柳、张捷：《广东省对外直接投资与产业"空心化"的相关性研究——基于灰色关联度的分析》，《国际商务（对外经济贸易大学学报）》2013年第2期。

田巍、余淼杰：《企业生产率和企业"走出去"对外直接投资：基于企业层面数据的实证研究》，《经济学（季刊）》2012年第2期。

万丽娟、彭小兵、李敬：《中国对外直接投资宏观绩效的实证》，《重庆大学学报》（自然科学版）2007年第5期。

王碧珺：《被误读的官方数据——揭示真实的中国对外直接投资模式》，《国际经济评论》2013年第1期。

王碧珺：《中美直接投资：挑战与破局》，《国际经济评论》2013年第5期。

王滨：《对外直接投资在我国经济发展中的作用——挤进和挤出效应的实证分析》，《国际贸易问题》2006年第1期。

王海军：《政治风险与中国企业对外直接投资——基于东道国与母国两个维度的实证分析》，《财贸研究》2012年第1期。

王启洋、任荣明：《投资壁垒的博弈分析及我国企业的应对策略研究》，《国际贸易问题》2013年第3期。

韦军亮、陈漓高：《政治风险对中国对外直接投资的影响——基于动态面板模型的实证研究》，《经济评论》2009年第4期。

冼国明、杨锐：《技术累积、竞争策略与发展中国家对外直接投资》，《经济研究》1998年第11期。

谢富胜:《中国的"离制造业"现象分析》,《上海经济研究》2002 年第 11 期。

颜海燕:《国际直接投资中的间接征收问题研究》,《法制与社会》2011 年第 9 期。

阳佳余:《融资约束与企业出口行为:基于工业企业数据的经验研究》,《经济学(季刊)》2012 年第 3 期。

杨娇辉、王伟、王曦:《我国对外直接投资区位分布的风险偏好:悖论还是假象》,《国际贸易问题》2015 年第 5 期。

姚洋、章奇:《中国工业企业技术效率分析》,《经济研究》2001 年第 10 期。

姚枝仲、李众敏:《中国对外直接投资的发展趋势与政策展望》,《国际经济评论》2011 年第 2 期。

余官胜、王玮怡:《海外投资、经济发展水平与国内就业技能结构——理论机理与基于我国数据的实证研究》,《国际贸易问题》2013 年第 6 期。

余永定:《特朗普税改:两减一改、三大新税种和对美国经济的影响》,《国际经济评论》2018 年第 3 期。

张纪凤、黄萍:《替代出口还是促进出口——我国对外直接投资对出口的影响研究》,《国际贸易问题》2013 年第 3 期。

张建刚、康宏、康艳梅:《就业创造还是就业替代——OFDI 对中国就业影响的区域差异研究》,《中国人口·资源与环境》2013 年第 1 期。

张建红、姜建刚:《双边政治关系对中国对外直接投资的影响研究》,《世界经济与政治》2012 年第 12 期。

赵春明、何艳:《从国际经验看中国对外直接投资的产业和区位选择》,《世界经济》2002 年第 5 期。

宗芳宇、路江涌、武常岐:《双边投资协定、制度环境和企业对外直接投资区位选择》,《经济研究》2012 年第 5 期。

胡琴:《中国企业对外直接投资的宏观经济效应研究》,硕士学位论文,武汉理工大学,2005年。

英文文献

Acemoglu, Daron, "Patterns of skill premia", *The Review of Economic Studies*, Vol. 70, No. 2, 2003.

Agnès Bénassy-Quéré, Maylis Coupet and Thierry Mayer, "Institutional Determinants of Foreign Direct Investment", *The World Economy*, Vol. 30, No. 5, 2007.

Andreas Waldkirch, "The Effects of Foreign Direct Investment in Mexico Since NAFTA", *The World Economy*, Vol. 33, No. 5, 2010.

Andrew Kerner, "What We Talk About When We Talk About Foreign Direct Investment", *International Studies Quarterly*, Vol. 58, No. 4, 2014.

Antonio Capobianco and Hans Christiansen, "Competitive Neutrality and State-Owned Enterprises: Challenges and Policy Options", OECD Corporate Governance Working Papers, No. 1, OECD Publishing, 2011.

Barrell, R. and Pain, N., "An Econometric Analysis of U. S. Foreign Direct Investment", *Review of Economics & Statistics*, Vol. 78, No. 2, 1996.

Bellak, C. and Leibrecht, M., Corporate income tax competition and the scope for national tax policy in the enlarged Europe //National Tax Policy in Europe. Springer, Berlin, Heidelberg, 2007.

Bellone, F., Musso, P., Nesta L. and Schiavo S., "Financial Constraints and Firm Export Behavior", *The World Economy*, Vol. 33, No. 3, 2010.

Bernard, Andrew B., and Joachim Wagner, "Exports and success in German manufacturing", *Weltwirtschaftliches Archiv*, Vol. 133, No. 1, 1997.

Blonigen, B. A., "A review of the empirical literature on FDI determinants", *Atlantic Economic Journal*, Vol. 33, No. 4, 2005.

Blonigen, B. A., "Firm-specific assets and the link between exchange rates and foreign direct investment", *The American Economic Review*, 1997.

Blonigen, B., "In Search of Substitution between Foreign Production and Exports", *Journal of International Economics*, Vol. 53, No. 1, 2001.

Blonigen, Bruce A., "A review of the empirical literature on FDI determinants", *Atlantic Economic Journal*, Vol. 33, No. 4, 2005.

Blonigen, Bruce A., "In search of substitution between foreign production and exports", *Journal of International Economics*, Vol. 53, No. 1, 2001.

Bluestone, Barry and Bennett, Harrison, "The Deindustrialization of America", *New York: BasicBooks*, 1982.

Boubacar, I., "Spatial determinants of US FDI and exports in OECD countries", *Economic Systems*, Vol. 40, No. 1, 2016.

Bruce A. Blonigen and Matthew J. Slaughter, "Foreign-Affiliate Activity and U. S. Skill Upgrading", *Review of Economics and Statistics*, Vol. 83, No. 2, 2001.

Buch, C., Kesternich, I., Lipponer, A. and Schnitzer, M., "Financial Constraints and Foreign Direct Investment: Firm-level Evidence", *Review of World Economics*, Vol. 150, No. 2, 2014.

Buch, C., Kesternich, I., Lipponer, A. and Schnitzer, M., "Real versus Financial Barriers to Multinational Activity", *Mimeo*, University of Tuebingen, 2008.

Buckley Peter J. and Mark Casson, *The Future of the Multinational Enterprise*, Macmillan: London, 1976.

Buckley, Peter J., and Mark Casson, "The Optimal Timing of a Foreign Direct

Investment", *Economic Journal*, Vol. 91, No. 361, 1981.

Buettner, T., Overesch, M., Schreiber, U., et al., "The Impact of Thin-Capitalization Rules on Multinationals' Financing and Investment Decisions", *Discussion Paper*, Vol. 288, No. 7464, 2006.

Campbell, Duncan, "Foreign investment, labor immobility and the quality of employment", *International Labor Review*, Vol. 113, 1994.

Cassou, S. P., "The link between tax rates and foreign direct investment", *Applied Economics*, Vol. 29, No. 10, 1997.

Caves, R., "International Corporations: the Industrial Economics of Foreign Investment", *Economica*, Vol. 38, No. 149, 1971.

Chaney, T., "Liquidity Constrained Exporters", NBER Working Paper, No. w19170, 2013.

Christina L. Davis and Sophie Meunier, "Business as Usual? Economic Response to Political Tensions", *American Journal of Political Science*, Vol. 55, No. 3, 2011.

Cleary, S., "International Corporate Investment and the Relationships between Financial Constraint Measures", *Journal of Banking & Finance*, Vol. 30, No. 5, 2006.

Coe, D. and Hoffmaister, A., "North-South Trade: Is Africa Unusual", *Journal of African Economics*, Vol. 8, No. 2, 1999.

Cohen Wesley M. and Daniel A. Levinthal, "Absorptive Capacity: a new perspective on learning and innovation", *Administrative Science Quarterly*, Vol. 35, No. 1, 1990.

Cozza, C., R. Rabellotti, and M. Sanfilippo, "The impact of outward FDI on the performance of Chinese firms", *China Economic Review*, Vol. 36, 2015.

Cressy, R., "Funding Gaps: a Symposium", *The Economic Journal*,

Vol. 112, No. 477, 2002.

Daniels, J. D. and Bracker, J., "Profit Performance: Do Foreign Operations Make A Difference?", *Management International Review*, Vol. 29, No. 1, 1989.

Deborah M Mostaghel, "Dubai Ports World Under Exon-Florio: A Threat to National Security or a Tempest in a Seaport?", *Albany Law Review*, 583, 2007.

De Mooij, R. A. and Ederveen, S., What a difference does it make? Understanding the empirical literature on taxation and international capital flows. Directorate General Economic and Financial Affairs (DG ECFIN), European Commission, 2006.

Devereux, M. P. and Griffith, R., The Taxation of DiscreteInvestment Choices, 1999.

Diego Quer, Enrique Claver and Laura Rienda Quer, "Political Risk, Cultural Distance, and Outward Foreign Direct Investment: Empirical Evidence from Large Chinese Firms", *Asia Pacific Journal of Management*, Vol. 29, No. 4, 2012.

Dunning, J. H. and McQueen, M., "The eclectic theory of international production: a case study of the international hotel industry", *Managerial and decision economics*, Vol. 2, No. 4, 1981.

Dustin Tingley, Christopher Xu, Adam Chilton and Helen V. Milner, "The Political Economy of Inward FDI: Opposition to Chinese Mergers and Acquisitions", *The Chinese Journal of International Politics*, Vol. 8, No. 1, 2015.

Eckhardt Bode and Peter Nunnenkamp, "Does Foreign Direct Investment Promote Regional Development in Developed Countries? A Markov Chain Approach for U. S. States", *Review of World Economics*, Vol. 147,

No. 2, 2011.

Edward M. Graham and David M. Marchick, "U. S. National Security and Foreign Directive Investment", Peterson Institute, May 2006.

Etemad, H., "Internationalization of Small and Medium-sized Enterprises: A Grounded Theoretical Framework and an Overview", *Canadian Journal of Administrative Sciences*, Vol. 21, No. 1, 2004.

Fabrizio Ferrari and Riccardo Rolfini, "Investing in a Dangerous World: A New Political Risk Index", Working Paper No. 6, Global Markets Analysis Division and Political Risk Insurance Division of Sace Group, 2008.

Fazzari, S. M., Hubbard, R. G. and Petersen, B. P., "Financing Constraints and Corporate Investment", *Brookings Papers on Economic Activity*, Vol. 1, 1988.

Fu, Xiaolan, J. Hou, and L. Xiaohui, "Unpacking the relationship between outward direct investment and innovation performance: evidence from Chinese firms", *World Development*, 2018.

Geoffrey Wood, Khelifa Mazouz, Shuxing Yin and Jeremyeng-Tuck Cheah, "Foreign Direct Investment from Emerging Markets to Africa: The HRM Context", *Human Resource Management*, Vol. 53, No. 1, 2014.

Gorter, J. and Parikh, A., "How sensitive is FDI to differences in corporate income taxation within the EU?", *De Economist*, Vol. 151, No. 2, 2003.

Greenaway, D. and Kneller, R., "Firm Heterogeneity, Exporting and Foreign Direct Investment", *Economic Journal*, Vol. 117, No. 517, 2007.

Görg, H., Molana, H. and Montagna C., "FDI, tax competition and social expenditure", Working Paper, School of Social Sciences, University of Dundee, 2007.

Grubert, Harry and John Mutti, "Taxes, Tariffs and Transfer Pricing in Multinational Corporate Decision Making", *The Review of Economics and Statistics*, Vol. 73, No. 2, 1991.

Guidelines for Recipient Country Investment Policies Relating to National Security, Recommendation adopted by the OECD Council, 25 May, 2009.

Guillen Mauro F. and Esteban Garcia-Canal, "The American Model of the Multinational Firm and the New Multinationals from Emerging Economies", *The Academy of Management Perspectives*, Vol. 23, No. 2, 2009.

Hadlock, C. J. and Pierce, J. R., "New Evidence on Measuring Financial Constraints: Moving Beyond the KZ Index", *The Review of Financial Studies*, Vol. 23, No. 5, 2010.

Heckman, J., "Sample Selection Bias as a Specification Error", *Econometrica*, Vol. 47, No. 1, 1979.

Helpman, E., Melitz, M. J. and Yeaple, S. R., "Export versus FDI with Heterogeneous Firms", *American Economic Review*, Vol. 94, No. 1, 2004.

Hoshi, T., Kashyap, A. and Scharfstein, D., "Corporate Structure, Liquidity, and Investment: Evidence from Japanese Industrial Groups", *The Quarterly Journal of Economics*, Vol. 106, No. 1, 1991.

Huang Y. and Wang, B., "Investing Overseas without Moving Factories Abroad: The Case of Chinese Outward Direct Investment", *Asian Development Review*, Vol. 30, No. 1, 2013.

Huang, Youxing, and Y. Zhang, "How does outward foreign direct investment enhance firm productivity? A heterogeneous empirical analysis from Chinese manufacturing", *China Economic Review*, Vol. 44, 2017.

Hymer, S. H. (1960), "The International Operations of National Firms: A Study of Direct Foreign Investment", PhD Dissertation. Published posthumously. The MIT Press, 1976. Cambridge, Mass.

Hymer, S. H., *The International Operations of National Firms: A Study of Direct Foreign Investment*, PhD Dissertation, Published posthumously, Cambridge: The MIT Press, 1976.

Ivar Kolstad and Arne Wiig, "What Determines Chinese Outward FDI?", *Journal of World Business*, Vol. 47, No. 4, 2012.

Jasay, Anthony E. de, "The social choice between home and overseas investment", *The Economic Journal*, Vol. 70, 1960.

Jiangyong Lu, Xiaohui Liu and Hongling Wang, "Motives for Outward ODI of Chinese Private Firms: Firm Resources, Industry Dynamics, and Government Policies", *Management and Organization Review*, Vol. 7, No. 2, 2010.

Jing Lin Duanmu, "Firm Heterogeneity and Location Choice of Chinese Multinational Enterprises", *Journal of World Business*, Vol. 47, No. 1, 2012.

Jun, J., How Taxation Affects Foreign Direct Investment: (country-specific Evidence), World Bank Publications, 1994.

Kam-Ming Wan and Ka-fu Wong, "Economic Impact of Political Barriers to Cross-Border Acquisitions: An Empirical Study of CNOOC's Unsuccessful Takeover of Unocal", *Journal of Corporate Finance*, Vol. 15, No. 4, 2009.

Kaplan, S. N. and Zingales, L., "Do Investment-cash Flow Sensitivities Provide Useful Measures of Financing Constraints?", *The Quarterly Journal of Economics*, Vol. 112, No. 1, 1997.

Kazunobu Hayakawa, Fukunari Kimura, and Hyun-Hoon Lee, "How Does Country Risk Matter for Foreign Directive Investment", *The Developing Economies*, Vol. 51, No. 1, 2013.

Kokko, Ari, "The home country effects of FDI in developed economies", Stockholm: European Institute of Japanese Studies, Working Paper, 2006.

Lamont, O. , Polk, C. and Saa-Requejo, J. , "Financial Constraints and Stock Returns", *Review of Financial Studies*, Vol. 14, No. 2, 2001.

Levinsohn, J. and Petrin, A. , "Estimating Production Functions Using Inputs to Control for Unobservables", *The Review of Economic Studies*, Vol. 70, No. 2, 2003.

Li, Linjie, et al. , "Does outward FDI generate higher productivity for emerging economy MNEs? —Micro-level evidence from Chinese manufacturing firms", *International Business Review*, 2017.

Lipsey, Robert E. , Eric Ramstetter, and Magnus Blomström, "Outward FDI and parent exports and employment: Japan, the United States, and Sweden", *Global Economy Quarterly*, Vol. 53, No. 1, 2000.

Lu, J. W. and Beamish, P. W. , "The Internationalization and Performance of SMEs", *Strategic Management Journal*, Vol. 22, No. 6 - 7, 2001.

Luo, Y. , Zhao, H. , Wang, Y. and Xi, Y. , "Venturing Abroad by Emerging Market Enterprises", *Management International Review*, Vol. 51, No. 4, 2011.

Makino, S. , Lau, C. M. , Yeh, R. S. , "Asset-exploitation versus Asset-seeking: Implications for Location Choice of Foreign Direct Investment from Newly Industrialized Economies", *Journal of International Business Studies*, Vol. 33, No. 3, 2002.

Manova, K. , Wei, S. J. and Zhang, Z. , "Firm Exports and Multinational Activity under Credit Constraints", NBER working paper, No. w16905, 2011.

Martyn Andrews, Lutz Bellmann, Thorsten Schank and Richard Upward, "Foreign-Owned Plants and Job Security", *Review of World Economics*, Vol. 148, No. 1, 2012.

Mathews, J. A., "Dragon Multinationals: New Players in 21st Century Globalization", *Asia Pacific Journal of Management*, Vol. 23, No. 1, 2006.

Maureen Lankhuizen, "The (Im) possibility of Distinguishing Horizontal and Vertical Motivations for ODI", *Review of Development Economics*, Vol. 18, No. 1, 2014.

Melitz, Marc J., "The impact of trade on intra-industry reallocations and aggregate industry productivity", *Econometrica*, Vol. 71, No. 6, 2003.

Michael H. Kutner, Chris Nachtsheim and John Neter, *Applied Linear Regression Models* (4th ed.), New York: McGraw-Hill Irwin, 2004.

Modigliani, F. and Miller, M. H., "The Cost of Capital, Corporation Finance and the Theory of Investment", *The American Economic Review*, Vol. 48, No. 3, 1958.

Multilateral Investment Guarantee Agency, *World Investment and Political Risk 2012*, Washington, D.C.: World Bank, 2013.

Mundell, Robert A., "International Trade and Factor Mobility", *The American Economic Review*, Vol. 47, 1957.

Musso, P. and Schiavo, S., "The Impact of Financial Constraints on Firm Survival and Growth", *Journal of Evolutionary Economics*, Vol. 18, No. 2, 2008.

Olley, G. Steven, and Ariel Pakes, "The Dynamics of Productivity in the Telecommunications Equipment Industry", *Econometrica*, Vol. 64, No. 6, 1996.

Pablo M. Pinto and Santiago M. Pinto, "The Politics of Investment Partisanship and the Sectoral Allocation of Foreign Direct Investment", *Economics & Politics*, Vol. 20, No. 2, 2008.

Paul Connell and Tian Huang, "An Empirical Analysis of CFIUS: Examining

Foreign Investment Regulation in the United States", *Yale Journal of International Law*, Vol. 39, No. 1, 2013.

Peter J Buckley, L Jeremy Clegg, Adam R Cross, Xin Liu, Hinrich Voss and Ping Zheng, "The Determinants of Chinese Outward Foreign Direct Investment", *Journal of International Business Studies*, Vol. 38, No. 4, 2007.

Quan Li, and Guoyong Liang Sr, "Political Relations and Chinese Outbound Direct Investment: Evidence from Firm-and Dyadic-Level Tests", Research Center for Chinese Politics and Business Working Paper No. 19, Indiana University, 2012.

Razin, A., Rubinstein, Y. and Sadka, E., "Corporate taxation and bilateral FDI with threshold barriers", *National Bureau of Economic Research*, 2005.

Rikako Watai, "US and Japanese National Security Regulation on Foreign Direct Investment", *Asia Pacific Bulletin*, East-West Center, July 2, 2013.

Roberts, M. J. and Tybout, J. R., "The Decision to Export in Colombia: an Empirical Model of Entry with Sunk Costs", *The American Economic Review*, Vol. 87, No. 4, 1997.

Roger Bandick and Holger Gorg, "Foreign Acquisition, Plant Survival and Employment Growth", *Canadian Journal of Economics*, Vol. 43, No. 2, 2010.

Ronald Bachmann, Daniel Baumgarten and Joel Stiebale, "Foreign Direct Investment, Heterogeneous Workers and Employment Security: Evidence from Germany", *Canadian Journal of Economics*, Vol. 47, No. 3, 2014.

Shannon Lindsey Blanton and Robert G. Blanton, "What Attracts Foreign Investors: An Examination of Human Rights and Foreign Direct Investment", *The Journal of Politics*, Vol. 69, No. 1, 2007.

Sonal S. Pandya, "Democratization and Foreign Direct Investment Liberalization, 1970 – 2000", *International Studies Quarterly*, Vol. 58, No. 3,

2014.

Sourafel Girma and Holger Görg, "Evaluating the Foreign Ownership Wage Premium Using a Difference-In-Differences Matching Approach", *Journal of International Economics*, Vol. 72, No. 1, 2007.

Stephen Kirchner, "Foreign Direct Investment in Australia Following the Australia-US Free Trade Agreement", *The Australian Economic Review*, Vol. 45, No. 4, 2012.

Stiglitz, J. E. and Weiss, A., "Credit Rationing in Markets with Imperfect Information", *The American Economic Review*, Vol. 71, No. 3, 1981.

Stöwhase, S., "Tax-rate differentials and sector-specific foreign direct investment: empirical evidence from the EU", *FinanzArchiv: Public Finance Analysis*, Vol. 61, No. 4, 2005.

Tarun Khanna and Krishna G. Palepu, "Emerging Giants: Building World-Class Companies in Developing Countries", *Harvard Business Review*, Vol. 84, No. 10, 2006.

Theodore H. Moran, "Multinational Corporations and Dependency: A Dialogue for Dependentistas and Non-Dependentistas", *International Organization*, Vol. 32, No. 1, 1978.

Thomas A. Hemphill, "Sovereign Wealth Funds: National Security Risks in a Global Free Trade Environment", *Thunderbird International Business Review*, Vol. 51, No. 6, 2009.

Todo, Y., "Quantitative Evaluation of the Determinants of Export and FDI: Firm-level Evidence from Japan", *The World Economy*, Vol. 34, No. 3, 2011.

Tony Smith, "The Underdevelopment of Development Literature: The Case of Dependency Theory", *World Politics*, Vol. 31, No. 2, 1979.

参考文献 **261**

Tore Fougner, "The State, International Competitiveness and Neoliberal Globalisation: Is There a Future Beyond the Competition State?", *Review of International Studies*, Vol. 32, No. 1, 2006.

UNCTAD, World Investment Report 2013: Global Value Chains: Investment and Trade for Development, New York and Geneva: United Nations Conference on Trade and Development, 2013.

UNCTAD, World Investment Report 2016: Investor Nationality: Policy Challenges, New York and Geneva: United Nations Conference on Trade and Development, 2016.

UNCTAD, World Investment Report 2017: Investment and the Digital Econom, New York and Geneva: United Nations Conference on Trade and Development, 2016.

UNCTAD, World Investment Report 2018: Investment and New Industrial Policies, New York and Geneva: United Nations Conference on Trade and Development, 2018.

UNCTAD, World Investment Report 2019: Special Economic Zones, New York and Geneva: United Nations Conference on Trade and Development, 2019.

Whited, T. and Wu, G., "Financial Constraints Risk", *Review of Financial Studies*, Vol. 19, No. 2, 2006.

William Easterly, "National Policies and Economic Growth: A Reappraisal", Center for Global Development, 2003.

Yeaple, Stephen Ross, "A simple model of firm heterogeneity, international trade, and wages", *Journal of International Economics*, Vol. 65, No. 1, 2005.

Yin-Wong Cheung and Xingwang Qian, "Empirics of China's Outward Direct Investment", *Pacific Economic Review*, Vol. 14, No. 3, 2009.

You, Kefei and O. H. Solomon, "China's outward foreign direct investment and domestic investment: An industrial level analysis", *China Economic Review*, Vol. 34, 2015.